[개정판]

CHILD WELFARE THEORY

아동복지론

주수길 · 홍연숙 · 황윤경 · 주명국 공저

양성원

머리말

사회복지사업은 양적, 질적으로 확대되고 있으며, 향후 지속적으로 증가할 것이 예상됩니다. 이에 따라 국가에서는 유사 · 중복 복지사업을 정비하고 있으며, 각 지자체는 그 재원을 중위소득 50% 이하 경제적으로 취약한 대상자들의 긴급복지에 투입하려는 현실입니다. 이에 반해 저출산으로 인하여 아동인구의 규모와 비중이 점차 감소되어 아동기 투자의 중요성이 상대적으로 높아지고 있습니다. 또한, 아동복지의 대상은 요보호아동에서 보호대상아동, 빈곤아동, 지원대상아동 등으로 개념이 넓혀져 있으며, 일반아동 대상의 복지도 확대되고 있습니다. 그러나 아동에 대한 투자는 미미한 실정입니다.

이에 아동의 주변 사회환경과 아동의 권리를 정확히 인식하고, 아동의 발달과 아동복지서비스를 비롯하여 아동복지에 대한 인식을 드높일 필요성이 요구됩니다. 아동복지서비스 실천 현장의 실정을 제대로 알아야 하며, 아동에 대한 통합적이고 종합적인 접근과 아울러 전문적인 접근이 조화롭게 이루어져야 할 것입니다.

그동안 아동복지의 실천 현장과 행정 현장에서 오랜 기간 실무와 강의를 하면서 아동복지의 이론적 부분과 실천 부분을 정리하여 책으로 펴게 되어, 아이들을 위해 미약하지만 소임을 완성하고 있다는 감회를 느끼게 되었습니다.

책의 구성은 한국사회복지교육협의회에서 최근에 발간한 사회복지교과목지침서의 아동복지론을 반영하고 있습니다. 또한, 2012년 8월 아동복지법 전면개정 이후 아동 분야 관련법들이 연이어 제 · 개정되었으므로 이를 반영하고 최신 통계자료 및 사회적 이슈들을 담았습니다. 특히, 아동복지 전달체계로서 서비스 기관들의 수행 업무와 종사자 배치 및 자격 기준을 서비스별로 말미에 표로서 정리하였습니다.

2015년 인천어린이집 아동학대 등 일련의 사건들로 보육교사 관련 교과목에 아동권리를 추가할 것을 거론 중입니다. 본 책에서는 아동권리의 개념, 아동권리사상의 발달과정, 아동권리협약 및 우리나라의 아동인권을 언급하고 있으며, 생활속의 아동권리로서 아동학대, 입양, 양육시설, 장애아동 등 세부적으로 언급하고 있으므로 아동권리를 충분히 망라하였습니다. 향후 교과목 변경 등이 있을 시 아동권리와 복지를 따로 집약하여 알기 쉽도록 편성 보완할 것입니다.

본 교재는 아동복지 분야 종사자들은 물론이며, 영유아보육, 가족복지, 사회복지를 전공하는 분들과 사회복지공무원, 보육교사, 건강가정사, 자원봉사자들에게 활동지침서로도 도움이 될 것입니다.

더구나 이번 개정판에서는 아동복지현장의 보다 실천적인 면과 최근의 각종 통계자료를 제공함으로서 업무에 접했을 때 좋은 참고가 될 것으로 기대합니다.

끝으로, 이 책이 출판될 수 있도록 해주신 양성원 강철원 대표님과 직원 여러분께 감사드립니다.

2020년 9월

공동저자 일동

차례

PART Ⅱ 아동복지의 기초

PART Ⅲ 아동복지서비스 실천 영역

PART

01

아동의 이해

Chapter 01 아동의 개념과 권리

Chapter 02 아동의 발달

Chapter

01

아동의 개념과 권리

아동의 건강한 성장 발달을 위한 제도적, 실천적 접근인 아동복지는 정치적, 사회적, 경제적 변동에 따라 변화되어 왔다. 우리나라는 저출산으로 인한 아동인구 규모와 비중이 점차 감소되고 있어, 아동기 투자의 중요성이 상대적으로 높아지고 있다. 한부모 가족, 조손 가족, 다문화 가족 등 가족 형태의 다양성으로 인하여, 아동의 성장여건에 대한 변화가 심화되어 정책 우선 고려의 필요성이 증대되고 있다. 아동 성범죄, 학대 등 아동대상 범죄 행위의 다양화 등으로, 발달환경의 위기가 심화될 것이 예상되어 사회환경적 위해요인을 규제할 것이 요구되고 있다. 지방자치단체의 재정자립도에 따라 지역 내 아동의 삶의 질 격차도 심화될 것이 예상되어, 이를 줄이고자 하는 정부와 민간의 바람직한 협업구조가 필요하게 되었다.

따라서 아동복지를 논하기 전에 기초적인 사항으로서 우선 아동을 이해하고자 한다. 아동의 개념을 제시하고, 아동의 특성을 알아보며, 아동을 둘러싼 외부환경이 아동에게 어떠한 영향을 미치는가를 다루고자 한다. 그리고 발달과 생존, 보호, 참여 등 모든 영역에서 아동을 권리의 주체로 인정하고 권리를 실현토록 하며 아동을 존중하도록 아동의 권리를 언급하고자 한다.

1. 아동과 사회환경

1) 아동의 개념

아동이란 일반적으로 성인이라는 말에 대응해서 사용되고 있으며 인간으로서는 심신의 성장발달 시기에 있는 자, 다시 말하면 한 사람이 성인이 될 때까지의 미성숙, 미완전한 상태에 있는 자를 말한다.

발달심리학과 소아의학 등의 학문 분야에서는 연령에 따라 신생아, 영아, 유아, 아동 등으로 세분하고 있으며 사회복지 분야에서도 주로 연령에 의해서 아동을 정의하되 이를 관계법에 명시하고 있다. 그것은 아동복지가 아동의 건전육성에 대한 사회적 책임을 제도적으로 뒷받침 받아 실천하고자 하는 것이기 때문이다(주정일·이소희, 1998: 4).

그러나 연령 구분에 있어 기준이 되는 법률적 규정에 의한 아동의 정의는 해당 법률에 따라 다소 차이가 있다. 우리나라 아동복지의 근간이 되는 「아동복지법」의 제3조 제1호에는 "18세 미만인 사람"이 아동으로 규정되어 있고, 「입양특례법」에서도 아동이란 "18세 미만인 사람"으로 명시되어 있다. 「영유아보육법」에서는 "6세 미만의 취학 전 아동"을 영유아로 정의하고 있으며, 「근로기준법」에서는 15세 미만인 자는 근로자로 사용하지 못한다고 규정하고, 임신 중이거나 산후 1년이 지나지 아니한 여성(임산부)과 18세 미만 자는 도덕상 또는 보건상 유해·위험한 사업에 사용하지 못한다고 하였다. 「소년법」에서는 소년을 "19세 미만인 자"로, 「청소년기본법」은 "9세 이상 24세 이하"를 청소년이라 규정하고 있고, 「청소년보호법」에서는 "19세 미만인 자"를 청소년으로 규정하고 있다. 「장애아동복지지원법」에서는 장애아동을 "18세 미만의 사람 중 등록한 장애인"으로 규정하고 있다. 한편 「민법」에서는 19세로 성년에 이르게 된다고 규정함으로써 19세 이상에 대하여 참정권을 인정하고 있다.

이를 종합해 본다면, 아동은 18세 미만인 사람으로 정의할 수 있다. 이 책에서 사용하는 아동의 의미는 생물학적 연령으로 18세 미만의 자 또는 고등학교 졸업 시기까지의 연령에 속한 자를 기본으로 하고, 24세 미만의 취업·기술교육 중인 자, 학업 중인 자, 보호대상아동으로서 보호시설 퇴소 자립 후 5년 이내인 자를 포함하도록 한다.

일반아동과 대비하여 사용되는 보호대상아동이라는 용어는 낙인의 우려가 있는 요보호아동이라는 용어를 순화한 것으로 아동복지법상 정의를 보면 "보호대상아동이란 보호자가 없거나 보호자로부터 이탈된 아동 또는 보호자가 아동을 학대한 경우 등 그 보호자가 아동을 양육하기에 적당하지 아니하거나 양육할 능력이 없는 경우의 아동을 말한다"라고 규정하고 있다.

2) 아동의 특성

아동의 특성은 아동의 본성이나 욕구 및 적응양식 등에서 도출된 것에 따라, 의존, 성숙, 민감성, 욕구, 적응 등의 다섯 가지로 들 수 있다(장인협, 2000).

(1) 의존

의존은 아동기의 가장 중요한 특성의 하나이다. 아동의 생존, 그의 신체적·지적·사회적 발달은 타인의 사랑이나 관심 또는 보호에 의존하게 된다. 아동은 어머니나 아버지가 있을 경우에는 더욱 바람직하겠지만 자립할 수 있을 때까지는 누군가에게 의존해야만 건전하게 성장·발달할 수 있게 된다.

아동은 안전하고, 사랑을 받고 있으며, 또는 누군가에게 소속되고 의존하고 있다는 감정을 지니고 싶어 한다. 부모를 상실하였거나 부모는 있어도 사랑이나 보호를 받을 수 없을 경우 자신의 정체감이나 생존감에 위협을 느끼게 된다. 즉, 아동의 의존 욕구는 부모와의 관계라는 맥락을 떠나서는 이해되거나 충족될 수 없다는 것이다. 이러한 아동의 의존성의 충족이나 문제에 대한 도움은 부모 혹은 그 아동과 가장 가까운 사람들과의 협조를 통해서 이루어질 수 있어야 할 것이다.

(2) 성숙

미성숙한 단계에서 성숙한 단계로 옮겨 가는 과정이 바로 아동기이다. 이때 아동은 자신의 개인적 수준에 따라 각 성장단계에 적절한 자기만의 생활상황에 대처해 나가면서 필요한 이해력, 기능 또는 능력 등을 발전시켜 나가게 된다. 그러므로 아동은 격려와 지도를 필요로 하며 자기 수준에 알맞은 지식, 기술, 행동방식 및 가치 등에 관한 학습의 기회를 필요로 한다.

아동은 그의 발달수준, 능력 및 관심 등에 비추어서 이해되어야 하며, 아동에 대한 기대는 그 아동의 발달수준이나 능력에 적절한 것이어야 한다. 아동이 발달의 다음 단계에 활력과 확신을 갖고 나아갈 수 있게 하려면, 우선 아동의 각 성숙단계에 놓여 있는 핵심문제들이 이해되어야 한다.

(3) 민감성

아동기는 감정이 매우 예민하고 강렬한 시기이다. 아동은 그의 욕구나 원망에 대한 만족을 즉각적으로 얻기를 원하며 느긋하게 기다리거나 오래 참기가 힘든 것이 보통이다. 아동의 욕구충족에 대한 계속적 실패는 불안과 불신 또는 자신의 세계관을 왜곡시키는 적개심 등을 조성하여 결국은 냉담과 퇴행으로까지 이르게 될 수도 있다.

어떠한 상황에 대해서 성인이 바라보고 인식하는 방식보다는 오히려 주변의 다른 아동들이 상황을 바라보는 방식이 아동의 반응을 일으키는 데 있어 보다 결정적 요소가 되기도 한다. 아동은 특히 그에게 관심을 갖느냐 갖지 않느냐에 매우 민감한 반응을 보이는데 아동의 반응은 거의 자신이 지닌 감정의 테두리 내에 있기 때문에, 자신이 살고 있는 가정의 분위기나 자신과 가까운 사람들의 감정에 매우 예민하며 사춘기의 아동은 지역사회의 분위기나 친구들과의 관계에서도 민감하게 된다.

(4) 욕구

아동기에 속하는 사람에게 가장 필요한 것은 식욕, 갈증, 호흡, 수면, 휴식, 배설, 그리고 고통회피 등과 같은 인간본능의 생리적 욕구(physiological needs)이다. 아동의 건전한 성장과 발달을 위해서는 이러한 생리적 욕구와 함께 인격적 욕구(personality needs)라 할 수 있는 정신적·심리적·인간적 욕구가 만족되지 않으면 안 된다.

모든 아동은 가정에서나 사회 내에서 각기 인간다운 애정을 얻고 싶어 하며, 다른 아동들의 틈에 끼고 싶어 하고, 자립하고 싶어 하고, 인정받고 싶어 하며, 새로운 경험 등을 얻고 싶어 하는 인격적 욕구가 강하게 일어나는 시기에 처해 있기 때문이다.

즉, 아동은 생리적 욕구의 충족뿐만 아니라 인격적 욕구의 충족을 강하게 갈망하는 존재라 할 수 있다.

(5) 적응

아동기에 있는 사람은 자기의 힘만으로는 환경에 잘 적응할 수 없다. 인간은 출생과 동시에 사회집단 속에 속하게 된다. 그 사회집단의 시초는 가정이며 점차 유희집단, 이웃, 학교, 직업집단이라는 사회로 뻗어 나가 사회적 인간으로서 성장해 가는 것이다. 따라서 아동이 생존하기 위해서는 항상 이러한 여러 사회집단의 성인들에 의한 단계적 보호와 양육이 절대적으로 필요하다.

미개한 사회에 있어서는 생존을 위해 환경에 대한 적응이 중요했지만, 오늘날과 같이 복잡하게 한층 분화되고, 개발된 사회·문화적 환경에 적응하기 위해서는 타인의 도움이 필요하다. 따라서 부모나 사회의 교육과 지지가 필요한 것이며, 여기에 또한 아동복지의 당위성이 있는 것이다. 요컨대, 아동기는 사회환경에 어떻게 적응할 수 있는가 하는 능력을 갖추는 학습의 시기라고 표현할 수 있다. 현대 아동에 대한 과제는 생리적 인간의 성장·발달과정보다는 오히려 사회적 적응을 잘할 수 있는 인간으로서의 성장·발달과정에 더욱 중요한 문제가 있음을 직시해야 한다.

이러한 아동의 일반적 특성은 실험기록을 통해서 더욱 명확해진다. 15세기경 프리데릭(Frederick) 3세의 실험에 의하면, 아동이 누구한테서도 배움이 없이 사용하는 말이 라틴어인지 희랍어인지 그 언어가 무엇인지 알고 싶었다. 그래서 가정이 없는 신생아를 많이 모아 필요한 음식, 목욕, 보온, 신체적 보호는 충분히 해 주었지만, 다른 한편으로는 그 아동들에 대해서 한마디 말이라도 건네거나 애정 표현을 하는 것 등은 일절 금지했다고 한다. 그런데 그 아동들이 제대로 성장하지 못하고 모두 사망했다고 한다.

이 실험에서 우리는 아동의 제반 특성을 도출할 수 있다. 즉, 아동이란 학습을 요하는 존재, 애정을 절대적으로 필요로 하는 존재, 가정을 요하는 존재, 또한 사회집단 속에서 대인관계를 가져야 하는 존재임을 명확히 알 수 있다.

3) 아동과 환경

산업화와 후기 산업사회로의 이행과정을 통하여 개인주의적 가치관의 확산과 1세대 가구·1인 가구나 부부가족의 증가 등 세대구성의 단순화, 저출산으로 인한 아동 수 감소와 가족규모의 축소, 이혼·미혼 가구 등 한부모 가구의 증가와 다문화 가족의 증가에 따른 가족 형태의 다양화 등으로 전통적 가족공동체의 해체가 가속화되고 소외가족이 발생하는 등 아동을 둘러싼 환경의 변화는 아동문제의 원천이 되면서 아동복지에 대한 새로운 욕구와 당위성을 초래하고 있다.

이 장에서는 인구구조의 변화, 가족 형태와 기능의 변화, 지역사회와 교육환경의 변화 등 아동을 둘러싼 환경을 살펴보고, 아동에 대한 위험요인을 줄이며 아동 중심의 아동이익을 최우선으로 고려하는 아동복지가 실현될 수 있도록 대응하고자 한다.

(1) 인구구조의 변화

인구구조의 변화를 초래하는 저출산과 이에 따른 아동양육의 어려움에 대하여 알아보고자 한다.

① 저출산

우리나라의 출산 수준은 지난 10년간 세계적으로 가장 낮은 상태를 보여주고 있으며 초저출산 시대에 진입하고 있다. 합계 출산율은 1990년 1.60명에서 2009년 1.15명으로 급감하였다. 2016년에는 1.17(중위추계)로 예측되며, 출산율 계산 가정에 따라 0.92(하위추계)~1.36(고위추계) 사이로 전망된다(통계청, 2016). 2008년도 OECD평균은 1.71이며, 프랑스는 2.0, 미국은 2.12, 스웨덴은 1.91을 기록하였다. 이에 따라 아동 수도 지속적으로 감소하여, 1980년도에는 전체 인구의 41%인 1,568만 명이나 2013년도에는 18.6%인 933만 명으로 감소되었고, 향후 2020년에는 15.9%, 816만 명이 될 것으로 예측하고 있다.

소가족 가치의 확산이나 초혼 연령의 상승, 여성경제활동의 증가, 이혼의 증가 등의 원인으로 출산율 감소세가 지속되고 있다. 1990년대 말 이후에는 경기침체와 실업률 상승 등이 출산력 저하의 한 요인으로 작용했으나, 최근에는 초혼 연령의 상승이 저출산의 주요인이 되고 있다. 혼인 연령의 상승은 매년 0.25세 정도(2000~2009년 평균)로 빠르게 증가하고 있으며, 이는 출산율을 0.2~0.3 정도 낮추고 있는 것으로 분석된다(한국개발연구원, 2010).

저출산으로 인하여 양육시설 생활아동, 입양아동, 가정위탁아동 등 보호아동 수도 급격히 줄어들었다. 또한 생산인구의 감소는 한국사회의 미래를 위협하는 주요한 요소로 등장하였다. 이와 같이 아동기 투자의 중요성이 높아짐에 따라 자녀양육에 대한 체계적 지원과 아동의 삶의 질이 하락되지 않도록 하는 것이 시급하게 되었다.

② 아동양육의 어려움

아동양육환경을 가구의 특성, 아동가구의 빈곤 상태, 부모의 양육환경, 자녀에 대한 기대교육 수준과 기타 등으로 구분하여 살펴보고자 한다.

아동종합실태조사(한국보건사회연구원, 2013) 결과에 의하면, 가구 구성에 있어서 가구당 평균 아동 수는 1.64명이었다. 빈곤가구 아동은 양부모와 함께 거주하는 비율이 27.8%이었으며, 주 양육자도 어머니는 75.0%이고 아버지가 12.4%, 조부 등 친가 8.2% 등으로 다양하게 나타나고 있다. 또한 일반 양부모가구의 양육자는 46.1%가 근로활동을 하고 있었으나, 한부모 및 조손가구의 양육자는 75.9%가 근로활동 상태였다. 아동가구의 빈곤 상태를 보면, 양부모가구의 상대적 빈곤률은 3.9%인 반면, 한부모 및 조손가구는 46.6%이었다. 부모의 양육스트레스를 보면 빈곤층인 차상위계층, 수급층, 한부모 및 조손가구, 농어촌, 대도시, 일반 양부모의 순으로 높았다. 자녀에 대한 기대교육 수준을 보면 주양육자의 절대 다수(95.7%)가 자녀들이 4년제 이상의 교육을 받기를 희망했으나 실제 가능하다고 여기는 수준의 답변에서 빈곤가구는 55.3%만이 가능할 것이라고 나타났다. 이러한 결과를 볼 때 주양육자의 변화, 근로활동의 확대, 상대적 빈곤, 교육기대수준 등에서 아동양육의 어려움을 확인할 수 있다.

(2) 가족의 형태와 기능의 변화

개인주의 가치관의 확산으로 우리나라의 가족은 많은 변화를 경험하여 왔다. 주된 변화 양상인 가족규모의 축소와 세대구성의 단순화는 향후에도 지속적인 추세가 될 것으로 전망되고 있다. 그러므로 가족의 형태와 기능의 변화를 핵가족화의 지속, 세대구성의 단순화 등 가족 형태의 다양화, 여성 경제활동 참가율과 맞벌이 가구의 증가, 한부모가구와 다문화가족의 증가로 구분하여 살펴보고자 한다.

① 가족 형태의 다양화

가족 형태의 다양화를 핵가족화의 지속, 세대구성의 단순화로 구분하여 알아본다.

가족의 형태별 분류에서 핵가족은 부부나 부부와 미혼자녀, 한부모와 미혼자녀로 구성된 가족이다. 이에 비하여 부부와 양(편)친, 부부와 양(편)친과 자녀로 구성된 가족을 직계가족이라 한다. 일반가구 중 비혈연가구와 1인 가구를 제외한 가구 수에서 가족의 형태별 분포를 보면, 핵가족이 1990년 76.0%에서 2015년에는 81.7%로 증가하였다. 특히 부부 가족은 1990년 9.3%에서 2015년 21.8%로 급증하였다. 2015년의 핵가족과 직계가족의 분포를 더 살펴보면, 부부가족은 21.8%, 부부와 미혼자녀 가족은 44.9%, 한부모와 미혼자녀 가족은 15.0%를 차지하였다. 반면에 직계가족은 5.3% 기타 가족이 13.0%를 차지하고 있다(통계청, 2016). 세대구성에 있어서도 1인 가구는 1990년 9.0%에서 2010년 23.3%로 증가세가 지속되고 있다. 따라서 가족의 사회구성원의 충원기능은 물론 가족돌봄의 기능 약화가 예상된다.

② 가족기능의 변화

가족기능의 변화를 여성경제활동 참가와 맞벌이 가구의 증가, 한부모가구와 다문화가족의 증가, 그 외 아동학대, 결식, 과학의 발전으로 인한 스마트폰 중독 등으로 구분하여 알아본다.

여성의 경제활동 참가율은 여성의 사회참여 욕구 증대 및 고용불안정 심화, 고령화에 따른 노동력 부족 등의 구조적 요인에 의하여 지속적으로 확대될 것으로 전망되어 점차 맞벌이 가구의 보편화가 두드러진다. 맞벌이 가구의 증가는 1990년 27.4%에서 2016년 44.9%로 증가하였다. 남편과 부인 모두가 수입을 목적으로 일을 한 것이다. 40대의 맞벌이 비율이 52.7%, 50대 53.5%, 30대 44.6% 순이었다. 즉 자녀가 있는 가구의 맞벌이 비중이 높다는 것을 알 수 있다(통계청, 2017a).

한부모가구의 증가는 혈연가구 10가구 가운데 1가구가 한부모인만큼 일반적인 가구 형태로 자리 잡아 가고 있으며, 특히 최근에는 이혼, 사별뿐 아니라 미혼으로 인한 한부모가구 역시 증가 추세이다. 1990년도에는 8.7%였으나 2016년도에는 10.8%로 증가하였다(통계청, 2017b). 이에 따라 이들 가구에 대한 경제적 자립이나 자녀양육 지원에 대한 수요가 증가될 것으로 예측된다.

결혼이민자 수는 2006년 13만명으로 국제결혼 증가가 사회문제화 됨에 따라, 2008년 「결혼중개업의 관리에 관한 법률」이 시행되고 비자심사가 강화되어 다소 감소한 상태이다. 다문화가족 출생비율은 2016년 전체 406천명 중 19천명으로 4.8%를 차지하고 있다(통계청, 2017). 결혼이민자 인구는 전체인구에서 비중이 지속 증가할 것이다.

③ 아동학대, 결식, 스마트폰 중독 등

2016년 아동학대 판단사례는 18,700건이었다. 거의 매일 발생 사례는 23.3%, 1주일에 한번 이상 사례는 48.1%를 차지하였다. 이 중 정서학대가 43.1%, 신체학대는 38.2%, 방임이 16.1%, 성학대가 2.6%를 차지하였다(중앙아동보호전문기관, 2017).

1년에 1회 이상 보호자 없이 혼자 있었던 경험은 31.1%, 부모가 끼니를 챙겨주지 않았던 경험은 23.3%로 나타났다. 아동의 10%, 빈곤가구 아동의 17.4%가 거의 매일 방과 후 나홀로 집에 있었다. 중고생의 16.4%는 아침식사를 거르고 있었다. 아동의 8%가

경제적 어려움으로 먹을 것을 살 돈이 없는 식품빈곤 상태를 경험했으며, 빈곤가구의 식품빈곤 경험률은 42.2%이고 영양섭취 부족을 경험한 아동은 46.6%이었다. 스마트폰 중독 위험군 비율이 10~19세에 있어서 25.5%를 나타내었다. 자살행동에 있어서 9~17세 아동의 3.6%가 최근 1년간 심각하게 자살을 생각한 적이 있다고 하였고, 응답자의 25.9%가 실제 자살을 시도한 적이 있다고 응답하였다(보건사회연구원, 2013).

(3) 지역사회와 교육환경의 변화

지역사회의 변화를 자녀 돌봄과 부모역할, 가족역량, 취약계층 아동으로 구분하고 또한 나홀로 아동 등 학교 밖의 교육환경에 대하여 알아본다. 취약계층아동은 가정위탁아동, 장애인가족아동, 조손가정아동, 입양아동, 북한이탈주민아동 등으로 구분하고자 한다.

① 자녀 돌봄

맞벌이 증가와 핵가족화 등으로 가족의 아동 돌봄 공백 문제가 심화되고 있다. 다양한 생활양식과 욕구를 반영하는 유연한 돌봄 지원과 지역공동체성의 회복을 위해서는 지역사회가 참여하는 돌봄망 구축이 필요하다. 시설 중심의 양적 충족과 질적 발달을 위하여 노력해 온 제도권 돌봄 정책의 발달에도 불구하고 여성 노동의 특성, 가족 구성의 다양성 등으로 돌봄의 사각지대가 존재한다. 특히 영아의 경우 발달적 측면에서 시설보육 못지않게 가정 내 돌봄도 중요하다. 2009년도 0~5세 보육대상 아동은 269만 명이고, 이 중 약 42.7%가 보육시설, 19.9%가 유치원을 이용하고 있으나, 37.4%는 시설을 미이용하고 있다. 2세 미만 아동의 시설 이용률은 43%에 불과하며, 12개월 이하 영아의 44.3만 명 중 8.2%만 보육시설을 이용하는 것으로 나타났다(보건복지부, 2009: 한국교육개발원, 2009). 또한 주요 돌봄 공백 문제 발생 집단인 초등학교 저학년의 돌봄 틈새 문제에 대한 체계적 대응의 부재이다. 6~15세 아동 620만 명 중 방과 후 나홀로 아동은 240만 명으로 추정되며, 이 중 국가지원이 필요한 아동은 약 90만 명으로 추산된다(한국청소년정책연구원, 2008). 그러나 지역아동센터, 초등돌봄교실 등을 통해 약 25.5만 명(90만 명의 28.3%)만 지원 중이다.

국가와 사회가 다양한 양육 부담을 분담할 것과 건강한 부모역할을 수행할 수 있도록 지원하는 것이 필요하다. 영국의 부모센터(www.parentscentre.gov.uk)에는 부모를 위한 정보들이 자녀 연령별로 안내되어 있다. 호주의 부모역할 웹센터(raisingchildren.net.au)에는 자녀 연령별 부모역할외 관련 정책 정보 및 전문가의 정보도 제시되어 있다. 양육 정보만을 제공하는 것이 아니라 통합적 가족지원정책으로 제시되어 있다. 생애주기별로 부모교육, 다양한 가족 특성과 자녀 발달단계에 따른 맞춤형 의사소통 프로그램 제공, 위기 아동의 부모교육, 부모를 위한 콜센터 운영, 예비부모 교육 및 출산부부를 위한 출산 및 자녀 돌봄 관련 정보 제공, 가족의 건강문제 파악 정보 및 서비스 제공, 지자체별 부모모니터링단 운영과 자녀와 관련한 정부의 의사결정과정에 부모의 참여 활성화가 필요하다.

② 가족역량

우리나라의 가족 유형이 매우 다양해지고 있다. 한부모가 되는 경로와 양육부모, 한부모가 되는 시기가 상이하다. 다문화가족이 급속히 증가하고 있으나 다문화가족의 통합문제는 여전하다. 결혼이민자 어머니들의 자녀양육 역량 부족으로 자녀의 학교생활 부적응, 학업성취 미달 등이 문제가 되고 있다. 경제위기에 따른 가족 갈등, 각종 재난, 가족원 자살이나 가족동반 자살, 아동 성폭행, 실종 등 최근 급증하고 있는 가정 위기를 극복하기 위한 가족역량 강화가 필요하다.

한부모가족은 2010년 159만 가구에서 2016년 181만 가구로 우리나라 전체 가구의 9.6%를 차지하고 있다. 이 중 2016년 모자가구는 76.8%(2010년, 78.3%), 부자가구는 23.2%(2010년, 21,7%)로 부자가정의 규모와 비율이 점차 증가하고 있다(여성가족부, 2017). 한부모가족은 아동빈곤율과 아동학대율이 높아 아동의 복리 및 인권 보호에 문제가 발생한다.

결혼연령의 상승 및 성의식의 개방화로 미혼모·부의 발생 가능성이 지속적으로 증가하고 있다. 2015년도 한부모가구 중 20대 이하는 10.9%, 30대는 55.9%를 차지하고 있다(통계청, 2016). 학생미혼모의 재임신율은 27.4%(교육과학기술부, 2010)이고, 해외입양아의 85%, 국내입양아의 84.9%가 미혼모아동(보건복지부, 2009)이었으며, 2008년도 요보호아동의 25%가 미혼모아동(통계청, 2009)이었다. 미혼모의 31.1%가 양육을 희망하였고, 입양선택 미혼모 중 경제적 지원이 있다면 37.7%가 아동양육을 희망(여성가족부, 2005)하였고, 시설입소 미혼모의 41.7%가 양육을 희망하였다(보건복지부, 2007).

전국다문화가족 실태조사(여성가족부, 2010c)에 의하면, 2000년대 들어 결혼이민자 수가 매년 증가하여 2010년 1월 현재 인구의 0.3%인 182천 명을 차지하였다. 저출산, 고령화, 세계화 및 결혼연령인구의 성비 불균형 등으로 다문화가족의 증가 추세는 지속될 전망이다. 결혼이민자 중 국적취득자는 31.1%인 57천 명, 미취득자는 68.9%인 125천 명이었다. 다문화가족은 경제적 기반이 취약하고 결혼이민자의 취업 또한 어려워 경제적 자활에 한계가 있다. 결혼이민자의 증가에 따라 다문화가족 자녀 수도 매년 증가하여, 2010년 1월 현재 122천 명으로 만 6세 미만은 62.1%, 만 7~12세 이하는 25.1%를 차지하였다. 부모의 사회경제적 취약성은 다문화가족 자녀의 언어·학습능력 지체 등 교육의 양극화를 야기하여 빈곤의 대물림 가능성이 증대된다. 취학률도 상급학교로 갈수록 저조하여 초등학교는 85.5%, 중학교 83.7%, 고등학교 69.8%이었다. 다른 외모와 말씨 등으로 인한 학교·사회에서의 차별 경험은 다문화가족 자녀의 사회적 소외감 및 정체성 혼란으로 확대될 우려가 높다. 외국에서 출생하거나 성장한 동반·중도 입국자녀의 사회적응도 어려운 실정이다.

③ 취약계층아동

UN에서 폐지를 권고(1996년)한 소년소녀가정지정사업은 가정위탁보호로 전환(2000년)하였다. 2005년도 2,755세대 4,332명이었던 소년소녀가정은 2016년에는 62세대 92명으로 줄었다. 가정위탁아동은 2005년도 12,562명이었으나 2016년에는 13,728명으로 늘었다(보건복지부, 2005: 보건복지부 2017a).

장애인가족의 경우 치료, 상담 등으로 경제적 부담이 크나 이들 가구의 37.1%가 월평균 소득 99만 원 이하로 경제적 어려움을 겪고 있고, 장애인 21.9%가 사회 및 국가에 소득보장을 1순위로 요구하였다(한국보건사회연구원, 2008).

조손가족의 빈곤율은 44%로 최저생계비 기준 빈곤가구율 11.2% 및 모자가족의 최저생계비 기준 빈곤율 17%보다 3배나 높았다. 조손가정은 2005년 58,058가구에서 2010년 69,175가구로 증가하였다(통계청, 2010). 조손가족은 고령인 주부양자의 특성으로 인해 소득 수준이 낮고, 양육 정보가 취약한 등 건강한 가족 기능 유지가 어려운 현실이나 가족 해체, 한부모가족의 생계유지를 위한 취업 등으로 조부모가 단기, 장기적으로 손자녀를 돌보는 조손가족이 증가하고 있다.

입양 실적은 증가 추세 없이 감소를 보이고 있다. 2006년 3,231명이던 입양은 2016년 880명으로 줄었다(보건복지부, 2017a). 헤이그국제아동탈취협약가입과 「헤이그국제아동탈취협약이행에관한법률」제정(2012.12.11.)으로 해외입양 제한 정책, 「아동복지법」 전면개정(2012. 8)으로 인한 입양의 법원허가제 등이 시행되어 입양아동 수가 급격히 줄었지만, 아동의 건전 성장을 위하여 입양에 대한 긍정적 인식 확산과 다양한 가족에 대한 수용성을 제고할 필요가 있다.

북한의 사회·경제적인 변화로 인한 탈북자 및 국내 입국 탈북자 수가 증가하고 있다. 1998년까지 947명이던 북한이탈주민 입국자는 2016년말 현재 30,212명으로 늘었고 매년 천여명씩 꾸준히 증가하고 있다(통일부, 2017). 이들은 북한 및 해외에서 오랜 이질적인 생활을 거쳤기에 사회적응에 각별한 관심과 보호가 필요하다.

④ 교육환경의 변화

교육환경의 변화에 있어서 학력 중시 사회의 사교육, 학교 밖의 나홀로 아동, 학교폭력 등에 대하여 알아본다.

아동종합실태조사(한국보건사회연구원, 2013) 결과에 의하면 방과 후 생활로 아동의 67.7%가 방과 후 시간에 학습활동을 하고 있으며, 어떤 형태의 여가활동도 전혀 하지 않는다고 응답한 아동은 빈곤가구 아동이 일반가구 아동보다 3배 이상 많았다. 사교육에 있어서도 5세 이하 영유아의 16.2%가 보육시설을 제외한 민간 사교육을 이용하고 있고, 초중학생의 77.4%가 입시과목 보충을 위한 민간 사교육을 이용하고 있었다. 사회복지관, 지역아동센터, 방과 후 아카데미 등 학교외 방과 후 이용은 5.9%이었다. 학교폭력으로 9~17세 아동의 학교폭력 피해 경험률은 32.2%, 가해 경험률은 21.5%이었다.

2. 아동의 권리

1) 아동의 권리와 복지

아동이 부모의 소유물로, 종족 유지의 수단으로 간주되었던 시대에는 아동의 권리가 존재할 수 없었다. 이에 따라 아동복지도 자선이나 박애에 의한 소극적인 보호 수준에 그칠 수밖에 없었다. 오늘날 자본주의사회에서 아동에 대한 관심이 아동의 권리를 실현하기 위하여 복지라는 이념, 가치, 제도 서비스 등을 가능하게 하였다.

아동의 권리의 강조 정도와 아동복지의 수준은 불가분의 관계에 있는 것으로 아동의 권리보장은 아동의 행복을 보장해야 할 아동복지의 원리가 된다(주수길 · 주명국, 2012).

이 장에서는 아동권리개념의 태동과 아동권리사상의 발달과정을 먼저 알아보고, 아동의 권리에 관한 국제협약과 이의 4가지 주요 원칙을 살펴본 뒤, 이어서 우리나라의 아동인권에 대하여 언급하고자 한다.

(1) 아동권리개념의 태동

근대사회는 산업혁명으로 봉건제도가 붕괴되고 자본주의가 탄생하였고, 구빈법에 의해 아동보호에 대한 국가 개입이 시작되고, 민간단체의 자발적인 참여가 시작된 시기였다. 그러나 산업혁명에 따른 자본가들의 무리한 이윤추구는 임금이 싼 아동 노동력의 착취를 초래하게 되었다. 산업사회와 도시화의 현대사회에서는 국제사회의 노력에 따라 그 간의 수동적인 아동보호에서 능동적인 아동권리 보장이라는 아동권리사상이 발달하게 되었다.

사회적 약자로서 사회에서 돌봄을 받는 존재일 뿐 주체적인 위치로 자리 잡지 못하고 지내온 아동이 성인처럼 권리가 있는 인격체라는 평범한 사실을 보편적으로 인식하기 시작한 것은 최근의 일이다. 1989년 국제연합에서 아동의 권리에 관한 협약을 만장일치로 채택하면서 아동은 권리의 주체인 '인간'으로 인식되기 시작했다(이용교, 2004: 12).

(2) 아동권리사상의 발달과정

아동권리사상은 1923년 아동권리선언에서 발전하게 되었다. '아동권리선언'은 아동복리회(Save the Children Fund)의 창설자인 잽(E. Jebb)여사에 의해 작성되었다. 전체 5개조로 된 이 선언에서 그는 '인류는 아동들에게 주어야 할 최선의 것(아동의 권리)을 돌려주어야 한다.'고 주장하였다. 이듬해인 1924년 9월 26일 국제연맹은 그의 선언문을 전문과 5개조로 된 '아동권리에 관한 제네바 선언'으로 채택하였다. 1959년 11월 20일 국제연합은 아동에 대한 최선의 이익을 보장하기 위하여 전문 10개조로 이루어진 '유엔 아동권리 선언'을 채택하였다. 국제연합은 1979년을 유엔이 정한 '세계아동의 해'로 선포함으로써 아동에 대한 전 세계의 관심을 불러 일으켰다. '아동권리협약'은 아동권리선언 40주년과 세계아동의 해 10주년을 기념하기 위하여 전문 및 54개조로 구성되어, 1989년 11월 20일 유엔총회에서 만장일치로 채택되었다. 아동권리협약은 이듬해 1990년 9월 2일 세계 191개국이 비준(2009년 193개국 비준)함으로써 인류

사상 가장 많은 국가가 비준하였고, 국제법으로서 국내법과 같은 효력을 갖게 되었다. 협약 제44조에 따라 당사국은 권리 실행을 위해 채택한 조치와 권리향유의 진전 사항에 대한 보고서를 매 5년마다 제출하도록 되어 있다.

2) 유엔아동권리협약

유엔아동권리협약은 전문과 총 54개 조문으로 구성되어 있다. 이를 분류하면 3개의 부로 나눌 수 있다. 또한 협약은 4개의 권리 영역으로 나누어 볼 수 있고, 4가지의 주요 원칙이 바탕을 이루고 있다.

아동권리협약에 따라 국가는 생존의 권리, 발달의 권리, 유해한 것으로부터 보호받을 권리, 학대받고 착취당하지 않을 권리, 참여의 권리, 문화적 · 사회적 삶에 대한 권리 등 협약에 명시된 모든 아동의 권리를 보장할 의무를 가지고 있다.

(1) 3부 구성

아동권리협약은 3부로 구성되어 있다. 제1부는 아동의 권리와 가입국의 아동보호 의무 규정, 제2부는 협약의 이행 조치 규정, 제3부는 부칙 규정이다.

조항과 내용을 살펴보면, 제1부는 제1조에서 제42조까지이다. 실질적인 규정인 아동권리에 관하여 매우 포괄적인 내용을 포함한다. 생명권, 국적권, 신분보존권, 의사표시권, 사상 · 양심 · 종교 · 집회 · 결사의 자유, 사생활의 권리 등 시민적 권리는 물론, 가족 동거권, 양육 받을 권리, 건강 · 의료에 대한 권리, 사회보장, 교육권, 장애아동의 보호, 문화활동권 등의 사회적, 경제적, 문화적 권리를 담고 있으며, 마약, 인신매매, 무력분쟁으로부터의 보호도 규정하고 있다.

제2부는 제43조에서 제46조까지 해당되며, 협약의 구체적인 실시조치로 국가보고제도와 유엔아동권리위원회에 관하여 규정하고 있다. 제3부는 제46조에서 제54조까지에 해당하며, 서명, 가입, 비준서 기탁, 개정절차, 유보, 폐기, 원본 등에 관하여 규

정하고 있다.

(2) 4가지 권리 영역

유엔아동권리협약은 4개의 권리 영역 즉, 생존권, 보호권, 발달권, 참여권의 영역을 의미하고 있다. 생존권은 협약 6, 7, 8, 9, 19, 20, 21, 23, 24, 26, 27, 30, 32, 33, 34, 35, 38조항에 해당한다. 생존권은 생명을 유지하고 최상의 건강과 의료혜택을 받을 권리를 말한다. 보호권은 협약 2, 7, 10, 11, 16, 19, 20, 21, 22, 23, 25, 30, 32, 34, 35, 36, 37, 38, 39, 40조항에 해당한다. 보호권은 차별로부터의 보호, 학대와 방임으로부터의 보호, 고아들과 난민아동의 보호받을 권리, 응급상황으로부터의 보호를 말한다. 발달권은 협약 5, 6, 7, 9, 10, 11 12, 13, 14, 15, 17, 24, 28, 29, 31조항에 해당한다. 발달권은 정규적, 비정규적인 교육을 포함하여 모든 종류의 교육을 받을 권리와 아동이 신체적, 사회적, 정서적, 도덕적으로 성장하는데 필요한 평균 수준의 생활을 누릴 권리를 말한다. 마지막으로 참여권은 아동이 자신과 관련된 모든 일에 대하여 알고 자신의 의사를 자유롭게 표현할 권리를 의미한다. 관련 조항은 12, 13, 15, 17, 18, 42조이다.

(3) 4가지 주요 원칙

유엔아동권리협약은 일반 원칙으로 제2조 아동 차별금지의 원칙, 제3조 아동의 이익 최우선 원칙, 제6조 아동의 생존 및 발달의 원칙, 제12조 아동의 의사존중의 원칙의 4대 원칙이 바탕을 이루고 있다.

① 아동 차별금지

협약 제2조제1항은 차별의 종류를 인종, 피부색, 성별, 언어, 종교, 정치적 또는 기타의 의견, 민족적, 인종적 또는 사회적 출신, 재산, 무능력, 출생 또는 기타의 신분에 관계없는 차별로 구분하고, 어떠한 종류의 차별을 함이 없이 협약에 따라 아동의 권리를 존중하고 보장하여야 한다고 규정하고 있다. 제2항에서는 아동이 부모나 후견인, 가족 구성원의 신분, 활동, 의견 또는 신분을 이유로 하는 모든 형태의 차별이나 처벌로부터 보호되도록 보장하는 조치를 취하여야 한다고 규정하고 있다.

② 아동의 이익 최우선

협약 제3조제1항은 아동에 관한 모든 활동에 있어서 공공 또는 민간 사회복지기관, 법원, 행정당국, 또는 입법기관 등은 아동의 최상의 이익이 최우선으로 고려되도록 해야 한다고 규정하고 있다. 제2항에서는 국가가 아동복지에 필요한 보호 등을 아동에게 보장하고 실현하기 위하여 입법적, 행정적 조치를 취할 것을 규정하고 있다. 3항에서는 국가가 아동의 보호 등을 담당하는 시설이 안전과 위생, 직원 수 및 적격성 등 일정한 기준에 따르도록 감독할 것을 규정하고 있다.

③ 아동의 생존 및 발달

협약 제6조는 아동이 고유의 생명권을 갖고 있음을 인정하고, 가능한 최대 한도로 아동의 생존과 발달을 보장하여야 한다고 규정하고 있다.

④ 아동의 의사존중

협약 제12조제1항은 자신의 견해를 형성할 능력이 있는 아동에 대하여 자신의 견해를 자유롭게 표시할 권리를 보장하고, 견해에 대하여 정당한 비중이 부여되어야 한다고 규정하고 있다. 제2항은 아동에게 영향을 미치는 사법적, 행정적 절차에 있어서 직접 또는 대표자나 적절한 기관을 통하여 진술할 기회가 법상 주어져야 한다고 규정하고 있다.

3) 우리나라의 아동인권

국제사회에서는 1923년 잽(E. Jebb)여사에 의해 아동권리선언이 작성되고, 이듬해인 1924년 국제연맹에서 '아동권리에 관한 제네바 선언'으로 채택하게 되면서 아동권리의 개념이 태동하였다. 우리나라에서는 소파 방정환이 1923년 5월 1일 어린이날을 선언하고 '어린이선언문'을 공표한 사실이 있으며, 또한 '아동권리공약3장'을 선언하였다.

'아동권리협약'은 1989년 11월 20일 유엔총회에서 채택되었고, 우리나라는 1991년 11월 20일에 가입하여 1991년 12월 20일 발효되었다. 1994년 11월 정부의 제1차 국가보고서를 유엔아동권리위원회에 제출하였으며, 1996년 1월 심의를 거쳐 결과를 통보받았다. 유엔아동권리위원회는 협약을 비준한 당사국의 아동권리이행을 위한 역할에 대해 5년마다 국가보고서 및 민간보고서를 제출받아 이를 검토하고 결론과 권고사항을 당사국에게 제공한다. 이후 권고에 따른 개선 결과를 점검하고 2000년 5월 제2차 국가보고서를 제출한 바 있으며, 2008년 12월 제3, 4차 통합보고서를 제출한 바 있다. 이후 2011년 10월 유엔아동권리위원회의 보고서 심의결과를 통보받은 바 있으며, 제5, 6차 보고서를 2017년 6월 19일까지 제출하도록 되어 있다.

(1) 우리나라 어린이헌장

세계 각국은 1924년의 '아동권리에 관한 제네바 선언'을 기초로 하여 미국은 1930년, 일본은 1951년, 우리나라는 1957년에 '어린이헌장'을 제정하였다. 우리나라는 1988년 '대한민국 어린이헌장'을 전면 개정하였으며 1989년에는 '청소년헌장'을 선포하였다(김오남 외, 2000: 7-11).

대한민국 어린이헌장은 1923년 5월 1일에 제정된 어린이날 정신을 바탕으로 하여 모든 어린이가 차별 없이 인간으로서의 존엄성을 지니고 겨레의 앞날을 이어나갈 새사람으로 존중되며 바르고 아름답게, 씩씩하게 자라도록 함을 지표로 삼는다. 그 본문에는 어린이들을 가정, 보건, 교육, 문화, 오락, 민주시민으로의 육성, 과학의 탐구, 위험으로부터의 우선 보호, 장애아들의 재활, 학대와 노동착취에서의 탈피 및 세계인으로의 육성 등으로 바람직한 어린이상을 정립하고 있다. 최초의 어린이헌장은 전문과 9개 조항으로 이루어졌으나 1988년 5월 5일 개정으로 현재 전문과 11개 조항으로 구성되어 있다. 전문은 선언 지향적 권리를 포함하고 본문은 실천 지향적 권리를 포함하고 있다.

(2) 유엔아동권리협약 이행

2008년 12월 제3, 4차 통합보고서를 제출함에 따라, 2011년 10월 유엔아동권리위원회의에서 보고서를 심의한 결과 통보된 내용 일부를 발췌하여 살펴보고자 한다.

- 대한민국이 취한 후속조치 및 이룩한 성과에 있어 위원회는 다음 법안의 채택을 환영한다. 2011년 8월 개정된 입양특례법, 2011년 9월 개정된 민법, 2011년 3월 개정된 초중등교육법시행령, 2010년 3월 개정된 가사소송법, 2011년 제정된 장애아동복지지원법, 2011년 개정된 아동복지법, 2011년 개정된 다문화가족지원법
- 위원회는 또한 다음의 조약을 비준 또는 가입한 것을 환영한다. 2008년 12월 11일 장애인권리협약 비준, 2006년 10월 18일 여성에 대한 차별철폐에 관한 협약 선택의정서 비준
- 위원회는 또한 다음의 제도적, 정책적 조치를 환영한다. 2010년 제2차 학교폭력 예방 및 대책 5개년 기본계획 수립
- 위원회의 권고사항(일부 발췌)
  - 아동정책조정위원회를 강화하고 필요한 권한과 충분한 인적, 기술적, 재정적 자원을 확보한 적절한 관련기구를 수립하라.
  - 보건복지부와 여성가족부를 포함한 다른 부처 간, 그리고 관계 국가 및 지역단체 간 아동권리 관련 기능 및 관계를 명확히 하라.
  - 학교 교과과정에 아동권리 및 인권에 관한 교육을 더 포함시켜라.
  - 아동을 위해 또는 아동과 함께 일하는 전문단체들이 협약과 관련하여 충분한 연수를 받도록 하라.
  - 협약의 대중 인지도를 높이는 방안을 강화하라.
  - 협약 제2조에 완전히 합치되는 법률의 채택을 목적으로 차별금지법을 신속히

제정하라.

- 청소년 미혼모를 포함, 미혼모에 대하여 충분한 지원을 제공하라.
- 가정, 학교 및 모든 기타 기관에서 체벌을 명백히 금지하도록 관련 법률과 규정을 개정하라는 국가인권위원회의 권고를 이행하라.
- 체벌에 대한 태도를 변화시키기 위해 아동 학대의 부정적인 결과에 대한 대중교육 캠페인을 실시하라. 그리고 학교체벌에 대한 대안인 그린마일리지 제도를 포함, 가정과 학교에서의 긍정적이고 비폭력적인 형태의 훈육을 장려하라.
- 체벌 피해자 아동이 체벌 사례를 신고할 수 있는 제도를 마련하라.
- 아동학대 및 방임 신고자의 신원 및 안전을 고려하는 적절한 보고체계를 마련하여, 교내 괴롭힘과 관련한 사항을 포함, 아동학대 및 방임을 신고할 법적 의무를 강화하고 확대하라.
- 지역 시설을 포함, 더 많은 보호기관을 설립하고, 학대 및 방임 피해자를 위한 충분한 외상 후 지원 및 재활지원을 제공하는 등 이들이 효과적으로 운영되는 데 필요한 인적, 기술적, 재정적 자원을 배정하라.

Chapter

02

아동의 발달

발달(development)이란 한 개인의 전 생애에 걸쳐서 일어나는 체계적인 연속성과 변화를 뜻하는 말로 바람직한 방향으로의 변화가 일어나는 경우이다. 반대의 경우는 퇴화라고 할 수 있다. 이와 비슷한 개념으로 성장(growth)과 성숙(maturation)이 있다. 성장이란 신체의 크기나 근육의 세기와 같은 신체적인 특성의 양적 증가를 의미하고, 성숙은 타고난 유전적 특성에 의하여 이루어지는 신체적, 심리적 변화를 의미한다.

발달과업이란 특정 문화권 또는 하위 문화권 내에서 발달하는 각 아동이 당면하게 되는 과업으로, 아동의 정상적인 발달을 위해서 일정한 시기별로 각 단계에 따라 이루어야 하는 과제가 필요하다는 개념에서 나온 것이다.

아동발달을 설명하고 있는 다양한 이론들은 아동들이 왜 그러한 행동이나 심리적인 특성을 갖게 되었는지에 대한 이유를 알게 하고, 아동들의 심리적 특성도 예측할 수 있게 한다. 이 장에서는 발달단계에 따라 다양한 특성을 보이는 아동발달의 특성과 이론에 대하여 알아보고자 한다.

1. 아동발달의 특성과 발달과업

1) 아동발달의 특성

아동은 성장·발달하면서 발달단계에 따라 다양한 특성을 보이게 된다. 이러한 아동발달의 연구 성과는 아동복지의 필요성에 대한 인식을 확장시키는 데 기여하였다. 즉, 아동발달의 초기에 적절한 복지 조치를 받으면 더 나은 발달적 성취를 이룰 수 있으나, 그렇지 않으면 발달적 손상을 경험하여 그 이후의 발달에 심각한 영향을 미쳐서 돌이킬 수 없는 결과를 초래할 수도 있다는 점이다. 그리고 이러한 영향은 아동 자신의 복지뿐만 아니라 사회 전체의 복지에도 영향을 미칠 수 있다는 점에서 중요하다. 아동발달의 특성들은 독립적이라기보다는 서로 밀접히 관련되어 있다. 여기서는 기초성, 적기성, 누적성, 불가역성 등의 네 가지 기제(주정일, 1998)를 중심으로 설명하고자 한다.

(1) 기초성

기초성이란 초기발달의 수준이 후일의 발달에 영향을 끼친다는 것을 의미한다. "세 살 적 버릇이 여든까지 간다"라든가, "될성부른 나무는 떡잎부터 알아본다"라는 우리 속담에는 이 기초성의 의미가 함축되어 있다. 예를 들면, 인간발달의 초기인 수태로부터 유아기까지는 기본적인 신체조직이 형성되고, 기관이 완성되는 시기이므로 양질의 영양소를 골고루 충분히 섭취해야 한다. 이 시기에 양질의 영양소를 충분히 섭취한 아동은 전반적 측면에서 양호한 발달적 성취를 보인다. 그러나 영양결핍을 경험한 아동은 신체·운동·인지발달 등의 영역에서 발달지체를 초래하기 쉬우며, 신체가 허약하고, 각종 질병에 걸리기 쉽다.

(2) 적기성

적기성이란 모든 발달에는 최적기가 있음을 뜻하며 걸음마 할 시기, 말 배울 시기가 따로 있음을 함축하고 있다. 적기성은 각 발달단계별로 이루어져야 할 과업이 제 시기에 적절히 이루어지지 못하면 후일의 발달에 부정적 영향을 미친다는 발달과업(developmental task)과 밀접히 관련되어 있다. 예를 들면, 인간의 지능은 8세경까지 거의 80%가 발달한다고 보므로 이 시기에 지능발달을 촉진시킬 수 있는 문화적 자극을 충분히 제공받은 아동은 인지발달이 촉진되지만, 그렇지 못한 아동은 문화실조 아동으로 자라기 쉬우며, 후일 학업성취에도 큰 영향을 받는다. 이렇게 볼 때, 영유아기와 아동기 전반은 인지발달의 적기에 해당된다고 볼 수 있다.

(3) 누적성

누적성이란 발달적 성취나 손상은 그 이후의 발달에도 계속적으로 영향을 미침을 뜻한다. 예를 들면, 에릭슨(Erikson, 1960)이 사회성 발달이론에서 지적한 바와 같이 영아기에 어머니와의 관계에서 신뢰감을 형성한 아동은 이후의 인간관계에도 신뢰성이 적용되어 밝고, 원만한 인간관계를 유지하기가 쉽다. 그러나 이 시기에 불신감이 형성되면, 이 불신감은 누적되어 이후의 부모-자녀관계뿐만 아니라 가족관계, 친구관계 및 직장에서의 인간관계에 누적적 영향을 미쳐서 만족스런 사회생활을 어렵게 만든다는 것이다. 이런 측면에서 청소년기에 자주 발생되는 가출이나 비행은 어릴 때부터 쌓았던 부모에 대한 불신감, 또는 가족관계의 불화가 누적이 되어서 감수성이 예민한 청소년기에 특히 발생이 높은 것으로 보인다.

(4) 불가역성

불가역성이란 이미 이루어진 발달적 손상은 그 후의 노력으로도 회복하기가 매우 어려움을 뜻한다. 전술한 예를 다시 살펴보면 태아기 및 생후 6개월 이내와 같은 발달 초기에 영양결핍에 의한 발달적 손상을 입으면 후일 이를 보충해 주어도 손상을 완전히 회복하기 어렵다. 또한 문화적 자극의 결핍에 의한 인지발달의 지체는 계속 누적되어서 학습부진 아동으로 자라날 가능성이 크며, 이는 진학이나 취업을 곤란하게 하는 등 돌이킬 수 없는 영향을 미친다. 즉, 빈곤한 영양환경, 문화환경에서 기초와 적기를 놓쳤을 경우 후에 풍부한 영양과 문화자극을 준다 해도 빈약해진 체격과 지능, 감성은 완전하게 회복되지 못하는 것이다.

2) 아동기의 발달과업

인간발달에는 각 발달단계별로 반드시 성취해야 하는 발달과업(developmental task)이 있다. 발달과업은 개인의 인생에서 어떤 특정한 시기에 성공적으로 성취해야 할 과제들로써, 그 사회구성원의 대부분에 의해서 기대될 뿐만 아니라 또한 자신들에게도 스스로 기대되는 사회적 역할을 포함한다. 발달과업은 개인이 환경에 적응하기 위하여 요구되는 기술이나 능력으로서 만약 한 단계에서 발달과업의 성취가 만족스럽지 못하면 그 단계에서 성공적 적응을 못할 뿐 아니라 다음 단계의 발달도 지장을 받게 된다. 따라서 발달과업은 한 개인이 그 단계에서 반드시 취득해야 하는 기술, 지식, 기능, 태도로 정의되며, 신체적 성숙이나 사회적 기대 그리고 개인적 노력을 통해서 얻어지는 것이다.

발달과업은 우선 자신의 신체 변화와 능력을 객관적으로 이해하고 받아들이는 자신에 대한 이해가 선행되어야 한다. 또한 사회적으로 각 개인에게 기대하는 가치관과 역할의 획득을 위해 자신의 성찰이 필요하고, 심리적, 경제적으로 독립적 성인기를 맞이하기 위해, 자신의 여러 상황(능력, 가정환경, 주변 여건 등)을 고려한 실천 가능한 목표와 진로를 선택하여 준비해야 하는 것이다(오영재, 2001: 44-57).

각 발달단계별 발달과업을 요약하면 총 6단계로 다음과 같다(Havighurst, 1972). 여기서는 18세 이하인 3단계 청년기까지 자세히 알아보기로 한다. 이후의 단계는 성인기로 간략히 살펴보면, 성인 초기는 18~35세의 시기로 배우자 선택, 자녀양육, 가정관리, 직업생활, 마음 맞는 사람들과 사회적 집단형성 등을 한다. 성인 중기는 35~60세의 시기이며 시민으로서의 의무와 사회적 의무를 다하며, 경제적 표준생활을 유지하고, 여가시간을 활용할 줄 알며, 중년기의 생리적 변화에 적응하고, 노년기의 부모에게 적응한다. 성인 후기는 60세 이후의 시기로 신체적 쇠퇴에 적응하고, 은퇴와 수입 감소에 적응하며, 배우자의 사망에 적응하는 등을 한다.

(1) 영아기~아동초기(0~5세)

- 보행학습
- 고체의 음식 먹기 학습
- 말하기 학습
- 배설작용의 통제 및 처리학습
- 성의 차이와 예절학습

- 생리적인 안정 유지
- 사회적, 물리적 현실에 대한 단순개념 형성
- 부모, 형제자매, 타인과의 정서적 관계 맺는 것 학습
- 옳고 그름을 판단하는 것, 학습 및 양심의 발달

(2) 아동 중기(6~12세)

- 일상적 놀이에 필요한 신체기능 습득
- 성장하는 유기체로서 자신에 대한 건전한 태도 형성
- 동년배 친구와 교류관계 형성
- 적절한 성 역할 학습
- 읽기, 쓰기, 셈하기의 기본적 기술 익힘
- 일상생활에서 필요한 개념 형성
- 양심, 도덕, 가치체계의 발달
- 개인적 독립성 성취
- 사회집단과 제도에 대한 태도의 발달

(3) 청년기(13~18세)

- 자기체격의 인정과 성 역할 수용
- 동성이나 이성의 친구와 보다 새로운 관계 형성
- 부모나 다른 성인들로부터의 정서적 독립
- 경제적 독립의 필요성에 대한 지각
- 직업의 선택 및 준비
- 시민으로서 갖추어야 할 지식과 태도의 발달
- 사회적으로 책임 있는 행동을 원하고 이를 실천
- 결혼과 가정생활의 준비
- 적절한 과학적 지식에 맞는 가치체계 형성

2. 아동발달의 이론적 접근

1) 프로이트의 정신분석이론

프로이트(Freud, 1856~1939)에 의하면 성격의 발달은 태어나면서 5세 때까지 약 5년 동안 구분이 뚜렷한 일련의 단계를 거치게 되며, 이 시기까지가 퍼스낼리티(personality) 형성에 결정적 시기가 된다고 한다. 각각의 발달단계는 신체의 특정한 부분의 반응 형태에 따라 정의될 수 있다.

(1) 구강기

구강기(oral stage)는 출생부터 1세까지로 유아는 입에서 쾌락을 얻는다. 생후 1년 동안은 입이 성적 · 공격적 욕구를 충족하는 신체부위가 된다. 이 시기에는 입, 입술, 혀, 잇몸 등을 자극하는 데서 만족을 느끼기 때문에 빨고, 삼키고, 깨물면서 만족을 얻는다.

출생 후 6개월 후 이가 나면서부터는 이유(離乳)의 좌절감을 깨무는 것으로 해소하며 쾌감을 얻는다. 음식물을 씹고 깨무는 이 두 가지 구강활동이야말로 후에 발달하는 성격 특징의 모체가 되는 것이다. 입에서 얻는 쾌락은 지식의 습득이나 재산을 모음으로써 얻어지는 쾌락과 대치할 수 있는 것이다. 예를 들어, 구강기 동안 신체적으로나 정서적으로 무시당하거나 박탈당한 아이는 구강수동적 성격이 되어 성인이 된 후 수동적이고 미성숙하며 과도한 의타심을 보이고 잘 속기도 한다. 반면 깨무는 것과 같은 구강의 공격이 빈정대거나 논쟁적인 형태로 대치되어 구강공격적 성격을 드러내기도 한다. 더욱이 구강기는 아이가 그 어머니에게 생명을 맡기고, 그녀에 의해 보호와 양육이 이루어지므로 아동은 의존성이 생겨나게 된다. 반면 이유기에 접어들면서 이유로 인한 욕구불만으로 인해 어머니에게 애정과 함께 적대적이며 파괴적인 행동을 갖게 되는데 이때 유아는 최초의 양가감정(ambivalence)을 경험하게 된다.

(2) 항문기

항문기(anal stage)는 빨아들이는 데서 만족을 취하고 긴장해소를 했던 리비도의 방향이 항문으로 이동하는 발달단계로 대소변을 가리는 훈련이 시작되는 1세 내지 1세 반에서 3세까지를 말한다. 대변을 보고 나면 불안의 요소가 제거되고 쾌감이 생겨나는데, 이 시기에 청결습관을 기르는 배변훈련이 이루어진다. 이때 아동은 처음으로 본능적 충동이 외부의 규제를 받는 것을 경험하는데 부모가 강압적 방법으로 대소변 가리기 훈련을 시키게 되면, 아동의 개성이나 가치를 형성하는 데 역효과를 가져오게 될 수 있다.

배변훈련이 성공하면 아동은 사회적 승인을 얻는 쾌감을 경험하며 창조적이고 생산적인 성격 특성이 발달한다. 어떤 아동은 본능적 충동의 만족을 방해하는 외적 통제에 반항하기 위해 부적절한 때나 장소에 배설하거나 몇 시간씩 변기에 앉아 애를 태우게 하는 식으로 부모를 조종하기도 한다. 이러한 반동이 또 다른 행동에도 일반화된다면, 그 아동의 성격발달은 항문기에 고착되어 항문적 보유성격이 된다. 즉, 고집 세고 인색하게 될 것이며, 혹은 아동이 원하지 않을 때 억압된 상태 하에서 변을 보게 함으로써 분노를 자아내게 할 수도 있다. 이는 잔인, 방종, 짜증과 같은 각종 배제성의 원천이 된다. 반면 어머니가 아동에게 장운동을 시키고 칭찬해 주면 아동은 변을 만드는 행위가 대단히 중요하다는 생각을 갖게 되며 이는 창조력과 생산력의 밑바탕이 된다.

항문기는 아동이 처음으로 사회의 기대에 순응하라는 요구에 직면하는 단계로 언어발달로 인해 타인과의 의사소통도 가능해지며 자기 자신에 대한 통제를 통해 의존에서 벗어나 자기조절, 자립, 자부, 자존 등을 배우게 된다.

(3) 남근기

남근기(phallic stage)는 3~6세까지로, 아동이 자신의 성기를 만지고 자극하는 데서 쾌감을 느끼는 시기를 말한다. 이 시기부터 원초아(id), 자아(ego), 초자아(super ego)

는 역동적으로 작용하기 시작한다. 남근기의 아동은 이성의 부모에게 성적 관심을 갖게 되고 동성의 부모에게 성적 동일시를 하므로, 남자아이는 남자답게 굴고 여자 아이는 여자답게 행동하려고 애쓴다.

남자아이가 어머니의 사랑을 갈망하고 아버지를 싫어하는 경향을 프로이트는 오이디푸스 콤플렉스(oedipus complex)라고 하였다. 어머니에 대한 근친상간적 욕구가 아버지에게 발각될까 봐 공포를 느끼면서, 남자아이는 아버지가 성적 활동기관인 자기의 남근을 거세할 것을 두려워하는 거세불안(castration anxiety)을 경험하게 된다. 전 단계인 항문기에는 외적인 금지에 대항하여 자신을 방어했지만 남근기에는 내적인 금지에 대항하여 자신을 방어한다.

한편, 여자아이가 아버지를 좋아하고 어머니를 싫어하는 경향은 엘렉트라 콤플렉스(electra complex)라고 하며, 여자아이는 이 시기에 남근을 부러워하는 남근선망증(penis envy)의 심리 상태를 보인다.

오이디푸스 콤플렉스와 엘렉트라 콤플렉스는 양가감정을 초래한다. 즉, 아동은 이성의 부모로부터 독점적 관심을 받고 싶어 다른 쪽 부모가 떠나거나 죽기를 바라는 동시에, 이성의 부모에 대한 연모가 동성의 부모로부터 적대감이나 보복을 초래하지 않을까 두려워하거나 사랑하는 부모가 그 사랑을 철회하지 않을까 걱정한다. 프로이트는 남근기에 초자아가 확립되는 것이 오이디푸스 콤플렉스의 결과라고 했다. 남아의 경우 오이디푸스 콤플렉스를 거세 불안으로 인해 극복하게 되고, 결론적으로 근친상간의 본능을 억압하게 되면서 초자아가 발달하게 된다는 것이다. 위험한 성적충동을 통제하기 위하여 아동은 부모의 가치관을 그의 성격에 합치시키게 되는 것이다.

한편 남근기 동안 일어날 수 있는 다양한 외상(trauma) 경험, 예컨대 정서적 · 신체적 · 성적 학대나 부모의 상실 등은 신경증의 원인이 되기도 하며 심한 경우 외상 후 스트레스 장애(PTSD)를 일으키기도 한다. 또한 남근기에 고착된 남자는 경솔하고, 과장이 심하며, 야심이 강하고 여자는 난잡하고, 유혹적이며, 경박하다.

(4) 잠복기

잠복기(latency stage)는 6~12, 13세까지의 시기이다. 근원적 욕망인 리비도(Libido)의 부착 부위가 특별히 한정되지 않고, 따라서 성적인 힘도 잠재된다. 이 시기에는 오이디푸스적 근심으로부터 비교적 자유롭지만 그 감정은 무의식 속에 계속 존재한다. 다시 말해서 이 시기에 원초아는 약해지고 자아와 초자아는 강력해진다. 성격에서 이루어지는 주요 발달은 초자아의 기능이다. 리비도의 지향 대상은 친구, 특히 동성의 친구에게로 향하고 동일시의 대상도 주로 친구가 된다. 잠복기 아동의 에너지는 지적인 활동, 운동, 친구와의 우정 등에 집중된다. 특히 잠복기에는 신체의 발육과 성장에 에너지가 집중되므로 리비도의 본능적 욕구 형태인 성적 관심이 약하다.

그런데 이 시기에 과도한 성적 억압을 하게 되면 수치심, 도덕적 반동 형성, 혐오감에 빠질 수 있다. 잠복기에 고착되면 성인이 되어서도 이성에 대한 정상적 친밀감을 갖지 못한다. 예를 들어, 동성 간의 우정에 고착되어 버리면 생식기에 가서도 분리되지 못하고 동성애로 발전할 수 있다. 또는 이성과의 성적 관계를 회피하고 정서적 감정 없이 단지 공격적 방식으로 성적 행동도 한다.

(5) 생식기

생식기(genital stage)는 사춘기부터 성적으로 성숙되는 성인기 이전까지의 시기로써 호르몬과 생리적 요인들로 인해 그동안 억압되었던 성적 감정들이 크게 강화되면서 심한 생리적 변화가 생기는 것이 특징이며, 격동적 단계로 불린다. 또한 성적·공격적 충동이 자아와 자아의 방어를 압도할 정도로 강해진다. 따라서, 이전의 방어 방식들이 부적절해지면서 광범위한 재적응이 요구된다.

생식기는 사춘기 전기와 사춘기로 나뉜다. 사춘기 전기는 12, 13세부터 시작되며 성적 성숙을 준비하는 시기이다. 이 시기의 리비도는 다시 유아기의 애정 대상을 지향한다. 소녀나 소년이 중년 남성이나 부인에게 끌리는 심리를 프로이트는 제2의 오이디푸스 콤플렉스 현상이라 보았다.

사춘기 전기 청소년은 동물적 쾌락추구에 몰두하거나 자아를 지나치게 표면에 내세우는 경향을 보인다. 즉, 원초아가 우세할 때는 쾌락추구에 몰두해 사춘기 특유의 공격성, 야수성, 범죄행동이 왕성해지며, 반대로 자아가 너무 표면화되면 불안이 심해지고 금욕주의, 지성화의 경향이 강해져서 원초아를 억제하고 자아를 방어하려고 애쓰게 된다.

사춘기는 성적 성숙이 다 이루어지는 때이므로 사춘기 전기의 불안정성이 사라진다. 성적 대상으로서 부모에 대한 관심이 사라져 사춘기 전기까지 있었던 오이디푸스 콤플렉스적인 공상에서 벗어나며, 관심이 가족으로부터 멀어지고 가족 밖에서 연장자와 친교를 갖게 되며, 이성을 향한 성욕 충족을 추구하게 된다. 이성에 대한 성적 욕구는 다른 활동을 통해서 승화되기도 한다. 독서, 운동, 자원봉사 등은 흔히 도덕적 규범이 강한 사회의 청소년들이 성욕을 승화시키는 대체활동이 되기도 한다.

이상적인 생식기적 성격발달을 위해서는 근면을 배워야 하고, 즉각적 만족을 지연시켜야 하며, 책임감도 학습해야 한다. 아동기 초기에 경험한 심각한 외상으로 인해 성적 에너지의 고착이 있으면 생식기에 적응하기 어렵게 된다.

2) 에릭슨의 심리사회적 이론

에릭슨(Erikson, 1902~1994)은 인간의 발달단계를 심리사회적 관점에서 8단계로 구분하고 있다. 제1단계는 유아기로 신뢰감 대 불신감, 제2단계는 초기 아동기로 자율성 대 수치심과 의심, 제3단계는 학령 전기인 유희기로 주도성 대 죄의식, 제4단계는 학령기로 근면성 대 열등감, 제5단계는 청소년기로 자아정체감 대 자아정체감 혼란의 단계이다. 이후 제6단계부터는 성인기로 여기서는 제5단계인 청소년기까지 자세히 알아보도록 한다. 이후의 단계를 미리 간략히 살펴보면, 제6단계는 성인 초기로 친밀감 대 고립감의 단계이다. 유대감이나 생각을 나누는 긍정적인 결과와 피상적인 인간관계나 친밀해질 계기를 회피하는 부정적인 결과의 단계이다. 제7단계는 노년기로 생산성 대 침체의 단계이다. 일과 관계에 몰두하는 긍정적인 결과와 피폐한 인간 관계나 일에 질리는 부정적인 결과의 단계이다. 마지막 제8단계는 노년기로 통합과 절망의 단계이다. 정리된 느낌이나 자기만족의 긍정적 결과와 죽음에 대한 공포나 삶의 결과에 대한 씁쓸함의 부정적인 결과를 정립하는 단계이다.

에릭슨은 아동의 각각의 발달단계에는 그 나름의 중심적 과제가 존재하기 때문에 다음 단계로 잘 진행하기 위해서는 적어도 그러한 과제가 각 단계에서 적절히 해결되어야 한다고 보고 있으며, 건전한 퍼스낼리티(personality)의 발달을 그 일탈적 현상에 대한 대립적 개념으로 파악하고 있다.

(1) 유아기(기본적 신뢰감 대 불신감)

유아기는 출생부터 1세경까지 지속된다. 이 단계의 유아가 만족을 얻는 생물학적 방식은 구강적이다. 즉, 함입적 접근 방법(incorporative approach)이 유아기의 특징이다. 대상에 반사적 단계로 입이 닿는 대상이 있으면 빨고, 액체를 삼키며, 시야에 들어오는 것을 눈으로 바라보고, 촉각으로 좋게 받아들여지는 것을 받아들인다. 유아기 후기에 가서는 더 자극적이고 직접적인 함입적 접근 방법으로 이 능력을 발전시키고 쾌락을 느낀다. 이가 나면서 딱딱한 것을 깨무는 데서 쾌락을 느끼고, 눈도 대상에 초점을 두고 분리해서 파악한다. 청각기관도 중요한 음을 구분해 내고, 집중하며, 적절한 위치 변화를 지시받는 것에 숙달된다. 팔을 뻗치고 손으로 꽉 잡는 것도 배운다.

건강한 성격의 가장 기본적 요소 중 하나가 신뢰감인데 자신과 다른 사람에 대한 신뢰감은 생후 1년 동안 집중적으로 발달한다. 출생 후 1년 동안 유아는 생을 신뢰할지 혹은 불신할지 결정짓는 위기를 겪는다. 위기의 해결책은 부모, 특히 어머니에게 달려 있다. 유아의 신뢰감은 양육자의 동일성과 연속성에 자신이 의존할 수 있음을 아는 것뿐 아니라 자신과 충동을 다루는 자기 신체기관의 능력을 신뢰하는 것도 포함된다.

즉, 유아는 외부세계에 대한 신뢰뿐 아니라 생의 욕구를 충족시키기 위한 자신의 능력을 신뢰할 수 있어야 한다. 외부세계를 신뢰하는 유아의 태도는 빨거나 무는 대상에 대한 관계를 토대로 형성되는데 어머니의 보살핌의 질이 결정적 관건이다. 기본적 신뢰를 증진하는 데 중요한 것은 양적인 구강적 욕구 충족보다 어머니와의 관계의 질이다.

어머니는 유아의 개별적 욕구를 민감하게 보살피고 문화적으로 전수된 양육방식에 의해 자녀의 신뢰를 받게 된다. 어머니의 보살핌에서 유아가 일관성, 신뢰성, 예측성을 느끼는 것이 중요하다. 어머니에게서 이러한 감정을 느끼게 되면 유아는 다른 사람에 대한 기본적 신뢰와 자신에 대한 확신 및 신뢰감을 발달시키기 쉽다. 신뢰감은 심리적으로 건강한 사람을 만들며 다른 사람과 유대감과 애착을 형성하는 데 필수적이다. 그러나 건전한 성장이 전적인 신뢰감만으로 이루어지지는 않는다.

불신감은 어머니의 행동을 전혀 예측할 수 없고 믿을 수 없으며, 필요할 때 어머니가 옆에 없을 것이라는 느낌에서 싹튼다. 다시 말해, 자녀를 양육하는 데 다양한 양육방식을 시도하는 어머니, 부모 역할에 자신감이 부족한 어머니, 지배적 문화와 갈등을 일으키는 가치관을 가진 어머니는 그 모호성이 자녀에게도 감지되므로 유아의 불신감을 낳는다.

에릭슨은 건전한 성장·발달이 신뢰와 불신의 적절한 비율로부터 온다고 했다. 실제로 어느 정도의 불신은 누구나 혹은 무엇이나 믿어서는 안 되는 험난한 현실세계에 적응하는 데 유용한 도움을 줄 수 있다. 유아가 분별력 있게 신뢰하기 위해서는 상당한 정도의 불신을 경험해야 하나, 지나친 불신은 과도한 경계심을 유발하므로 다음 단계의 위기를 해결하는 데 필요한 강한 토대를 마련하지 못하게 만든다. 따라서 불신보다 기본적 신뢰를 더 많이 획득한 유아에게 잘 기능하는 자아의 기초가 만들어질 수 있다.

기본적 신뢰감 대 불신감의 갈등이 성공적으로 해결되어 얻어진 심리사회적 능력이 곧 희망이며, 실패의 결과는 공포이다. 신뢰는 희망의 토대가 되며 희망은 외부세계와 그것이 갖는 의미를 신뢰할 수 있다고 확신하는 데서 발달한다.

(2) 초기 아동기(자율성 대 수치심)

초기 아동기는 1세 반에서 3세까지 지속된다. 이 단계의 아동은 신경계의 발달로 괄약근을 수의적으로 조절할 수 있어 변을 배설하거나 보유하는 것이 가능해진다. 이 시기의 기본 양식인 보유 혹은 배설은 전반적으로 다른 행동에서도 나타난다. 어른들에게 다정하게 안기다가 갑자기 밀쳐낸다든지 소지품에 집착하다가도 내동댕이치는 행동이 그 예이다.

자신의 힘으로, 제 발로 설 수 있고 손을 사용하는 능력이 발달하면서 아동은 스스로 외부세계를 탐색하기 시작하는데 이러한 자율성을 획득하게 되면서 부모와 아동 간에 통제를 둘러싼 갈등이 치열해진다. 설 수 있게 되면서 아동은 '나'와 '너'를 구분하며, '내가', '내 것'과 같은 자기세계를 분명히 한다. 이 단계의 아동은 무엇이든 스스로 해보려는 경향이 강하다. 부모가 아동의 의사를 묵살하지 않고 사회적으로 기대되는 행동을 배우게 하면, 아동은 자율성을 상실하지 않으면서도 사회적 규제에 잘 적응하게 된다. 이 단계에서 외부의 통제는 확고한 신뢰를 주는 것이어야 한다. 확고함은 보유할 것인지 배설할 것인지를 모르는 혼란으로부터 아동을 분별 있게 보호해 준다. 이 단계에서는 미래에 대한 이해가 가능한 초보적 시간감각이 있기 때문에 욕구의 충족을 지연시킬 수 있는데 유아기에 형성된 신뢰감이 이를 터득하게 해 준다.

그러나 아동이 미성숙한 단계에서 외부통제가 너무 빨리 또는 엄격하게 가해지는 경우, 아동은 자신의 통제능력이 미약하고 외부 압력자를 통제할 수 없다는 무력감으로 수치심과 회의를 갖게 된다. 수치심과 회의는 사회의 기대와 압력을 과도하게 의식하는 데서 생긴다. 수치심은 다른 사람의 눈에 자신이 좋게 보이지 않으리란 느낌이다. 회의는 다른 사람이 반드시 자기를 통제하리라는 느낌에서 비롯된다. 너무 엄격하거나 이른 훈련으로 아동에게서 자유 선택으로 배변이나 다른 기능들을 스스로 통제할 기회를 박탈하면 그 아동은 패배와 반항이라는 이중성에 직면한다. 이런 상황에서 아동은 자신의 신체와 외부세계에 대한 무력감으로 퇴행 혹은 다른 사람의 도움을 거부하기 쉽다.

예를 들면, 엄지손가락을 빨고 보채며 요구가 많아지는 등 구강기로 퇴행하거나 공격수단으로 변을 사용하기도 한다. 한편 부모가 전반적으로 관용적이면서 확고하지 못할 때도 전 단계로 퇴행하는 수가 있다.

자율성 대 수치심의 위기를 겪으면서 아동은 애정과 증오 간의 비율, 협동과 고집의 비율, 자기표현의 자유와 억제 간의 비율 등이 결정되는데 자존심의 상실 없이 자기통제감을 가지면 선의와 긍지가 발달한다.

이 단계의 종합적 의미는 근육체계가 성숙하고, 보유와 배설 같은 갈등을 일으키는 행동패턴을 조정하는 능력이 발달하고, 전적으로 의존적이던 아동의 자율성이 발달하는 것이다. 아동은 자기통제와 탐색을 위해 돌아다니면서 자기충족이라는 문제에 부딪힌다. 탐색충동에서 보듯 아동은 부모의 보호로부터 벗어나는 것을 당연히 배워야 하며, 그래야만 아동은 더욱 독립적으로 되고 스스로 결정하는 것을 배우게 된다.

이 단계의 위기를 성공적으로 극복하면서 의지력이 생긴다. 반면 위기 극복에 실패한 아동은 자신의 의지력을 불신할 뿐만 아니라 다른 사람이 자기를 지배하고 이용하려 한다고 불신함으로써 의심에 빠진다.

(3) 유희기(주도성 대 죄의식)

4~5세가 이 단계에 해당한다. 이 단계의 행동을 지배하는 특징은 침투적 양식(intrusive mode)이다. 신체적 공격으로 다른 사람의 몸에 침투하고, 호기심으로 미지의 것에 침투한다. 이 단계에서는 침투적 양식에 근거한 세 가지 발달이 일어난다. 첫째, 신체적으로 더 자유롭고 더 격렬하게 움직이는 것을 배워 반경 제한 없는 목표를 구축한다. 둘째, 언어능력이 발달하여 이해의 폭이 넓어지고 많은 질문을 한다. 셋째, 언어능력과 운동능력이 인지적 활동을 확대시킨다. 언어능력과 신체적 기술이 발달하므로 아동은 사고하고 상상하며 행동할 수 있다.

한편 외부세계에서는 아동이 활동적으로 되고, 새로운 과제와 기술을 배우며, 생산적으로 움직이는 것을 기대한다. 언어능력과 운동기술의 발달로 아동은 가정 밖에서의 사회적 놀이에 참여한다. 이 단계의 아동은 신체적 놀이뿐 아니라 부모를 비롯한 어른들을 흉내 내는 놀이를 하는데 이러한 경험을 통해 자신이 한 인간으로서 목적이 있다는 것을 깨닫는다. 그러면서 아동은 계획을 세우고, 목표를 설정하며, 이를 달성하려고 노력하는 주도성이 생긴다.

한편 이 시기는 성적 호기심, 성기의 흥분, 성적 문제에 대한 과잉 관심이 생기는 단계이므로 아동이 주도하는 행동은 때때로 제재를 받을 수 있다. 아동은 남성적 또는 여성적 주도성의 필요조건들을 발달시키면서, 상상력을 발휘하고 필요한 자제와 사물에 대한 관심을 갖는 반면 희망과 소망 중 많은 것을 억압하거나 잊어버린다. 질투와 경쟁심이 최고도에 달하며, 이 과정에서 불가피하게 경험하는 실패는 체념, 죄책감, 불안을 낳게 된다. 이 시기에 주도성의 지배자인 양심이 확립되는데 아동기의 양심은 타협의 여지 없이 흑백 논리적 특성을 가진다. 그러므로 과도하게 처벌하거나 무시하면 아동은 자신의 주도적 행동에 자신감을 잃고 죄의식을 갖는다. 죄의식이 강한 아동은 체념하게 되며 의존적으로 되어 목표를 세워 달성하려는 의지가 없어진다.

주도성 대 죄의식의 갈등해결에 관련되는 주된 기제는 동일시이므로 동일시의 주 대상인 부모와 가족은 가장 중요한 영향을 미친다. 부모가 자신의 권위를 절대시하지 않으면서 아동의 주도성을 격려하여 이끌어 주면 아동은 자신의 열망과 대범성을 성인기 사회생활의 목표에 맞게 부합시킬 수 있다. 반면 부모가 아이 스스로 어떤 일을 하도록 기회를 주지 않고 지나친 통제를 하면 죄의식을 발달시키게 된다.

이 단계의 위기를 성공적으로 극복하면 아이는 목표를 갖게 된다. 아동은 인지능력과 운동기술로 목표를 갖기 시작하며, 존경하는 성격과 직업을 가진 사람을 동일시하여 그러한 사람이 되기를 꿈꾼다. 죄의식이 지배적인 아동은 스스로 무가치하다는 감정을 가지므로 목표를 수립하고 추구하려는 목적의식이나 용기가 없게 된다.

에릭슨은 지속적인 죄의식이 성인기의 소극적 성격, 성적 무기력, 정신 병리적 행동 등을 낳는다고 보았다.

(4) 학령기(근면성 대 열등감)

학령기는 6~11세까지로, 활동이 활발한 시기이며 모든 문화에서 이 단계의 아동은 체계적 교육을 받게 된다. 아동은 적어도 낮 시간의 일부는 집을 떠나 부모의 보호나 지배 없이 동료들과 경쟁해야 하는데, 이 시기에 아동은 세상을 살아가는 데 필요한 인지적·사회적 기술을 학습한다. 따라서 사회의 생산적 성원이 되기 위한 근면성이 발달하는데 아동의 주위 환경이 지지적이면 근면성이 발달하기 쉽다.

이 단계의 위험은 부적절감과 열등감의 발달이다. 만일 아동이 공부와 기술 혹은 동료들 사이에서의 자기 위치에 절망한다면 직업세계에 대한 동일시와 동료에 대한 동일시가 방해받는다. 때로는 전 단계의 오이디푸스적 갈등을 제대로 해결하지 못해 지식보다 어머니를 원하거나 아버지와 자신을 비교하여 그 비교가 열등감과 죄책감을 일으키기 때문에 자신감이 없을 수 있다. 학습에 실패한다든지 과제를 수행할 능력이 없을 때 열등감이 생기며, 가정에서 학교생활에 대한 준비를 시키지 못하거나 학교생활이 전 단계의 기대에 못 미치는 경우 아동의 발달수준은 미흡하게 된다.

열등감은 아동이 자신의 무능력이나 하찮음을 지각하면서 생기지만 열등감을 조장하는 사회적·문화적 요소들도 근면성의 발달을 방해한다. 다시 말해서, 아동은 그의 사회적 가치를 결정하는 것이 자신의 소망과 의지보다 피부색, 부모의 배경, 의복의 가격이라고 느끼기 시작하면 상처를 받게 되어 정체감에 영향을 받을 수 있다.

근면성은 다른 사람들과 나란히, 함께 일하는 것을 의미하기 때문에 이 단계는 사회적으로 가장 결정적 단계가 된다. 이 단계를 성공적으로 극복하면 개인적으로나 사회적으로 의미 있는 목표를 추구하면서, 사회환경에 적극적 영향력을 발휘할 수 있다는 자신감인 능력을 갖게 되는 반면, 실패하면 무능력감을 낳게 된다.

(5) 청소년기(자아정체감 대 자아정체감 혼란)

청소년기는 12~20세까지로 아동기가 끝나는 시점부터 성인기가 시작되기 직전까지가 해당된다. 사춘기가 지나면 청년은 가족에서 분리되기 시작하여 드디어 자신의 가치관과 생활방식이 정립된 성인이 된다. 사춘기는 급격한 신체성장과 생식기의 성숙으로 자신의 동일성과 연속성에 관한 의문이 생기기 쉽다. 생리적으로 큰 변화를 경험하는 청소년들이 사회적 역할을 강화하려고 시도하면서 직면하게 되는 과제는 새로운 자아정체감을 확립하는 것이다. 자기 자신을 발견하는 것은 어려운 일이므로 다양한 역할과 소망이 자기에게 맞는지 종종 시험해 보게 된다. 그들은 자신이 누구라고 스스로 느끼는 것과 비교해서 다른 사람들 눈에 자신이 어떻게 비치는지에 관심이 크다. 신체의 변화, 성욕의 증가, 동료관계가 정체감에 영향을 미치는 중요한 문제들을 낳는다. 급격한 신체적 성장이나 거대한 사회질서가 가하는 요구는 정체감 혼란을 일으키기 쉽다. 따라서 이 시기에는 스트레스가 매우 크다.

일반적으로 청소년 집단이 성인의 역할과 책임을 일정 기간 연기하는 것은 허락되며, 이 시기를 심리사회적 유예기간(psychosocial moratorium)이라 일컫는다. 심리사회적 유예기간은 사회적 · 직업적 역할을 탐색하는 기회가 된다. 정체감에 관한 확고한 선택을 할 수 없을 때 이 단계의 위험인 혼란이 발생한다. 어린 시절의 불행한 경험이나 현재의 사회환경 때문에 정체감 발달에 실패하면 정체감 혼란을 겪게 된다. 정체감 위기 혹은 역할 혼란의 결과 직업을 선택하지 못하거나 학업을 중단해 버리는 경우도 있다.

이 위기를 성공적으로 넘기면 스스로 지키리라 약속한 대로 충실할 수 있는 능력인 성실성이 발달한다. 성실성은 사회적 관습, 윤리, 가치를 지각하고 이를 지키는 능력을 의미하는데 이 단계에서의 실패는 불확실성을 초래하게 된다.

그리고 나머지 단계는 여섯 번째 단계인 성인 초기(20~24세)에는 사랑(친밀감 대 고립), 일곱 번째 단계인 성인기(25~65세)에는 배려(생산성 대 침체), 여덟 번째 단계인 65세 이후 노년기의 지혜(자아완성 대 절망)를 마지막 단계로 한다.

3) 피아제의 인지이론

피아제(Piaget, 1896~1980)는 인지발달은 기능적인 면과 구조적인 면이라는 두 가지 측면의 발달을 동시에 의미한다. 인지(cognition)는 정보를 획득하고 저장하고 활용하는 높은 수준의 정신과정으로, 인지의 개념 속에는 지적 과정, 지각, 기억, 지능, 학습, 회상, 상상, 추리, 판단능력, 그리고 문제해결 등 눈으로 볼 수도 없고 손으로 만질 수도 없는 일련의 정신과정이 포함된다(최순남, 2000: 309).

피아제는 인지발달단계를 감각운동기, 전조작기, 구체적 조작기, 형식적 조작기 등 아래와 같이 네 단계로 구분하였다.

(1) 감각운동기(출생~2세)

피아제는 출생에서 언어습득기까지인 감각운동기에서 유아는 놀랄 만큼 많은 정신발달이 이루어지며 이 기간에 발달된 정신은 다음 단계의 심리적 발달의 전 과정을 결정하는 중요한 기초가 된다고 가정했다. 신생아는 선천적으로 타고난 반사활동을 하는데 2세경에 나타나는 아동의 언어발달은 이 반사운동을 기초로 하여 발달한다.

피아제는 이 시기의 아동의 지적 행동을 점차 복잡한 형태로 진화해 가는 6단계로 세분화하였다.

① 제1단계(출생~1개월 : 반사작용)

감각운동적 발달단계에 속하는 유아는 다양한 반사를 가지고 태어난다. 이 시기의 유아의 행동은 순전히 반사적(the use of reflexes)인데 타고난 유아의 기본적 반사는 빨고, 잡고, 울고, 사지를 움직이고, 소리 나는 곳을 보며 움직이는 것을 눈으로 좇아 가는 활동 등이다. 즉, 유아가 배가 고프면 입에 젖꼭지가 물리기만을 기다리지 않고 입에 스치는 것이면 무엇이나 빠는데 유아는 모든 대상을 타고난 빨기 도식에 동화시킨다. 이와 같이 제1단계에서는 동화가 현저한 활동이지만 피아제는 이것이 조절의 시초라고 보고 있다.

② 제2단계(1~4개월 : 1차 순환 반응)

순환 반응(circular reaction)은 아기가 우연히 새로운 경험을 하게 되고 그것을 반복하려고 애를 쓸 때 나타난다.

그 예는 엄지손가락 빨기인데, 우연히 손이 입에 닿았다가 그 손이 멀어지면, 다시 가져오려고 애쓰는 행동과 같다. 그러나 어떤 때는 그렇게 할 수 없는 경우가 있다. 아기는 손을 얼굴에 댈 수는 있지만 얼굴을 잡을 수는 없다. 또 팔을 내젓거나 입으로 손을 추적하지만 팔과 손 그리고 몸 전체가 같은 방향으로 움직이기 때문에 그것을 잡을 수가 없다. 이 시기의 아기는 아직 신체적 기능이 미분화되어 있기 때문인데, 말하자면 아기는 손을 빨기 도식에 동화시키기를 원하지만 조절할 수는 없다. 여러 번 실패한 후에 빠는 행위와 손동작을 조직화하여 엄지손가락을 빨 수 있게 된다.

③ 제3단계(4~10개월 : 2차 순환 반응)

2차 순환 반응(secondary circular reaction)은 아기가 외부에서 흥미로운 사건들을 발견하게 되면 그것을 다시 반복하려고 할 때 일어난다.

예를 들면, 어느 날 피아제의 딸(Lucienne)이 침대에 누워 있을 때 머리 위에 매달려 있는 인형을 움직이기 위해 자신의 다리를 움직였다. 그녀는 잠시 인형을 바라보고는 다시 다리를 움직이고 인형의 움직임에 주시했다. 다시 이러한 장면들이 되풀이 되었는데, 즉 다리를 차고 인형이 움직일 때 아이는 그것을 보고 "까르르" 하고 웃었다. 이는 유아가 자신에게 인상 깊었던 일을 재현하려는 활동을 설명하고 있다.

④ 제4단계(10~12개월 : 2차 도식의 협응)

제4단계에서 나타나는 아기의 행동 양식은 처음으로 분명한 지능적 활동이다. 이 시기에 아기는 목적을 이루기 위해 수단을 사용하며 미리 사건을 예상하기 시작한다. 앞 단계까지에 나타난 아기의 행동은 흥미로운 행동만을 반복했다. 그러나 제4단계에 이르면, 한 활동을 위해 두 개의 유사한 도식을 협응하기 시작한다. 이러한 새로운 유형은 유아가 장애물에 부딪혔을 때 가장 명백하게 나타난다.

예를 들어, 어느 날 피아제는 그의 아들(Laurent)이 인형을 잡으려 했을 때 손으로 그 행위를 가로막았다. 이때 아기는 처음에 그 손을 무시했으며, 그것을 치우려고 하지 않았다. 피아제가 그것을 계속 가로막았을 때, 아기는 자기의 손을 흔들기도 하고, 머리를 이리저리 갸우뚱하기도 하며, 몸을 흔드는 등 여러 가지 묘한 몸짓을 하면서 인형을 잡으려 하였다. 며칠 후 아기는 인형을 잡기 전에 방해가 되는 손을 치워 장애물을 제거하는 데 성공했다. 이렇게 하여 아기는 목적을 달성하기 위해 둘로 분리된 하나의 도식(치우기와 잡기)을 협응시켰다. 즉, 하나의 도식인 치우는 행위는 목적(인형)을 달성하기 위한 수단이 된 셈이다.

제4단계의 또 하나의 특징은 사물에 대한 새로운 개념의 출현이다. 전 단계에서는 딸랑이(rattle)와 같은 사물을 아기가 보는 데서 담요 밑에 넣어도 그것을 찾으려고 하지 않는다. 그러다가 8~9개월쯤 되면 아기는 사라진 물건을 찾기 시작한다. 따라서 담요 밑에 숨겨둔 딸랑이도 찾아낸다. 피아제는 이것이 사물이 시야에서 사라진 후에도 그 사물은 있다는 개념이 형성된 것으로 보았다.

⑤ 제5단계(12~18개월 : 3차 순환 반응)

아동은 제3단계에서 보기와 만지기 두 도식 간의 협응(coordination)을 발달시켜 사건을 지연시킬 수 있었다. 제4단계에서는 문제해결에 필요한 도식을 협응시킬 수 있게 되었다. 제5단계에 이르면 아동은 높은 수준의 조작을 통해 새로운 문제해결에 필요한 새로운 도식을 형성하기 시작한다. 환언하면, 아동이 어떤 새로운 사건에 부딪혀 그가 이미 가지고 있는 도식으로는 해결이 불가능할 때, 그는 그 사건에 대해서 주의 깊게 관찰 및 실험을 해보고 시행착오를 겪으면서 새로운 수단(도식)을 발달시킨다.

예컨대, 12개월 된 아기는 욕조에 앉아 수도꼭지에서 쏟아지는 물을 바라보고 있다가, 자기의 손을 수도꼭지 아래로 갖다 대고 물이 어떻게 퍼져 나가는지를 관찰하면서 자신의 행동에 따른 새로운 결과를 경험한다. 그리고 18개월 정도에, 아동은 사물을 다루는 실험에 많은 시간을 보낸다. 가령 욕탕에다 사물을 계속하여 잠기게 하고 그것을 가지고 물을 철벅이기도 한다. 이때 아동에게 나타나는 전형적 행동은 어떤 사물이 새로운 상황에서 어떻게 움직이는지를 알려는 의도성이라는 것이다. 아동은 새로운 수단을 발견함으로써 익숙지 못한 상황에 자기 자신을 처음으로 적응(조절)시킨다.

여기서 중요한 점은 아동이 어른의 가르침 없이도 스스로 모방을 통해 학습하며 외부세계에 대한 선천적 호기심으로부터 그들의 도식을 발달시킨다는 점인데,, 이는 어떤 목적을 달성하기 위한 의도가 아니라 순전히 재미에 의해서이다.

⑥ 제6단계(18개월~2세 : 사고의 시작)

제6단계에서 아동은 인지능력의 감각운동적 수준을 벗어나서 개념적 · 상징적 영역의 발달이 이루어진다. 즉, 아동은 앞 단계에서 새로운 사건에 접했을 때, 실험을 통해서 해결을 모색했지만 이 단계에서는 유추(analogy)를 통해서 그 해결 방법을 시도한다. 이 단계의 아동은 상징적으로 표상되는 어떤 것(예 : 단어)을 이해하거나 양자를 관련 지을 수 있는 초보적 능력이 나타난다.

예컨대, 피아제의 딸(Jacqueline)이 18개월일 때 손을 마주 문질러서 씻는 흉내를 내면서 “비누”라고 말했으며, 20개월에 종잇조각을 먹는 척하면서 “아주 맛있어”라고 말했다. 이러한 종류의 놀이들은 분명 표상적이며, 상징성이 내포된 것이다.

이러한 지적 수준은 실험이나 시행착오 없이 정신적 활동을 통해서 새로운 착안(invention)을 할 수 있다는 가능성을 시사한 것이다. 이와 같은 발달은 아동 인지발달의 두 번째 발달기(전조작기)에 일어나는 언어발달 및 인지발달의 초석을 이룬다.

표 2-1 아동의 감각적 운동 지능

1단계 : 반사 작용 (0~1개월)	젖꼭지의 접촉 자극 등에 의한 선천적 반사로서, 이러한 반사 행동은 유기체의 적응 행동에 중요한 의미를 갖는다. 이 시기는 모든 대상을 빨기 스키마(sucking schema)에 동화시킨다.
2단계 : 1차적 순환 반응 (1~4개월)	목적의식 없이 손가락을 빠는 등 단순한 반복적 행동을 한다. 이 시기에 초보적이긴 하나 학습하는 능력이 생긴다.
3단계 : 2차적 순환 반응 (4~10개월)	어떤 행동에 흥미 있는 결과가 있음을 깨닫고 그러한 행동을 반복한다. 즉, 일차적 순환 반응기에서 획득한 행동을 다른 대상에게 적극 적응시켜 본다(놀잇감을 떨어뜨렸을 때 나는 소리 등).
4단계 : 2차적 도식의 협응 (10~12개월)	어떤 반응을 이용하여 자기가 목적한 바를 해결하는 법을 학습하는 시기이다. 즉, 2차 순환 반응들이 보다 더 의도적으로 조정된다. 모방력이 급속도로 발달한다.
5단계 : 3차 순환 반응 (12~18개월)	같은 목적을 달성하기 위해 여러 가지 새로운 반응으로 시도해 보는 등 시행착오적 행동이 활발해지는 시기다. 이러한 방법으로 차츰 같은 환경 조건하에서 어떤 행동 결과가 일어난다는 것을 깨닫게 되며, 나아가 자기와 구별된 외부세계가 존재함을 깨닫기 시작한다.
6단계 : 사고의 시작 (18~24개월)	어떤 새로운 문제를 해결함에 있어 체득된 경험의 결과를 고려하여 응용할 수 있는 시기이다. 어떤 사실을 예측할 수 있으며 개념적 사고의 틀이 형성된다.

자료: 문선화 외(2006: 133) 재구성.

(2) 전조작기(2~7세)

전조작기에 아동은 근본적으로 감각운동적 양식으로 기능을 수행할 수 있는 사람으로부터 개념적·상징적 양식으로 기능할 수 있는 사람으로 진화한다. 그러나 이와 같은 아동의 정신 수준은 기본적으로 비체계적이고 비논리적이다.

① 자아중심성

전조작기 아동의 사고는 자아중심성(egocentrism), 물활론(animism), 도덕적 타율성

(heteronomy), 꿈을 외적 사건으로 생각하는 것, 그리고 보존 개념의 부족 등으로 특징지어진다. 예컨대, 아동은 자신의 관점에서만 사물이나 사태를 파악하기 때문에 자기중심적이다. 따라서 모든 물건은 생명이 있다고 생각하는 물활론적 사고도 자아중심성에서 나온다. 아동은 모든 사물들이 자신들과 마찬가지로 기능한다고 생각한다. 뿐만 아니라 꿈도 자아중심성과 깊게 관련되어 있기 때문에 아동 자신이 어느 정도로 주관적 경험을 갖게 되는지를 깨닫지 못한다. 자아중심성은 도덕적 타율성과도 관계가 있다. 즉, 정해진 규칙이나 어른의 말은 권위가 있고 선한 것으로 믿기 때문에 규칙에 절대적으로 복종해야 한다고 생각한다. 그리고 행동의 옳고 그름의 판단은 오직 결과를 중요시하고 그 행위의 뒤에 숨어 있는 의도나 동기는 중요하게 생각하지 않는다.

② 보존개념

전조작기 아동의 보존개념(concept of conservation)은 명확히 발달되지 못하고, 구체적 조작기에서 그 능력이 발휘된다. 피아제에 의하면, 보존개념의 능력을 발달시키는 데는 직접적 가르침이나 강화 유관으로 유도될 수 있는 성질의 것이 아니고, 오직 경험만이 그 열쇠가 된다.

수 보존에 대한 개념은 전조작기에는 명확하게 형성되어 있지 않다. 예컨대, 4세~5세 아동에게 바둑알을 가지고 줄을 지어 놓은 다음, 같은 모양으로 줄을 지으라고 하면 같은 모양의 줄을 만들 수는 있으나, 수적으로 일치하게 만들기는 어렵다. 또 바둑알이 모여 있을 때보다 흩어져 있을 때가 더 많다고 대답할 것이다. 아동에게 개수를 직접 헤아려 보도록 해도, 흩어진 상태가 더 많다고 대답하는데 이는 오로지 '길이' 차원만 고려하기 때문이다. 아동은 인지적으로 모여 있는 것을 흐트러뜨리거나 흩어져 있는 것을 모으지 못한다. 그러나 7세경에 이르면 아동은 수 보존을 학습한다.

전조작기의 아동은 부피 보존을 할 수 없다. 이 단계의 아동은 정신적으로 인지 조작을 자유스럽게 가역할 수 없기 때문이다. 예를 들면, 똑같은 양의 물이 채워진 2개의 유리컵을 아동에게 보인 다음, 한 컵의 물을 더 길고 좁은 컵에 옮겨 붓는다. 이때 아동은 처음에 본 두 개의 병에 같은 양의 물이 들어 있던 것을 보았는데도, 이제는 긴 컵의 물의 높이가 더 높기 때문에 긴 컵의 물이 더 많다고 말하는 것과 같다.

③ 언어와 사고

전조작기에서 가장 중요한 것은 언어발달이다. 2세경의 아동은 사물 대신 사물을 상징하는 단어를 사용하게 되는데 그들이 쓰는 말은 한 단어로 되어 있다. 이 같은 기능은 점차 확대되며, 4세의 아동은 사고와 어휘가 확장되어 언어활동이 자유스러워진다. 아동은 일상어의 문법을 구사할 수 있으며, 남의 말을 알아들을 수 있고 또 자기의 생각을 다른 사람에게 전달할 수 있게 된다. 아동은 감각운동기 말의 여섯 번째 단계 동안에 상징 언어를 사용하고 이해하기 시작한다.

아동은 언어를 통해서 과거를 다시 체험할 수도 있고 미래를 예견할 수도 있다. 아동의 사고력의 폭과 속도를 높여 주고 상상력을 길러 주는 아동의 언어발달은 인지발달에 큰 영향을 준다고 피아제는 말했다.

④ 사회적 사고

전조작기 아동은 보존개념 과정에서 두 가지 차원을 고려하지 못하는 것과 마찬가지로, 다른 사람과의 관계에서도 한 가지 관점 이상을 넘어서지 못한다. 즉, 그들은 자아중심적이기 때문에 모든 것을 그들 자신의 관점에서만 생각한다. 이러한 아동의 자아중심적인 예는, 여러 아동이 모여서 모래놀이를 할 때에도 그들은 따로 따로 굴을 만들면서 노는 경향이 있다. 이들의 이 같은 행동은 구체적 조작기에 가서 극복되는데, 결국 아동은 자기 자신을 상대방에게 이해시키기 위하여 다른 아동의 관점을 고려하게 된다.

(3) 구체적 조작기(7~11세)

구체적 조작이란 구체적 상황을 정신적으로 조직화하거나 변화시키는 능력에서 유래하며 아동은 구체적 조작기에 이르면 추리과정은 논리적으로 된다. 즉, 아동은 구체적 문제에 적용될 수 있는 논리적 사고과정을 발달시킨다. 그들은 세상을 일련의 고정된 지각상(perceptual image)으로 표상하지 않고 이제는 정신적으로 영향을 줄 수 있으며, 논리적으로 변화시킬 수 있는 구체적 대상물로 표상하기 시작한다. 이러한 발전된 지적 능력은 사물을 보이는 대로만 조작하지 않고 필요에 따라서는 역가역적으로 조작할 수 있는 정신능력이 발달하고 있다는 증거가 된다. 이러한 정신기능의 발달로 인해 아동은 보존개념에서 두 가지 차원을 고려하여 판단하고 통합할 수 있는 능력이 나타나는데, 이것은 사회적 사고와 과학적 사고를 형성하는 기초가 된다.

구체적 조작기의 사고는 전조작기의 사고를 전적으로 능가한다. 그래서 계열화(striation), 분류(classification)와 같은 도식들이 나타나며 인과성, 시간과 공간, 속도 등의 질적으로 개선된 개념들이 발달한다. 그러나 이와 같은 논리적이고 지적인 발달이 이루어지지만, 가장 높은 수준의 논리적 조작의 능력을 획득하는 것은 아니다. 구체적 조작기는 전조작적 사고와 형식적(논리적) 사고 사이의 과도기 역할을 한다고 볼 수 있다. 구체적 조작기 아동의 사고는 자아중심성을 극복하기 시작하며 사회적 상호작용에 있어서도 자신이 말하는 것에 대해서뿐만 아니라 상대방의 요구도 같이 생각하게 된다.

(4) 형식적 조작기(11세 이후)

형식적 조작(최순남, 2000: 316-324)기에 청소년은 논리적 조작에 필요한 모든 문제를 해결할 수 있는 능력이 발달한다. 피아제에 의하면 이 기간 동안에 청소년은 가설적인 것, 확률 및 가능성에 관하여 생각하는 능력을 발달시킨다. 한 사태가 주어지면,

모든 방안을 강구할 수 있으며, 가장 체계적이면서도 과학적인 추론을 할 수 있게 되어 청소년들은 어른과 같이 사고할 수 있는 형식적 틀을 갖춘 셈이 되는 것이다. 이 말은 청소년들이 어떠한 문제를 성인과 다름없이 훌륭하게 사고한다는 의미보다는 성인이 가지는 일반적이고도, 중요한 사고능력인 형식적 사고를 갖게 된다는 것을 의미한다.

구체적 사고와 형식적 사고는 많은 공통성을 가지고 있지만, 형식적 조작기의 청소년은 보다 훌륭하게 자료를 조작하며 보다 과학적으로 추론하며 가설을 설정한다. 이러한 사고의 특성은 구체적 조작능력으로는 불가능하지만 형식적 사고기의 많은 예에서 나타난다.

4) 스키너의 조건형성 이론

스키너는 파블로프의 조건형성을 반응적 행동(respondent)에 관한 것으로 보았고, 이러한 자동적으로 유발되는 반응이 아니라 조작적 행동(operant)을 유발시키는 데 관심을 가졌다. 그의 실험은 조작적으로 이루어졌기 때문에 그 결과 발견된 원리도 조작적 조건형성(operant conditioning)이라고 하여 고전적 조건형성과 구별하였다. 스키너는 자신이 고안한 작은 상자에 흰 쥐를 넣고, 그 안에서 그 쥐가 마음대로 움직일 수 있게 했다. 상자는 한쪽 벽에 지렛대가 장치되어 있어서 만일 쥐가 이것을 누르게 되면 자동적으로 먹이가 나오도록 만들어졌다. 처음엔 쥐가 이리저리 움직이다가 우연히 지렛대를 누르게 되고, 그러면 먹이가 나오게 되어 있어 쥐는 시간이 갈수록 이러한 시행을 반복하여 지렛대를 누르는 횟수가 증가하게 되었다.

이 실험에서 유기체는 스스로도 어떤 반응을 하게 되고, 그 반응이 긍정적 보상을 가져다주면, 그 후에도 그와 비슷한 반응을 나타낼 확률이 높아진다는 것을 알 수 있다. 이때 쥐의 먹이인 긍정적 보상인 보수(reward)가 특정 반응 뒤에 얻어지게 함으로써 반응률을 높이는 과정을 강화(reinforcement)라고 불렀다.

고전적 조건형성에서는 개에게 갖다 주는 음식(무조건 자극)이 강화인자이지만, 스키너의 조작적 조건형성에는 쥐가 지렛대를 눌러서 나오게 되는 먹이가 강화인자가 된다. 이렇게 강화에 있어서 음식물이나 먹이 등과 같이 특정한 반응을 야기하는 확률을 높여 주는 자극을 긍정적 강화인자(positive reinforce)라고 한다. 만약 쥐나 개에게 고통이 되는 전기자극이나 벌과 같은 측정 반응이 일어날 확률을 높이는 자극이 주어진다면 이를 부정적 강화인자(negative reinforce)라고 한다.

5) 반듀라의 사회학습 이론

조건형성이 학습 원리라고 보는 와트슨(Watson)이나 스키너는 유기체가 직접 행동을 해야만 학습이 이루어진다고 생각했지만, 반듀라는 사회적 상황에서 타인들의 행동을 단순히 관찰(observation)만 하여도 그들의 행동을 학습할 수 있다고 보았다. 반듀라는 두 집단의 아동에게 다음과 같은 공격적 행동의 학습이 관찰을 통해서 가능한지를 실험하였다.

두 아동의 집단 중 한 집단에게는 인형에게 공격적 행동을 가하는 사람들을 등장시킨 필름을 보여주었고, 다른 집단에게는 공격적 행동이 없는 중립적 필름을 보여주었다. 그러고 나서 두 집단 아동의 행동을 관찰한 것을 비교한 것이다. 공격적 행동을 가하는 장면으로 된 필름을 본 아동집단이 그런 것이 없는 필름을 본 아동집단보다 공격적 행동을 더 많이 하는 것을 발견하였다. 이런 실험결과로부터 인간의 학습과정은 직접적 강화에 의한 경험을 통해서 학습되기도 하지만, 타인의 행동을 관찰만 하여도 이를 모방함으로써 새로운 행동을 학습할 수 있다고 주장하였다. 이러한 학습은 사실 일상적 사회생활에서 많이 이루어지기 때문에 사회학습이론(social learning theory)이라고 불렀다.

그러나 반듀라의 사회학습도 그 이론적 토대는 강화 이론에 두고 있고 아동이 자신의 행동에 대해서 직접적 강화를 받지 않아도, 다른 아동이 보상이나 벌을 받는 것을 관찰함으로써 간접적으로 강화를 받기 때문에 보상받는 행동은 학습하게 되고, 벌 받는 행동은 학습하지 않게 된다는 것이다. 그래서 이러한 관찰을 통해서 이루어지는 학습이라고 하여 대리학습(vicarious learning)이라고도 한다.

6) 매슬로의 인본주의 이론

매슬로(Abraham Maslow)와 로저스(Rogers) 등의 인본주의자들은 인간을 자아실현을 위하여 노력하는 존재로 규정하였다. 매슬로는 최상위의 욕구로서 자아실현을 설명하였으며 로저스는 인간 발달의 최종 산물로서 완전히 기능하는 자아 그리고 자아실현을 설명하고 있다. 여기서는 매슬로의 욕구단계이론에 대해서 소개한다.

매슬로 욕구이론의 특징은 동기 내지 욕구 서열성을 가정한다는 것이다. 욕구에 상하 서열이 있다는 것은 '아래' 또는 '낮은' 욕구가 충족되어야 비로소 '위' 또는 '높은' 욕구가 생겨난다는 것을 뜻한다. 매슬로는 더 높은 욕구가 계통 발생 또는 진화적으로, 또 개인발달에서도 더 늦게 나타난다고 보았다. 서열 사다리에서 높은 곳에 있을수록 그 욕구가 생존 자체에 덜 중요하고, 충족이 오래 지연되어도 참을 수 있으며, 영구히 사라지기도 쉽다. 아래로 갈수록 욕구 충족이 생존에 더 중요하기 때문에 충족과 좌절에 더 필사적이 되기 쉽다.

매슬로는 욕구를 다섯 단계로 구분하여 생리적 욕구, 안전 욕구, 소속과 사랑의 욕구, 자기존중 욕구, 자기실현 욕구로 제시하였다(Kettner et al. 2002: 131-132).

① 생리적 욕구

생리적 욕구(physiological needs)는 인간의 욕구 중에서 가장 기본적이고 강하며 분명한 것으로 음식, 물, 공기, 수면, 성, 추위나 더위로부터의 보호 그리고 감각적 자극에 대한 욕구 등이 포함된다. 이러한 생리적 욕구는 유기체의 생물학적 유지와 직접적으로 관련되어 있는 것으로 음식, 의복, 주거처럼 삶에 가장 기본적인 것이다.

즉, 본능적인 욕구를 제한하는 것들을 제거하려는 욕구를 말한다. 생리적 욕구를 충족시키기 위해 이용할 수 있는 모든 에너지와 자원을 사용할 것이기 때문에 생리적 욕구가 충족되지 않으면 다른 수준의 욕구에 초점을 두기가 어렵다.

② 안전과 안정 욕구

안전과 안정 욕구(safety and security)는 생리적 욕구가 충족되면 안전, 물리적 위험이나 박탈감으로부터의 자유, 몸의 안전을 추구하며, 먹고 사는 것이 안정적이기를 희망한다. 이러한 욕구가 생기는 주된 이유는 모든 개인이 확실하고, 잘 정돈되고, 조직화되고 예측할 수 있는 환경 내에서 생활하고 싶기 때문이다. 안전 욕구는 신체적 위험이나 박탈에 대한 두려움으로부터 자유와 앞으로 미래에 안전해질 것을 예상하려는 예언과 관련이 있다.

③ 사랑과 소속감의 욕구

사랑과 소속감에 대한 욕구(need for belonging and love)는 생리적 욕구와 안전 욕구가 충족되었을 때 나타나는 욕구이다. 이런 욕구에 의해 동기화된 개인은 타인과 애정적인 관계를 형성하고 인생의 동반자와 가족이나 집단에 소속되고 싶어 하는 갈망을 갖고 있다. 이러한 욕구는 사회적인 고독, 소외, 배타성을 경험할 때 특히 강하게 나타난다. 인간의 기본적 본성이 타인과의 상호 작용에 의해 표현되고 강화될 수 있기 위해 다양한 집단에 소속되고 수용됨으로써 표출되는 욕구이다.

④ 존경 욕구

사랑받고 남을 사랑하려는 욕구가 어느 정도 충족되고 나면, 자기존중의 욕구(self-esteem need)가 나타난다. 이러한 자기존중에 대한 욕구는 존경, 자기능력, 성취 및 다른 사람으로부터의 인정 및 존경을 모두 포함하는 것이다. 독특성, 자기 확신, 명성을 얻어 다른 사람으로부터 존경과 인정을 받으려는 욕구이다.

⑤ 자아실현 욕구

이상의 모든 욕구가 실현되고 나면 자아실현의 욕구(self-actualization need)가 나타난다. 이 욕구는 자기 자신을 드러내고 또 바라는 것을 현실에 구현해 보고자 하는 욕구이다. 이러한 자아실현은 자아증진을 위한 개인적 갈망이며, 잠재적 능력을 실현하려는 창조적 능력에 대한 욕망이다. 자아실현의 욕구는 자신이 원하는 유형의 사람이 되고, 자기가 성취할 수 있는 모든 것을 성취하려는 최상위의 욕구이다.

매슬로는 욕구 강도에 따라 인간의 동기는 저차원에서 고차원으로 이동하게 된다고 보았다. 그러나 그의 이론은 인간의 욕구를 체계적으로 분석하였다는 점과 인간성 회복에 기여했다는 점에서 높게 평가되고 있으나 지나친 획일성으로 개인의 차이나 상황의 특징은 경시했다는 비판을 받았다(박신자, 2000: 32).

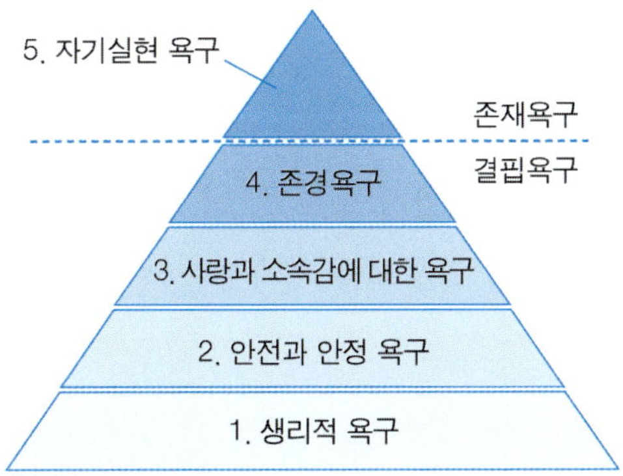

그림 2-1 매슬로의 인간욕구 단계

7) 브론펜브레너의 생태학적 체계 이론

생태학적 접근이란 개인의 발달과정을 개인과 환경의 상호작용과 제도적인 측면에서 이해하고자 하는 연구 방법을 말한다. 브론펜브레너(U. Bronfenbrenner)는 다양한 수준의 주위 환경이 어떻게 아동의 발달에 영향을 미치는지를 기술하였다. 유전적 요소, 가정의 역사, 사회경제적 수준, 가정생활의 질, 문화적인 배경 같은 요인들이 발달과 관련된다고 보고 있으며, 인위적인 실험실에서 연구가 아닌 삶의 맥락에서 행하고 연구하고자 하는 접근을 말한다. 브론펜브레너는 인간을 둘러싸고 있는 생태학적 환경을 가장 가까운 것에서부터 가장 먼 것에 이르기까지 인간 발달에 대한 모형으로, 미시체계, 중간체계, 외부체계, 거시체계, 시간체계 등 5가지로 나눈다.

① 미시체계

미시체계는 가정, 학교, 또래집단 등과 같이 아동이 실제로 부딪히는 가장 가까운 체계(proximal level)로 아동발달에 직접적인 영향을 미치는 환경체계이다. 즉 나와 가족 간의 관계, 나와 친구 간의 관계 등이다. 이 체계의 부모, 친구, 교사들은 아동과 일정하게 상호작용함으로써 영향력을 행사한다.

② 중간체계

미시체계들 사이의 관계로 구성된 하나의 체계로서, 개인이 적극적으로 참여하는 둘 이상의 환경들 간의 상호관계이다. 예를 들어, 부모와 학교 교직원과의 관계로서 협력관계를 이루고 있을 수도 있지만 그렇지 못한 관계를 이루고 있을 수도 있다.

③ 외부체계

발달하는 개인이 직접적인 참여자로 관여하지 않으나 그 개인이 속한 환경에서 일어나는 일에 영향을 주거나 받는 사건이 발생되는 하나 또는 그 이상의 환경을 의미한다. 정부기관, 사회복지기관, 부모의 직장, 확대가족, 이웃, 법체계 등으로 구성되며, 아동의 발달도모에 영향을 미치는 체계이다.

④ 거시체계

문화적 태도, 정치적 환경, 대중매체, 민족집단체계와 같이 특정 문화의 유형이나 보다 광범위한 사회적 맥락을 의미한다. 신념, 태도, 전통을 통하여 인간에게 영향을 주며, 다른 체계보다 더 안정적이며 사회적 변화에 따라 변한다. 사회관습과 유행을 통하여 자신의 가치관을 표현하고 이의 기준을 제시하기도 한다.

⑤ 시간체계

개인의 전 생애에 걸쳐 일어나는 변화와 사회역사적인 환경을 포함하며, 아동이 성장함에 따라 겪게 되는 부모의 죽음 등의 외적인 사건 및 심리적 변화 등의 내적인 사건이 구성요소이다.

PART

02

아동복지의 기초

Chapter

03

아동복지의 개념과 역사

1. 아동복지의 개념과 기본원칙

우리나라 「아동복지법」에서는 아동복지의 이념을 명확히 정립하고 있다. 즉, 동법 제2조에는 "① 아동은 자신 또는 부모의 성별, 연령, 종교, 사회적 신분, 재산, 장애유무, 출생지역, 인종 등에 따른 어떠한 종류의 차별도 받지 아니하고 자라나야 한다. ② 아동은 완전하고 조화로운 인격발달을 위하여 안정된 가정환경에서 행복하게 자라나야 한다. ③ 아동에 관한 모든 활동에 있어서 아동의 이익이 최우선적으로 고려되어야 한다"고 명시하고 있어 아동복지의 이념을 명확히 표명해 주고 있다.

이러한 아동복지의 이념에 따라 아동복지는 3가지 관점에서 그 필요성을 논할 수 있다.

첫째, 아동 개인의 입장에서 볼 때, 한 인간으로서 기본적 생활에 대한 보장이 되어야 한다. 즉, 부모나 그 가족이 당면한 신체적·정서적·사회적 어려움이 양육기능의 수행을 어렵게 하는 경우, 이러한 부모나 가족을 도와 아동이 기본적 생활을 유지하여 건전하게 성장·발달할 수 있도록 하는 사회의 노력은 아동복지의 1차적 의미라 하겠다.

둘째, 사회적 관점에서 국가발전을 위한 인력의 보호와 육성이라는 측면이다. 아동은 한 국가뿐 아니라 세계의 미래에 기여할 수 있는 존재이므로, 아동의 복지증진을 위한 각종 교육·문화·복지·의료는 가치가 있는 것이다.

마지막으로 아동에게 해로운 영향을 끼치는 여러 가지 사회문제의 발생을 예방한다는 것이다. 아동과 아동이 속한 가정의 욕구를 충족하게 해 주는 것은 아동의 문제뿐 아니라 빈곤가정, 결손가정의 경우와 같이 아동이 자라서 야기할 수 있는 사회문제의 발생을 미연에 방지하기 위해서도 중요성을 가진다.

모든 아동은 자신과 사회를 위해서 그들의 욕구가 충족되어 자신이나 사회에 유익한 영향을 미칠 수 있는 경험이나 기회의 혜택을 받으면서 성장해야 할 필요가 있다.

이러한 목표를 실천하기 위해서 그 이전에 준비되어야 하는 많은 요소들이 있으며(김기태 외, 1999: 353-356; 장인협 외, 1998: 93-100), 서비스 제공에는 원칙이 있다.

1) 아동복지의 개념

아동복지의 정의는 아동과 복지를 어떻게 보느냐에 따라 달라진다. 구체적으로 어떠한 아동이 복지의 대상이 되며, 또한 어떠한 주체들에 의하여 복지활동이 수행되느냐에 따라 좁은 의미의 아동복지 또는 넓은 의미의 아동복지로 구분해 볼 수 있다.

일반적으로 좁은 의미의 아동복지란 특별한 문제나 욕구가 있는 아동(종전의 요보호아동)을 중심으로 한 복지활동을 말하되, 비교적 개인이나 민간단체를 중심으로 이루어지는 활동을 일컫는다. 넓은 의미의 아동복지란 일반 아동과 그 가족을 대상으로 다양한 복지 주체들이 서로 유기적 관련 하에 체계적으로 복지활동을 전개하는 것을 말한다. 여기에서 일반 아동이란 특별한 문제나 욕구가 있는 아동에 대응되는 대상이나, 실제적으로는 이러한 아동을 포함한 모든 아동이란 의미로 사용되고 있다. 그리고 아동복지의 대상에 가족이 포함되는 것은 아동복지의 일차적 책임은 가족에게 있으며, 최선의 아동복지는 아동양육에 대한 가족의 기능을 강화해 주는 것이라는 입장에 근거하고 있다.

카두신(Kadushin, 1984)은 아동복지를 "부모가 자녀양육의 책임을 완수하지 못하거나, 지역사회가 아동과 가족이 필요로 하는 보호와 자원을 제공하지 못하는 경우 아동에게 제공하는 서비스"라고 규정하였다. 따라서 아동복지는 가정과 부모의 양육기능을 지지·보충·대리하며 학대·방임의 경우에는 강제보호(protective services)를 통해서라도 "모든 아동의 행복과 사회적응을 위해 심리적·사회적 및 타고난 잠재능력을 길러 주는 각종의 활동"이 바로 아동복지라고 정의하였다.

코스틴(Costin, 1981)은 "가족생활을 강화하기 위한 사회복지의 한 분야로써 아동과 그 가정의 안녕을 위한 것"이라고 정의하여, 카두신과 함께 아동복지를 넓은 의미에서 정의하고 있다.

장인협(2000)은 아동복지란 "특수한 장애를 가진 아동은 물론 모든 아동이 가족 및 사회의 일원으로 육체적으로나 정신적으로 건전하게 성장·발달할 수 있도록, 지역사회나 사회복지서비스 분야에 있는 공사단체와 기관들이 협력하여 아동의 복지에 필요한 사업을 계획하여 실행에 옮기는 조직적 활동"이라고 정의하고 있다.

아동복지법(2014)에서는 아동복지를 "아동이 행복한 삶을 누릴 수 있는 기본적인 여건을 조성하고 조화롭게 성장·발달할 수 있도록 하기 위한 경제적·사회적·정서적 지원을 말한다"라고 정의하고 있다.

오늘날에는 대부분 넓은 의미의 정의를 취하고 있으며, 위의 개념들을 종합하여 정리하면, 아동복지란 특별한 문제나 욕구가 있는 아동은 물론, 모든 아동이 가족 및 사회의 일원으로 건강하고 건전하게 성장할 수 있도록 개인, 민간, 국가가 서로 협력하여 벌이는 일련의 모든 복지적 활동이라고 정의할 수 있다.

2) 아동복지의 조건

(1) 안정된 가정생활

모든 아동에게 가정 이상으로 좋은 곳은 없다는 전제하에, 가정이 없는 아동인 경우에는 가정과 비슷한 환경에서 자랄 수 있는 복지서비스가 이루어져야 할 것이다. 그러나 이상적이며 최적인 가족의 형태나 성격, 그 기능은 그 시대의 사조 및 사회체제에 따라 많이 변화되고 있다.

(2) 경제적 안정

아동의 건전한 육성은 가정생활의 경제적 안정 여부에 좌우된다고 해도 과언은 아닐 것이다. 그리고 아동에게 안정감을 주기 위해서는 그 가정에서 필요한 최저한도의 물질적 욕구가 충족되어야 한다.

아동에게는 의식주의 문제가 심신의 발달에서 가장 기본적인 필수 요소이며, 가정의 빈곤에서 오는 가출, 비행, 윤락, 범죄 등의 영향은 오늘날 큰 사회문제로 대두되고 있다. 이러한 문제를 예방하기 위해서 고용기회의 확대 및 최저생활의 보장, 공공부조제도 등을 활용하고 있으며 이를 통해 아동의 가정에 경제적 혜택과 안정이 보장되도록 해야 할 것이다.

(3) 보건 및 의료 보호

모든 아동의 건전한 성장과 발달을 위해서는 이들에 대한 보건이나 의료문제가 국가나 사회의 가장 중요한 관심사가 될 수밖에 없다. 국제적으로 1948년 유엔총회에서 채택된 「세계인권선언」제25조는 "모성과 아동은 특별한 배려와 자원을 요구할 수 있다"고 규정하고 있으며, 우리나라 「아동복지법」 제1조에서도 "아동이 건강하게 출생하여 행복하고 안전하게 자랄 수 있도록 아동의 복지를 보장함을 목적으로 한다"고 규정함으로써 아동의 건강 보호를 강조하고 있다(문선화 외, 2006: 101). 사실상 보건 및 의료 보호는 경제적 측면의 연장선이라고도 할 수 있다. 그리고 아동복지 기반은 아동의 보건에 달려 있으며, 또한 아동의 건강은 모체(어머니)의 심신건강에도 비례한다고 볼 수 있다.

(4) 교 육

모든 아동에게 그 개인의 욕구에 따라 적절한 교육의 기회와 함께 질 높은 프로그램과 서비스가 주어져야 한다. 「헌법」 제27조에 의하면 "모든 국민은 능력에 따라 균등하게 교육을 받을 권리를 가진다"고 규정되어 있고, 무엇보다도 교육은 국가구성원인 인적 자원의 개발과 직결되어 있으므로 교육에 더 많은 투자가 필요하다. 의무교육이 중등교육으로까지 연장된 것은 이와 맥락을 같이 한다.

(5) 노동으로부터 보호

모든 아동은 연소노동 및 유해노동으로부터 보호되어야 한다. 산업혁명 이후 기계의 발명으로 힘과 숙련된 기술을 가진 노동력보다는 단순한 직업에 적당한 사람(아동, 부녀자)들이 필요해졌고, 연소자의 임금은 성인보다 낮으므로 생산비가 절감되며, 성인보다 복종적이며, 이윤 추구에 대한 경쟁심이 약한 점 등을 이유로 연소자의 노동이 행해졌었다. 이에 「근로기준법」을 통해 15세 미만의 자는 근로자로 사용하지 못하며, 임신 중이거나 산후 1년이 지나지 아니한 여성과 18세 미만인 자는 도덕상 · 보건상 유해 · 위험한 사업에 사용하지 못하고, 15~18세 미만인 자의 근로시간은 1일 7시간, 일주일 40시간을 초과하지 못한다고 하여 노동으로부터 아동 보호를 명시해 두고 있다.

(6) 오 락

모든 아동에게는 마음껏 놀고 성장에 도움이 될 수 있는 지적 · 신체적 관심을 추구할 기회와 자기만족과 자신감을 줄 수 있는 여러 집단활동을 통한 다양한 오락의 기회가 주어져야 한다. 아동의 놀이는 아동에게 가정 이외의 집단을 활용할 수 있는 기회를 제공함으로써 새로운 성장단계로의 진입을 가능하게 하며, 아동은 놀이를 통해 사회화의 과정을 습득하며 대인관계의 기술을 습득하게 된다. 또한 놀이는 자기의 욕구나 감정발산을 촉진시키며 신체적으로나 정신적으로 건전하게 성장할 수 있는 촉진제가 된다.

(7) 특수 보호

일반아동이 아닌 특수한 문제나 욕구를 지닌 아동에게는 그에 맞는 복지서비스가 주어져야 한다. 예를 들면 비합법적 결혼에 의해 태어난(원하지 않는 임신에 의해 출산된) 아동, 사망 · 별거 · 이혼 등 해체된 가족의 아동, 법적 보호자가 없는 아동, 취업모의 아동, 신체 · 정신 · 성격장애아동, 학대 · 방임에 노출된 아동, 학교중퇴 중의 아동, 이주가족의 아동, 소수집단에 속한 아동, 복합적 문제가 있는 아동 등을 들 수 있으며, 이들에 대해서는 문제사안과 아동의 욕구에 부합하는 전문적 서비스가 제공되어야 한다.

(8) 종교와 도덕

헤젤 프레드릭슨(Hazel Fredericksen)은 아동복지의 기본 전제에서 "종교적 사상이나 개념은 아동 각자의 배경이나 아동의 욕구에 따라 교육되어야 한다. 이러한 종교적 이상이나 개념은 아동에게 개인의 내재적 가치나 동포로서의 인간의 가치를 인식하게 해 준다. 각 아동은 인생철학의 발전과 더불어 도덕적 가치를 존중토록 되어야 한다"고 말하여 아동에게 자유로운 종교적 생활을 부여토록 권장하고 있다(장인협, 1981).

「아동권리에 관한 국제협약」 제14조에 "아동의 사상·양심 및 종교에 대한 권리를 존중하여야 한다."고 규정하고 있으며, 제27조에는 모든 아동이 신체적·지적·정신적·도덕적·사회적 발달에 적합한 생활 수준을 누릴 권리를 강조하고 있다.

그러나 현대사회로 올수록 가정의 기능은 약화되어 가고 있고 인간의 정서적 불안정은 더욱 심화되고 있다. 현재의 정서적 결여는 인간으로 하여금 무언가에 의존하게 만든다. 그래서 더욱 종교적 믿음이 필요하게 된다. 또한 아동은 기본적 도덕 교육을 가정에서 받지 못하고 있다. 이러한 도덕 교육의 부재로 인해 무엇이 옳고 그른가를 분별하는 판단력이 부족하며, 사회생활의 부적응과 비행·범죄율이 높아지고 있다.

따라서 가정을 기반으로 국가적 차원에서 우리나라의 기본적 사상과 윤리를 교육시킴으로써 아동이 참된 인간으로 성장할 수 있는 분위기를 조성해 주어야 할 것이다(문선화 외, 2006: 104).

3) 아동복지의 원칙

(1) 권리와 책임의 원칙

아동 · 부모 · 사회, 이 삼자는 각각의 권리와 책임의 확립에 기반을 두고 있어야 한다는 원칙이다. 그것은 각종 아동복지관계법에 아동, 부모, 가정, 사회 및 국가의 책임을 각각 명시한 것에서도 찾아볼 수 있다.

① 아동의 권리와 책임

모든 아동은 하나의 인간으로서 독자적 권리를 가지고 태어났다는 사실이다. 이들은 마땅히 생존하고 성장해야 하며 양호나 지도를 받아야 하는 인간이라는 점에서 천부의 권리가 있다. 이러한 권리는 「유엔 아동헌장」과 「아동권리에 관한 국제협약」, 우리나라의 「아동복지법」과 「청소년기본법」및 「청소년보호법」에 반영되어 있다.

그리고 아동은 권리와 함께 책임도 가진다. 그들은 성인의 정당한 기대나 합리적 바람을 받아들이고 자신의 발전에 도움이 되는 기회를 적극 활용하는 책임의식을 명확히 해야 한다. 사회는 이들을 비생산적 성원으로 간주할 것이 아니라 마땅히 성인과 같은 권리를 인정해야 하며 아동 자신도 자기 책임의식을 망각하고 방종이나 무분별에 빠지는 일이 없어야 한다(표갑수, 2000: 62-63).

② 부모의 권리와 책임

아동의 보호육성을 위한 1차적 권리와 책임은 그들의 부모에게 있다. 부모는 후견인으로서의 권리와 아동의 인격발달에 기여할 수 있는 생활방식과 행동 기준을 설정할 권리를 지니며, 아울러 자녀에 대한 재정적 지원, 신체적 보호, 정서적 보호, 그 밖에 광범위한 지도 · 감독, 자기발전의 기회를 부여하여야 하는 양육의 책임과 의무가 있다.

③ 사회 및 국가의 권리와 책임

사회와 국가는 사회생활에 필요한 질서유지와 아동의 복지 증진을 위한 권리와 책임을 가지고 있다. 국가는 아동을 보호하기 위해 단속이나 통제의 권한을 행사하며 부모를 다스릴 규정을 설정하며, 연소자를 고용하는 기업주에 대해서는 법이나 규정을 부과하여 연소자에게 술, 담배를 팔지 못하도록 제반 규정을 설정할 권리를 가지고 있다. 사회와 국가의 책임은 아동과 가정이 처한 상황에 따라 부모역할을 지지·보충하는 입장에 서며, 책임의 정도도 최저한도의 생활보장을 기본선으로 보장해야 한다(궁극적으로는 이상적 생활을 목표로 삼아야 한다).

특히 국가의 권리나 책임은 다양한 아동복지대책의 개발을 위해 입법의 권한을 행사하는 것이다. 즉, 제반 규정을 채택하고 광범위한 실제적 정책을 수립하여 아동복지를 위한 복지시설을 창설하고 이를 운영할 수 있는 재정적 근거 등도 마련할 수 있는 책임을 적극 감당해야 한다.

아동복지에서 주최란 아동복지의 책임 소재를 의미한다고 볼 수 있으며, 이는 점점 가정에서 사회와 국가로 이전하고 있고, 최근에는 수혜의 대상으로서가 아닌 복지에 대한 적극적 주체로서 아동 자신의 책임이 강조되고 있다. 즉, 이 원칙에는 아동의 권리와 책임의 원칙, 부모의 권리와 책임의 원칙, 사회 및 국가권리와 책임의 원칙이 포함된다.

(2) 예방과 치료의 원칙

아동복지사업에서 가장 바람직한 것은 아동문제의 발생을 미연에 방지하는 것이다. 그러므로 예방의 원칙은 그 어떤 사업에 앞서 고려되어야 한다. “치료의 1파운드보다 예방의 1온스가 더 효과적이다”라는 격언은 아동복지에서 예방의 중요성을 단적으로 표현한 것이다. 아동을 위한 모든 사업이 이 원칙의 적용을 받으며, 이렇게 볼 때 이 원칙을 적용한 사업은 상당한 국가의 재정적 뒷받침이 요구된다 하겠다.

치료의 원칙은 문제의 발생 후에 실시되는 사후조치를 말한다. 대부분의 아동문제는 적극적인 예방적 조치에 의해서 미연에 방지할 수 있으나, 불의의 사고로 인한 신체적·정서적·심리적 문제의 발생은 언제나 배제할 수 없다. 따라서 손상의 정도를 경감시키거나, 영구적 장애나 회복불가가 되는 것을 방지하는 치료적 대책을 함께 강구해야만 한다.

(3) 보편성과 선별성의 원칙

보편성의 원칙은 어떤 조건이나 제한을 두지 않고, 모든 아동에게 같은 종류의 사업을 동일한 수준에서 제공한다는 것이다. 영국의 아동 수당(child benefit), 국민보건서비스(national health service), 다수 국가들이 시행하는 가족수당, 무상의무교육 등을 예로 들 수 있다. 그러므로 이 원칙은 평등의 이념과 함께 건강하고 건전한 육성을 통해 아동문제와 사회문제를 예방하려고 하는 가정이 전제되어 있다. 즉, 아동 양육을 위한 최저 소득의 보장, 기본적 의료조치, 최소한도의 사회생활을 영위할 수 있도록 하기 위한 생활훈련과 기초교육 등이 이 원칙 하에서 실시된다. 따라서 이 원칙은 앞서 기술한 예방의 원칙에서 제기된 국가재정의 부담이라는 문제와 깊은 관련이 있다.

선별성의 원칙은 빈곤계층이나 특수한 욕구나 문제가 있는 아동에게만 급여나 서비스를 제공하는 것이다. 그러나 이 원칙은 잘못 활용될 경우 시혜적이고, 범주적(categorical)이며, 열등처우의 원칙이 불가피하며, 또한 낙인 효과에 의한 수치감을 초래할 수도 있다.

(4) 보호와 개발의 원칙

보호의 원칙이란 아동은 미성숙하고 판단력이 부족하며, 자력에 의한 생활이 불가능하거나 어렵고, 또 자신의 권익을 위한 행동하기가 불가능하므로 최우선적인 보호와 구호의 대상이 된다는 것이다. 아동의 권리선언(1959)에서도 아동은 어떤 경우에서든지 우선적으로 보호와 구호를 받아야 한다고 명시되어 있는데, 여기에서의 보호란 생존을 위해 최소한의 생리적 욕구를 충족 받는 것, 발달상의 위험으로부터 보호받는 것, 사회적 차별로부터 보호받는 것이 포함된다. 이 원칙은 대부분 관계법에 규정함으로써 강력한 효과를 거두게 되는데, 미성년자보호법이나 아동복지법에서 아동학대 및 방임에 대해 제재하는 것, 근로기준법에서 아동 노동의 착취를 규제하는 것 등을 들 수 있다.

개발성의 원칙이란 아동이 가진 능력을 최대한 개발할 수 있도록 하자는 것으로 보통 장애아동이나 일부 영재아동, 혹은 결손된 양육 환경에서 자라는 고아나 빈곤가정 아동이 주요 대상이 되나, 원칙적으로 모든 아동이 이 원칙에 적용된다. 이 원칙에는 아동은 사회적 자립과 함께 사회에 기여할 존재라는 관점이 전제되어 있다.

(5) 개별성과 종합성의 원칙

개별성의 원칙이란 아동복지 실시의 전 과정, 즉 문제의 확인, 진단, 치료 방법의 선정 및 그 목표 설정에 이르기까지 심신의 발달 특성, 문제의 발생 원인, 생활사, 현재의 상태 및 주변환경 등 모든 개인적 특성이 고려되어야 한다는 것이다. 이 원칙은 아동을 독립된 인격체로 보고, 그가 처한 상황을 그대로 수용한다는 점이 전제되고 있으며, 전문성의 원칙과도 매우 밀접한 관련이 있다. 동일한 종류의 비행아동이라도 어떤 아동은 행동 수정으로, 어떤 아동은 정신분석적 기법으로 선도하는 것이 바로 개별성 원칙의 한 예로 들 수 있다.

종합성의 원칙이란 아동문제에 대처할 때 여러 가지 유형의 서비스를 함께 고려해야 그 효과를 거둘 수 있다는 것이다. 그것은 아동발달이 서로 유기적 관련을 가지고 전개되므로 한 영역의 발달손상은 다른 영역에 파급되며, 앞에서도 언급한 바와 같이 아동의 문제는 여러 가지 요소가 결합된 복합적 양상을 띠기 때문이다.

(6) 전문성의 원칙

전문성의 원칙은 아동복지의 성과를 좌우하는 중요한 원칙적 방향이다. 이는 아동의 문제는 복잡하고 다양하므로 전문적 지식과 기술이 필요하기 때문이며, 아동복지사업은 전문가와 전문기관에서 이루어져야 한다. 이 원칙에 의해 종래의 총체적 입장에서 벗어나 세분화된 전문적 접근이 이루어지고 있다. 방법론과 분야론에서 전문화가 더욱 이루어져야 할 것이며, 아동전문직 지도력을 위한 정부 수준에서의 계속적 교육과 수련, 강력한 제도적 보장이 수반되어야 더욱 효과적일 수 있다.

2. 아동복지 발달과정

아동에 대한 사회적 관심과 개입의 형태는 오랜 역사를 갖고 있으며, 시대의 변천에 따라 다양하게 변화·발전해 왔다. 아동의 문제가 사회적 이슈로 인식되고 사회문제로 다루어진 것은 근대산업사회 이후의 일이며, 산업사회 이전에는 빈곤, 기아, 유기와 같은 일이 존재했다 하더라도 이에 대한 제도화된 사회적 대책이 발전하지 못하였다. 아동에 대한 관심과 개입은 해당 시대의 지배적인 사회적 가치, 사회사상, 사회경제환경 등과 밀접하게 관련되어 있으므로, 아동복지의 변천과정을 고찰하기 위해서는 각 시대별로 위와 같은 상황들을 살펴보는 것이 바람직할 것이다. 그러나 여기서는 근대 이전과 근대 이후의 우리나라 아동복지의 발달과정과 외국의 경우는 영국과 미국의 아동복지 발달과정을 중심으로 살펴보고자 한다.

1) 외국의 아동복지

산업화 이전의 고대사회와 중세사회에서는 부모에게 1차적 책임이 있었고, 요보호아동은 종교단체 등에서 거의 보호되어 왔다. 그러나 산업화 이후 부모나 종교단체 등에 의해 보호받는 것은 너무나 제한적이어서 국가나 사회가 개입하여 아동복지의 대책이 발전되었다. 이러한 맥락에서 산업사회 이전인 고대사회와 중세사회를 살펴보고, 이어서 산업화 이후의 근대산업사회와 현대산업사회의 아동복지를 영국과 미국을 중심으로 살펴보고자 한다.

(1) 산업화 이전

고대사회에서는 아동의 인격적 권리를 보장하는 것이 아니라 아동을 부족의 소유물로 보았고, 그들의 생명은 종족 보존의 수단으로서의 가치만 인정되었다. 오히려 이 시대에는 아동의 보호를 저해한 일들이 많이 발생하였다. 카두신(Kadushin)에 의하면 아마존 강 유역의 인디언들은 아이가 태어나면 강물에 그 아이를 넣어 건강한 아이만을 끄집어내며 그렇지 않은 아이들은 버리는 생존시험을 했다는 보고나, 오스트레일리아에 있는 어느 부족들은 허약아나 장애아는 그들에게 부담될 것이 두려워 버렸다는 보고들이 있다. 이렇듯 각 나라마다 고대사회에는 영아 살해나 유기가 성행했음을 역사적 사실로 찾아볼 수 있다.

중세사회는 종교의 사회적 영향이 강했던 시대로 교회를 중심으로 한 종교단체에서 아동을 보호하였다. 중세사회는 신분사회로서 신분계급이 낮은 아동은 농노로서 노동력을 착취당하는 경우가 많았다. 심한 경우에는 강제적이고 위험한 작업환경으로 인해 생명을 잃는 일이 발생하기도 하였다. 그러나 중세사회에서의 교회 중심의 종교적 차원의 보호는 동정적인 종교적 자선 행위이지, 궁극적으로 아동의 욕구나 권리에 입각한 아동복지서비스는 아니었다.

(2) 산업화 이후

근대산업사회의 시기는 산업혁명의 시작과 함께 중세봉건제도가 붕괴되면서 자본주의 제도가 도래한 시대이다. 산업혁명은 빈곤, 실업, 노사문제와 노인, 아동, 청소년 및 기타 보호를 필요로 하는 등 제반 문제가 주요한 사회문제로 등장하였다. 이

시대에는 빈곤을 비롯한 모든 사회문제의 발생 원인 및 책임 소재에 대한 인식이 변화되었다. 즉, 사회문제는 개인적 원인과 함께 사회구조적 원인에 의해서도 발생한다는 획기적 인식이 대두되어, 종래의 개인이나 종교적 자선에서 사회적·국가적 책임이라는 차원으로 발전하였다.

가장 대표적인 법으로 1601년 영국의 「구빈법」(救貧法, Elizabethan Poor Law)을 들 수 있다. 이 법은 성인뿐만 아니라 요부양아동(고아, 기아, 빈곤가정의 아동)에 대한 규정도 세워 오늘날의 아동복지의 기원을 이루었다고 할 수 있다. 그리고 이러한 요부양아동을 양육할 의사가 있는 사람에게는 무료 또는 유료로 위탁시킬 수 있는 조치를 마련하였으며, 일할 수 있는 아동은 도제(徒弟, apprentice)로 보내 주인으로부터 기술을 연마하든지 가사를 돕게 하였다. 이 법이 갖는 아동복지의 의의는 아동의 복지에 대한 국가적 수준의 책임을 최초로 규정하였고, 빈곤가정 아동을 위해서 위탁보호제도와 도제제도를 마련하였다는 점을 들 수 있다. 특히 위탁보호는 시설수용 아동을 감소시킬 뿐 아니라 가정적 분위기에서 비교적 안정되게 생활할 수 있도록 해 주었다. 또한 도제제도는 빈곤아동을 위해서 의식주 등의 생활상의 어려움을 해결하는 데 그치지 않고, 직업적 능력을 길러 사회적으로 자립할 수 있는 기반을 조성하였다. 그러나 이러한 보호 형태에서 아동의 인권을 무시하고 아동의 노동력을 착취하는 폐단도 없지 않았다.

영국의 아동복지는 1601년 「구빈법」의 제정으로 아동보호원칙이 세워지고, 1834년 「구빈법」의 개정으로 지역학교, 육아원, 특수학교가 설립되었다. 개정법에서는 특히 아동의 근로 기준을 설정하여 산업혁명으로 인한 아동의 노동력 착취문제를 해결하고자 하였다. 1906년에는 「급식법」(meals act)이 제정되었고, 1907년에는 「교육법」(education act)이 제정되었으며, 1945년에는 「가족수당법」(family allowance act)이, 1948년에는 「아동법」(children's act)이 제정되어 오늘에 이르고 있다. 영국의 아동복지정책은 사회보장제도에 의한 가족 강화를 기본 원리로 하는 것이 특색이었다. 영국에서는 1802년에 「옥면공장 등의 도제의 건강 및 품성을 위한 법률」이 제정되었는

데, 이 법은 세계 최초로 연소 공장노동자의 노동시간을 규제하고 최소 수준의 위생과 교육을 보장하려고 한 법령이었다.

1819년에는 「공장법」(Factory Act)이 제정되어 취업 연령을 최저 9세로 정하고, 9세 이상 16세 미만의 어린이는 하루 12시간을 초과할 수 없다고 규정하였다. 그 후 1833년에 「공장법」이 개정되어 9세 미만의 아동은 노동을 금지시켰고, 9세 이상 13세까지의 어린이의 노동시간을 주 48시간, 하루 최고 노동시간을 9시간으로 제한하여 아동의 노동을 보호하였다. 그 후 프랑스에서는 1841년, 스웨덴에서는 1881년, 미국에서는 1895년에 근로아동을 위한 관계법을 제정하여 최저 근로 연령을 상향조정하고 근로를 제한하는 직업의 종류를 규정하는 등 발전을 보였다. 그리고 1816년에 영국의 오웬(Owen, 1771~1858)은 자신이 경영하는 방직공장 안에 탁아시설인 성격형성신학원(New Institute for the Formation of Character)을 설립하여, 산업화에 따른 취업모의 증대에 대응한 근대적 의미의 이용시설을 설치하였다. 1891년에는 「아동감호법」(Custody of Children Act)이 제정되어 아동을 유기한 부모나 기타 아동을 감호하기 부적당한 부모의 친권이 박탈되었고 이로 인해 사립 아동구제사업이 활성화되었다. 이와 같은 예는 영국, 프랑스, 벨기에, 덴마크 등에서 볼 수 있었다.

(3) 현대산업사회

20세기에 접어들면서 서구에서는 아동의 보호는 국가의 책임이라는 사고방식이 널리 받아들여졌다. 영국에서는 1908년의 「아동법」(Children Act)이 제정되었고 이 법은 1948년에 「신아동법」으로 체계가 정비되었다. 「신아동법」은 양친이 없는 아동, 유기된 아동, 부모와 떨어져 사는 아동, 특히 아동부양능력이 없는 정신질환자, 정서적 문제를 가진 자, 알코올중독자, 약물중독자 등의 부모를 둔 자녀들은 지역사회와 공동단체가 부모 역할을 담당하도록 규정하고 있다.

미국의 아동복지는 초기에는 영국의 구빈법이 그대로 적용 실시되었다. 그러던 것이 18세기에 들어서서 단순한 시설보호에서 교육을 통한 보호 방법이 전개되었다(고아원, 전문교육시설, 소년교정원, 맹인학교, 허약아 시설 등). 1895년에는 「아동노동법」이 제정되어 근로청소년에 대한 복지정책이 마련되었다. 그러나 아동문제에 대한 관심이 전국적 수준으로 증대되고, 아동문제에 대한 국가책임의 필요성이 논의된 것은 백악관회의가 실시되면서부터이다(성영혜 외, 1994: 59).

루스벨트 대통령은 제1회 백악관아동회의를 소집하고 이어서 연방 아동국을 설치했다. 제1회 백악관회의는 1909년 '요구호아동의 보호'를 주제로 전국에서 교육, 사회사업, 의학, 심리학, 교정사업 등 각 분야의 아동·청소년 관계자를 모아 아동복지에 대한 정부의 책임을 처음으로 공식화한 의미에서 매우 중요하다. 이 회의에서 루스벨트 대통령은 아동을 위한 부모 역할의 중요성과 가정생활의 중요성을 언급하면서 다음과 같이 세 가지 원리를 제시하였다.

① 가난하다는 이유로 아동이 가정으로부터 이탈되어서는 안 된다.
② 가정을 떠나야만 할 충분한 이유가 있을 경우에는 차선책으로 잘 선정된 위탁가정이 바람직하다.
③ 필요에 의해 시설을 이용할 경우 가옥제도(cottage system)가 좋으며 아동의 의존성이 나타나지 않도록 해야 한다.

백악관회의의 성과는 또 1912년 연방 아동국 설치로 더욱 구체화되었다, '전국의 모든 계층의 아동과 그들과 관련 있는 모든 것에 대해 조사하고 보고하는' 목적으로 연방 아동국이 설립되기까지는 많은 세틀먼트 관계자의 노력이 있었다. 백악관회의는 약 10년마다 개최되어 제2회는 1919년에 윌슨 대통령에 의해 '아동복지의 최저기준, 모자보건, 요보호아동의 보호'를 주제로 소집되었으며, 제3회는 1930년 아동보건 및 보호를 주제로 유명한 아동헌장을 채택했다. 이것은 1924년 국제연맹이 행한 사상 초유의 '아동의 권리선언'과도 이념적으로 연결되는 것이다(박정란 외, 2001: 55-56).

이후 연방정부에 아동문제를 전담하는 아동국(Children's Bureau)을 설치하고 아동

문제, 아동노동, 비행 등 아동에 관한 것을 연구하였다. 그 후에도 매 10년마다 백악관회의를 열어 변화하는 사회에서의 아동복지정책을 모색하였다.

이어서 1933년에는 「아동 · 청소년복지법」(Children and Young Persons Act)이 제정되었다. 이 법은 비행청소년뿐만 아니라 이른바 요보호 상태에 있는 일반 아동의 복지와 사회 참가를 목적으로 제정되었다. 아동복지에 대한 국가적 책임이 강조됨에 따라 복지대상이 일반 아동까지 확대되었으며 복지대책의 일환으로 아동수당 및 가족수당제도가 발달하기 시작하였다. 아동수당은 가족수당제도의 체계 내에서 또는 독자적 영역으로 발달되었는데 영국은 1946년에 제정된 가족수당제도의 개선책으로 1974년 모든 아동을 대상으로 하는 아동수당법을 제정하였으며 서독, 스웨덴, 프랑스, 일본 등에서도 실시하고 있다.

빈곤아동의 보상교육을 위하여 미국에서도 헤드스타트프로그램(head start program)을 실시하였다. 그러나 부모 및 가정과 연계되지 않는 보상교육은 효과를 거두기 어렵다는 평가에 따라 부모를 참여시킨 홈스타트프로그램(home start program)을 실시하였다. 아동의 욕구에 맞게 개발된 수용시설 소규모의 집단위탁가정보호 특히 특수장애아동을 위한 수용시설과 특별위탁가정보호의 개발이 이루어졌다.

이상과 같이 영국, 미국 등 각국의 아동복지에 대한 움직임은 전후 활발하게 행해졌으며, 그것은 1924년 국제연맹의 선언을 수정해 전면적으로 개정한 국제연합의 '아동의 권리선언', 그리고 전술한 1989년 '아동의 권리조약' 등으로 구체화되었다.

미국의 아동복지사업체계가 확립된 것은 1935년 「사회보장법」(Social Security Act) 제정 이후부터이다.

또 하나의 노력은 인류사상 최초로 '아동'이라는 단일주제 하에 1990년 9월 29일, 30일 양일간 뉴욕에서 개최된 '아동을 위한 세계정상회담(World Summit for Children)'을 들 수 있다. 전 세계 71개국 국가원수들을 포함한 158개국 대표들이 참석한 이 회담에서는 1990년대 아동의 생존, 보호, 발달을 위한 세계선언과 국가행동계획을 만장일치로 채택하였다.

2) 우리나라의 아동복지

우리나라의 아동복지는 조선시대 이전의 전통적 보호사업과 그 이후부터 광복 전까지의 근대적 아동복지사업, 그리고 광복 후 오늘에 이르기까지 전개된 현재적 아동복지사업으로 구분할 수 있다. 아동복지는 사회적 변동을 겪으면서 아동복지의 이념, 원리, 서비스 형태, 그리고 내용 등이 변화해 오고 있다.

(1) 근대 이전

① 조선시대 이전의 아동보호사업

고대 우리나라는 아동에 대한 관심은 지대했으나 아동 자신에 대한 권리 및 인격체로서가 아니라 가계를 계승시키기 위한 수단으로서의 보호가 이루어졌다. 우리나라 전통사회에서 아동문제에 대한 개입은 고아와 자연재해로 인한 기아를 대상으로 하여 이루어졌다.

신라시대에 고아는 홀아비, 과부, 혼자 사는 노인과 함께 네 부류의 빈궁(四窮)한 백성으로서 구제의 대상이었으며, 국가는 친족이 부양하지 못하는 이러한 고아에 대한 구제를 시행하였고 민간 차원에서도 고아가 노비나 양자로 수양되는 것이 허용되었다. 이러한 사회에 있어서의 고아 수용은 흔히 자가 노비로 삼는 방편으로 이용하고 또한 고아의 민가수양을 빙자하여 인신매매, 유괴, 약탈 등을 일삼게 되는 폐단도 없지 않았다. 그러나 고려시대에는 병란과 흉년으로 유리, 걸식하는 유아, 기아, 빈민아 등을 사원에서 수용 양육하여 증여 또는 사역승으로 양성하는 일이 성행하게 되었다. 10세까지에 한하여 소고무양육자(少孤無養育者)를 관가에서 수양하다가 기한이 지난 후에는 아동 자신의 바람에 따라서 거처를 정해 준 예를 고려사에서 볼 수 있다. 고려시대는 엄격한 신분제도와 계급사회가 유지되었으므로 고아들의 수양을 거의 대부분 입양가의 노비로 삼는 경우가 많았다. 그래서 고려시대 역시 고아의 민간수양을 빙자하여 인신매매나 유괴, 약탈 등이 성행하였다고 한다(표갑수, 2001: 68

재인용).

제6대 성종 13년(994년)에는 고아에게 10세까지 식량을 지급하였고, 그 후에 원하는 곳에 거주하게 하였다. 충목왕 3년(1347년)에는 관립의 영아원이라 할 수 있는 해아도감을 설치하여 유아를 보호 양육하였다(표갑수, 2000).

② 조선시대의 아동보호사업

조선시대의 아동복지는 고려시대보다는 진일보하여 고아와 기아 및 빈곤아동에 대한 법령이 제정되었다. 예로 제22대 정조(1783년)가 제정한 자휼전칙(字恤典則)은 유기 및 부양걸식아동에 대한 보호법령이었다. 제18대 현종 2년(1661년) 이후로는 한성 각 부의 유·기아에 대한 관부의 허가제에 의한 민가수양이 실시되고 이들에 대해서는 의료(衣料)도 관급하였다. 그리고 양육하여 10세에 이르면 양육한 사람으로 하여금 그 아이를 사역할 권리를 가지게 하였다. 자휼전칙에 보면 서울과 지방에서 흉년이 들어 기근이 심한 해에 유기를 당하여 사방에 호소할 곳이 없는 불쌍한 어린이, 특히 몸을 가리고 입에 풀칠하는 것을 자력으로서는 도저히 할 수 없는 가긍한 어린이와 사방을 떠돌아다니면서 문전걸식을 일삼는 부랑아들을 관가에 유양(留養) 또는 민가에 수양하도록 허락하는 내용이 명시되어 있다.

(2) 근대 이후

근대의 아동복지는 조선말부터 일제 강점기를 거쳐 광복 이전까지의 기간을 말한다. 일제강점기에는 조선구호령 중 13세 이하의 유아와 임산부에 대해 규정하고, 아동시설보호는 보육원을 두도록 하였다.

갑오경장 이후 외국의 종교단체들이 입국하여 포교를 겸하여 육아 및 구호사업을 실시하였는데 우리나라의 근대적 육아사업의 효시로는 1855년 프랑스인 메스트로 신부에 의한 고아구제사업을 들 수 있다. 이 외에도 서양 선교사들에 의한 시설보호 아이디어는 이후 우리나라 아동보호에 있어 수용시설 중심의 발전에 영향을 미친 것으로 평가된다.

1930년대에 들어서면서부터 각 지방에 보육원을 비롯하여 사회복지시설을 설립하기 시작하여 1939년에는 60개 시설이 전국적으로 설치되었다. 광복 이후 현재 사회아동복지의 변천과정은 복지서비스의 성격과 기능을 기준으로 1945~1950년대까지의 사회구호 단계, 1960~1970년대의 선별주의 단계, 1980년대 이후의 보편주의 지향 단계로 크게 나눌 수 있다.

(3) 현대

현대의 아동복지는 광복 이후부터 현재까지의 기간을 말하며 전통사회나 근대에 비해 아동의 복지권이 보장됨은 물론이고 아동의 복지에 대한 사회 및 국가의 책임이 보다 확고해짐으로써 비교적 조직적이고 체계적으로 실시되었다.

광복과 전쟁으로 인한 사회적 혼란기였던 1945년부터 1950년대 이르는 시기는 우리나라 아동복지사에서 일대 전환기였다. 광복 이후 지난 50여 년 동안 한국전쟁, 1960년대 이후 산업화·도시화 과정을 거치면서 아동의 생활환경이 급격히 변화되었다. 아동의 욕구와 문제에 대한 정부의 대응은 달라졌다. 수많은 전쟁고아와 기아, 미아의 문제가 발생되었고 이러한 사회적 조건과 절대빈곤의 상황 하에서 아동복지는 응급구호적 성격을 띨 수밖에 없었으며 더욱이 아동보호에 관한 국가의 입법적 근거가 미비하였다. 국가책임에 의한 사회적 보호가 미비한 가운데 민간 외국 원조기관들이 국내에 들어와 활동하였고 이는 1970년대까지 계속되었다(성영혜 외, 1994: 50-51). 전쟁의 산물로 남겨진 혼혈아동은 유교적 전통이 강한 한국사회에서 차별과 멸시의 대상이 되었고 이에 따라 혼혈아동 국외입양사업이 시작되었으며 1961년 제정된 「고아입양특례법」 제정 이후 일반고아들에 대한 국외입양으로 대상이 더욱 확대되었다. 국외입양과 함께 고아의 응급구호를 위한 고아원 시설이 증가하면서 시설중심의 아동복지사업이 정착되었다. 이러한 수용시설 중심의 아동복지는 1950년대 급속하게 증가하여 1960년도 당시 아동복지시설은 전국에 472개소로 전체 사회복지시설 592개소의 약 80.0%에 달했으며(표갑수, 2001: 69 재인용), 이는 근년에 이르기까지 한국 아동복지사업의 중심을 이루었다. 따라서 1960년 이전까지 아동복지는 국가책임의 원칙이나 전문화된 서비스를 제공받을 수 없었으며 민간과 해외원조에 의존해 빈곤계층의 아동을 대상으로 한 사회구호적 형태로 운영되었다. 이러한 외원 중심의 아동복지시설의 운영은 1960년대까지 지속되었다.

즉, 광복 후부터 「아동복지법」이 제정된 1961년까지는 아동복지의 영역이 구분되지 않고 긴급구호를 하는 수준이었다. 그러나 이 시기, 사회복지시설이 그 대상별로 구분되어서 아동시설이 정체성을 갖게 되고 정부의 지원과 감독이 강화된 것은 의미 있는 일이다. '후생시설 설치 기준'(1950)은 아동시설을 '인가시설'로 규정하였고, 이후 '후생시설 운영 요령'(1952)은 아동시설을 영아원, 육아원, 감화원 등으로 구분하였고, 이 밖에도 후생시설을 모자원, 정신치료감화원, 불구자수용원, 맹아원, 직업보호원 등으로 구분하였다(이종복 · 이소의 외, 1998: 54-5).

제1 · 2공화국에서는 「교육법」(1949), 「소년법」(1958), 「근로기준법」(1953) 등에서 보호를 필요로 하는 아동을 위한 법적 규정을 입법화하였다. 또 제3 · 4공화국에서는 아동학대 금지규정이 포함된 「아동복리법」(1961)을 비롯한 「생활보호법」(1961), 「미성년자보호법」(1961), 「학교보건법」(1967), 「모자보건법」(1973), 「특수교육진흥법」(1977) 등 많은 아동 관련법이 제정되었다. 제5 · 6공화국에서는 「아동복리법」을 개정한 「아동복지법」(1981), 「심신장애자복지법(1981)」, 「유아교육진흥법」(1981), 「청소년육성법」(1987) 등이 입법화되었다. 1970년대까지 국가 개입을 최소화하는 잔여적 복지정책이 지속되었으나 외원기관의 철수와 사업 축소는 아동보호에 있어 국가개입이라는 새로운 정책 전환을 가져오는 계기가 되었다. 그리고 입양과 가정위탁보호, 영유아보육서비스의 확대가 정책적으로 장려되었다. 이 외에 기독교아동복리회(CCF), 선명회세계본부(WV), 양친회(FPP), 동양선교회 등 외국의 원조단체들은 부족한 아동복지 재정을 충당하기 위한 아동후원사업을 전개해 고아들뿐만 아니라 일반 가정의 빈곤아동을 원조하기도 하였다. 즉, 1960년대부터 1980년까지는 「생활보호법」과 「아동복리법」의 제정으로 요보호아동을 위한 복지사업이 법제화되어 시행되게 된다.

전체 아동을 위한 복지사업은 1980년대부터로, 1981년에 「아동복리법」을 「아동복지법으로 개정 · 공포하여 그 보호대상이 제한된 요보호아동으로부터 18세 미만의 전체 아동으로 확대함으로써, 보편주의에 입각한 아동복지서비스의 전문화와 다양화를 지향하게 된다. 이와 함께 요보호아동 문제의 해결을 위한 노력으로 가정위탁 및 결연사업의 확대는 지금까지 수용 위주의 아동복지에서 탈피하여 서비스의 다양화를 지향하였다.

1960년대는 고도 경제성장 기간으로 기혼여성의 노동력까지 필요하게 되어, 1968년 '미인가 탁아시설 임시조치령'을 공포하고 재단법인이 아니더라도 탁아시설을 설치 · 운영하도록 하여 그 명칭을 탁아소에서 어린이집으로 개칭하였다. 그 결과 1977년에 603개소로 그 수가 증가되기는 하였으나 보육의 질 하락이 우려되자 '미인가 탁아시설 임시조치령'을 폐기하였다. 그러다가 1982년 「유아교육진흥법」에 의해 어린이집은 유아교육기관인 새마을 유아원으로 흡수되고 관장 부서도 보건사회부에서 내무부로 이관되었다. 그 후 1989년 아동복지법 시행령을 개정하여 새마을 유아원을 아동복지시설인 탁아시설로 환원하였으며 가정탁아제도도 마련하였다. 또한 관장 부서도 내무부에서 보건사회부로 환원되었다. 그 후 유아교육의 필요성에 따라 이른바 1970년대 보호 중심의 탁아사업과 1980년대의 유아교육을 통합한 「영유아보육법」(1991년)을 제정 · 공포하여 새마을 유아원을 지금까지의 어린이집으로 개칭하도록 하였으며 보육의 종류도 시설보육, 직장보육, 가정보육 및 방과 후 보육으로 구분하였다.

그리고 소년소녀가정세대를 지원하고 육아원에서 퇴소한 성장아동에게 직장주기 사업과 결연사업, 근로청소년, 무직청소년, 농어촌청소년의 보호와 비행청소년의 교정사업 등을 실시하였다.

이러한 변천과정에서 우리나라의 아동복지는 시설수용보호, 입양사업, 영유아보육사업, 아동결연사업, 가정위탁 등의 서비스로 그 형태가 형성되어 왔다. 이와 함께 과거 아동복지의 주류를 형성하였던 시설수용보호사업보다 가정과 지역사회 중심의 보육서비스, 국내입양, 가정위탁, 재가복지서비스가 상대적으로 강조되고 있다. 특히 장애아동서비스, 약물남용, 비행과 폭력, 문제가정의 증가에 따른 아동학대에 대응한 강제보호서비스, 학교사회복지가 새롭고 전문화된 아동복지서비스의 분야가 되고 있다. 더욱이 2012년 8월 5일 전면개정 발효된 「아동복지법」, 「입양특례법」과 제정된 「아동의 빈곤예방 및 지원 등에 관한 법률」을 통하여 새로운 전기를 맞고 있다.

3) 우리나라의 주요 아동 이슈

우리나라는 저출산의 영향으로 아동인구가 감소하고 있어 미래 정책여건 변화를 반영한 아동기 사회투자전략의 수립이 필요하다. 또한 한 자녀가구가 보편화되고 있으며 이혼, 재혼, 별거, 한부모, 조손, 다문화가정 등 가족 형태의 다양성이 증가하고 있다. 양육환경에서도 여성의 경제활동 증가와 장시간 근로 관행 등으로 부모의 직접 양육 참여 및 기회가 축소되고 아동 돌봄, 양육 등 전통적 가족기능의 상당 부분이 사회로 이전되고 있다. 아동학대가 증가하고 있고 사교육 의존 등 과도한 학업 스트레스로 인하여 아동의 삶의 질에 부정적 영향을 미치고 있다. 사회환경에서도 아동 성폭력, 소년범죄, 스마트폰 중독 등의 위험이 저연령화 추세를 보이고 있다.

이에 따라 아동의 삶의 질에 있어 삶의 만족도가 OECD 국가 중 최하위를 차지하고 있으며, 아동의 성장과정에서 주요하게 고려되어야 할 빈곤 상태 측정인 아동결핍지수도 OECD 국가 중 최하위를 기록하고 있다(보건복지부, 2015g). 2015년 수립된 정부의 제1차 아동정책 기본계획상 나타난 아동의 생애별 정책과제를 통해 주요 아동 이슈를 정리해 본다.

(1) 영유아(0~5세)

- 어린이집, 유치원 건강관리체계 마련
- 모유 수유 증진
- 영유아 가정방문서비스 도입
- 육아서비스 종합 제공
- 시간제 보육
- 영유아 보육, 교육 통합플랜
- 안전한 유아 보육, 교육 환경 조성
- 아동 방치 행위에 대한 법적 규제 도입

(2) 초·중·고등학생(6~17세)

- 생활습관형 질병 예방, 관리 방안 마련
- 학생 자살예방 대책, 적정 수면시간 보상
- 부모교육 활성화, 양육정보 통합 제공
- 꿈과 끼를 살려주는 교육과정 내실화, 공교육 정상화 이행
- 인성교육 강화(인성교육 진흥계획 수립, 언어문화 개선 방안 마련)
- 아동 방치 행위에 대한 법적 규제 도입
- 놀권리헌장 제정, 놀이정책 수립
- 장애아동지원체계 구축(조기 발견, 예방 및 재활치료)
- 학교 밖 청소년 지원체계 구축
- 정신건강 관리체계 구축
- 방과 후 돌봄체계 정비
- 학대아동 보호 인프라 확충
- 학교폭력 예방 및 대책 기본계획 이행 관리
- 차별금지법 제정

- 가정 밖 보호아동 보호체계 구축
- 아동의 의견진술권 보장실태 진단 및 개선 방안 마련
- 학교에서의 참여권 보장
- 아동보호제도 간 협업구조 마련
- 범죄아동 사회 복귀 지원
- 아동친화지자체 및 아동친화 기업문화 확산

Chapter

04

아동복지의 대상과 기능

우리나라의 「아동복지법」에 의하면 '아동복지'란 아동이 행복한 삶을 누릴 수 있는 기본적인 여건을 조성하고 조화롭게 성장·발달할 수 있도록 하기 위한 경제적·사회적·정서적 지원을 말한다고 규정하고 있고, 아동을 18세 미만인 사람으로 정의하고 있다.

아동복지의 대상은 원칙적으로 18세 미만의 사람과 임산부를 포함한 이의 보호자가 될 것이다. 또한 아동복지서비스는 제공 장소에 따라 재가 서비스와 가정외 서비스로 구분할 수 있고, 수행 기능에 따라 지지적, 보호적, 보충적, 대리적 서비스로 구분된다.

1. 아동복지의 대상

「아동복지법」에 근거하면 아동을 18세 미만의 자로 규정하여 모두 아동복지의 대상이 되나, 보호대상아동과 지원대상아동을 따로 용어로서 구분하고 있다. 따라서 아동복지의 대상은 일차적으로 보호대상아동, 지원대상아동, 일반아동이 될 것이다. 이차적으로는 아동의 안전과 복지 등을 좌우하는 성인을 생각할 수 있지만, 특히 부모를 포함한 보호자에 의해 영향을 받고 있으므로 임산부와 부모를 포함한 보호자가 대상이 될 것이다. 보호자란 친권자, 후견인, 아동을 보호·양육·교육하거나 그러한 의무가 있는 자 또는 업무·고용 등의 관계로 사실상 아동을 보호·감독하는 자를 말한다.

1) 보호대상아동

「아동복지법」 제3조에서 보호대상아동의 정의를 보호자가 없거나 보호자로부터 이탈된 아동 또는 보호자가 아동을 학대하는 경우 등 그 보호자가 아동을 양육하기에 적당하지 아니하거나 양육할 능력이 없는 경우의 아동을 말한다고 규정하고 있다.

보호대상아동의 용어를 쓰기 이전에는 '요보호아동'이라는 용어를 사용하였다. 아동복지법에서 일반아동에 대한 복지를 강화하면서, 요보호아동과 일반아동의 양 개념에서 보호대상아동과 지원대상아동 그리고 일반아동으로 확대해야 할 필요를 느끼게 된 것이다.

요보호아동은 기아나 미아, 미혼모·부의 아동, 혼외자의 아동, 비행·가출·부랑아동, 학대 아동, 부모의 빈곤·실직 아동, 부모의 질병 아동, 부모의 이혼 등의 사유로 보호자가 없거나 보호자로부터 이탈된 아동으로, 귀가 및 연고자 인도된 아동을 제외하고 아동양육시설, 일시보호소, 장애아동시설, 공동생활가정 등 시설에 입소되거나, 소년소녀가정, 입양, 가정위탁, 입양전 위탁 등 사유로 가정 내 보호된 아동을 의미한다.

2) 지원대상아동

「아동복지법」에서는 지원대상아동의 정의를 아동이 조화롭고 건강하게 성장하는데 필요한 기초적인 조건이 갖추어지지 아니하여 사회적·경제적·정서적 지원이 필요한 아동을 말한다고 규정하고 있다.

지원대상아동과 유사한 개념인 빈곤아동에 대하여 살펴보고자 한다. 아동의 빈곤예방 및 지원 등에 관한 법률에 의하면 제3조에서 빈곤아동이란 생활여건과 자원의 결핍으로 인한 복지·교육·문화 등의 격차를 해소하기 위하여 지원이 필요한 아동을 말한다고 규정하고 있다. 동법 시행령에 의하면 제2조에서 지원이 필요한 아동은 「아동복지법」 제3조제4호 및 제5호에 따른 보호대상아동 및 지원대상아동, 「국민기초생활보장법」 제2조제2호에 따른 수급자인 아동, 「한부모가족지원법」 제4조제2호에 따른 한부모가족 및 「다문화가족지원법」 제2조제1호에 따른 다문화가족의 아동 등 복지·교육·문화 등의 격차를 해소하기 위하여 사회적·경제적·문화적 지원이 필요하다고 보건복지부 장관이 인정하는 아동으로 규정하고 있다.

즉, 지원대상아동이란 빈곤아동 중 보호대상아동과 수급자인 아동을 제외한 빈곤한 아동을 의미하는 것으로 볼 수 있으며, 또한 일반아동 중에서 차상위계층 등 정책에 의해 보호를 하고 있는 일반아동도 지원대상아동에 포함시킬 수 있다.

3) 부모(보호자) 및 일반아동

일반아동은 가정 외부로부터 특별한 도움을 받지 않고도 생활할 수 있는 아동을 말하는데, 보통 특수한 문제나 욕구가 있는 아동과 구별되는 의미로 사용되어 왔다. 그러나 최근에는 모든 아동을 일컫는 말로 쓰이고 있다.

취약계층에 대한 통합서비스 지원대상을 「아동복지법」 제37조에서 규정하고 있다. 통합서비스 지원대상은 「국민기초생활보장법」에 따른 수급자 또는 차상위계층 가정과 그 밖의 보건복지부장관이 정하는 아동의 성장 및 복지 여건이 취약한 가정이다. 이에 따라 드림스타트사업의 경우 0세(임산부 포함)~만12세(초등학생 이하) 아동 및 가족을 대상으로 맞춤형 통합서비스를 제공하고 있다. 지역아동센터의 경우 만 18세 미만 아동을 대상으로 지원하고 있으나, 다만 60% 이상을 보호대상아동, 지원대상아동 등 우선보호아동을 보호하도록 하고 있다. 이외에도 급식지원사업의 경우 18세 미만(18세 이상의 고등학교 재학생 포함)의 취학 및 미취학 아동을 대상으로 결식우려가 있는 아동을 모두 포함하고 있다.

보호자란 「아동복지법」 제3조제3호에서 친권자, 후견인, 아동을 보호·양육·교육하거나 그러한 의무가 있는 자 또는 업무·고용 등의 관계로 사실상 아동을 보호·감독하는 자를 말한다고 규정하고 있다. 또한 동법 제4조제1호에서는 국가와 지방자치단체는 아동의 안전·건강 및 복지증진을 위하여 아동과 그 보호자 및 가정을 지원하기 위한 정책을 수립·시행하여야 한다. 제6호에서는 아동의 보호자가 아동을 행복하고 안전하게 양육하기 위하여 필요한 교육을 지원하여야 한다고 규정하고 있다.

4) 욕구와 문제의 분류에 따른 아동복지대상

아동복지는 아동의 문제를 해결하기 위한 서비스이기 때문에 그 대상도 아동의 욕구와 문제라고 할 수 있다. 아동의 욕구는 소득, 노동, 교육, 보건 등과 같은 기본적인 것과 레크리에이션, 스포츠 참여와 같은 2차적인 것으로 볼 수 있다. 따라서 이러한 욕구가 결핍된 아동이 아동복지서비스의 대상이 된다.

아동의 문제는 빈곤·실업과 같은 사회 불평등과 결손가정, 빈민촌 등과 같은 사회해체 그리고 비행, 자살, 약물중독, 정신장애와 같은 사회 부적응의 문제를 지적할 수 있다. 아동은 발달과정상 상황적으로 욕구가 충족되지 못한 경우에는 특수한 문제를 가지게 된다.

김영모(1984)는 욕구와 문제의 차원에서 요보호아동을 다음과 같이 분류하고 있다.

(1) 욕구결핍아동

- 소득욕구 : 빈곤아동, 실업아동
- 건강욕구 : 영양실조아동, 질병아동, 장애아동
- 교육욕구 : 미취학아동, 재수생, 학교중퇴자
- 주거욕구 : 시설아동, 가출아동, 부랑아동, 무직청소년
- 문화욕구 : 문화실조아동, 자폐아동

(2) 사회적 문제 아동

- 구조적 문제 : 빈곤아동, 근로아동
- 해체적 문제 : 결손아동, 영세민촌아동, 기아·가출아동, 학대아동
- 탈선적 문제 : 비행청소년, 성격결함아동·청소년, 약물남용 청소년

장인협은 특별한 문제나 욕구가 있는 아동을 다음과 같이 나누고 있다(표갑수, 2001: 98 재인용).

- 양육환경에 문제가 있는 아동(결손가정아동, 학대받는 아동, 유기나 무관심의 대상이 된 아동, 보호·양육이 결핍된 아동)
- 신체적·정신적·정서적으로 문제나 장애를 가진 아동
- 가출아동, 비행아동과 같이 사회적·법적 보호를 요하는 아동, 미혼모와 그 자녀와 같이 특별 보호를 요하는 아동

카두신(Kadushin)은 아동복지를 부모와 자녀 간의 사회적 역할수행에서 찾았으며, 이러한 역할수행이 이루어지지 못할 때, 그리고 개인의 역할이 지역사회의 기대에 어긋났을 때 아동복지의 대상이 된다고 하였다.

- 부모의 역할이 없는 경우 : 부모 사망, 별거, 이혼, 신체적·정신적 질환, 투옥, 비합법성 이민
- 부모의 무능력 : 신체적·정신적 또는 정서적 부적절성, 지식 또는 훈련의 결여, 정서적 미성숙(지체), 약물중독, 무지
- 부모의 역할 거부 : 태만, 자포자기, 신체적 학대, 유기
- 아동의 무능력과 장애 : 간질, 정서적 결함, 정서적 혼란, 뇌 손상
- 지역사회자원의 결함 : 부적절한 주택, 실업

2. 기능에 따른 아동복지서비스 유형

아동복지서비스의 유형은 대상이나 장소, 그리고 기능에 따라 다양하게 분류할 수 있으나, 여기서는 카두신(Kadushin)의 정의를 중심으로 분류해 보고자 한다.

카두신은 아동복지가 수행하는 기능을 중심으로 지지(support), 보충(supplement), 대리(substitute), 그리고 지지와 보충 사이에 강제보호(protective) 서비스로 분류하였

는데 아동양육의 일차적 책임은 부모와 그 가정에 있음을 전제하고 있다. 따라서 국가와 아동복지 관련 기관 및 아동문제 전문가들은 부모가 그러한 역할을 수행할 수 있도록 지지하고, 그렇지 못할 경우에는 그 양육책임을 보충·대리한다고 정의하고 있는데, 이러한 경우 부모가 외부의 지원과 개입을 원하지 않아도 아동의 복지를 위해 강제적 보호서비스가 제공될 수 있다.

1) 지지적 서비스

부모의 양육기능을 지지·강화하는 사업은 부모가 아동의 발달에 대한 지식과 기술이 부족한 경우, 부모-자녀관계 혹은 부부관계 및 기타 가족관계가 원만하지 못한 경우, 그리고 주변환경으로 인해 올바른 양육을 하지 못하는 경우에 필요한 서비스이다. 이와 같은 문제들은 아동복지기관이나 지역사회의 원조와 도움을 받으면 가족의 노력 하에 거의 극복될 수 있는 문제들이므로 기관에서는 부모와 가족이 아동을 바르게 양육하도록 원조할 뿐, 부모의 아동에 대한 책임에 대해 어떠한 제재도 가하지 않으며, 또한 부모가 원할 경우에 한해 이용할 수 있는 서비스라 할 수 있다. 이 분류에 포함되는 사업은 아동에 대한 다양하고 전문화된 상담사업과 부모 및 가족상담, 가족치료와 같은 가족복지사업, 빈곤아동복지사업 등이 있다.

지지적 사업이 갖는 의의는 아동이 자신의 집에서 부모와 함께 생활할 수 있으며, 가족관계의 개선과 부모의 양육기능을 강화함으로써 아동복지를 위한 제1차 방어선의 기능을 유지한다는 점이다. 만약 아동에 대한 이해가 부족하여 긴장과 갈등을 겪고 있는 가정에 대해 적시에 적절한 지지적 서비스가 제공되지 못한다면 아동학대 및 방임, 혹은 별거·이혼 등의 가족 해체로 이어질 수도 있을 것이다.

2) 보호적 서비스

보호적 사업은 강제보호서비스를 의미하며 이는 주로 학대와 방임으로 부모-자녀 사이에 갈등이 있거나 부모의 무지, 미성숙 또는 부모의 기질적 특성으로 부모의 역할이 잠정적으로 기능할 수 없을 때 제공된다. 부모의 역할을 강화, 지지하거나 부모의 책임을 보충해 주는 것뿐만 아니라 아동의 복지가 위협받는 상황 하에서 부모의 의사와 관계없이 아동을 위해 강제적으로 제공되는 보호 서비스이다.

우리나라는 개정 「아동복지법」에 의해 아동보호전문기관이 이와 같은 서비스를 제공하고 있는데, 아동의 학대나 방임사례를 조사하고 아동이 가정에서 안전하게 보호받을 수 있을지 혹은 다른 보호의 장으로 옮겨 공공기관의 보호를 받아야 할지를 결정하고, 사법기관과 긴밀하게 협조를 가지면서 아동을 위한 보호조치를 취한다.

원가정으로부터 아동을 격리하는 등 보호 서비스가 제공되기 위해서는 법에 의한 공권력의 개입이 요청되며 우리나라도 2000년 7월부터 시행되고 있는 개정 아동복지법을 근거로 전국 52개(2015년 1월) 아동보호전문기관에 의해 아동의 인권과 권리의 보호를 위한 보호 서비스가 제공되고 있다.

3) 보충적 서비스

부모는 자녀를 양육하기 위해 여러 가지 기능을 수행해야 한다. 예로 애정을 표시하고, 의식주와 관련한 보호의 기능, 또 이를 수행하기 위한 경제적 기능 등을 들 수 있다. 그러나 여러 여건으로 인해 부모나 가족의 힘만으로는 이러한 기능을 제대로 수행하기 어려운 경우가 있으며 이때 보충적 사업이 제공될 수 있다. 따라서 보충적 사업은 말 그대로 부모가 수행하기 어려운 양육기능의 일부를 국가가 보충해 주는 것이다.

보충적 서비스에 분류되는 사업은 탁아사업, 소득보완사업, 그리고 장애아동이나 비행아동을 위한 복지사업 등이 있다. 이러한 사업들이 갖는 의의는 아동이 부모나 가정으로부터 분리되지 않고 원가정에서 그 부모와 함께 생활할 수 있도록 보장하기 위해 사회가 양육책임을 부분적이고, 실제적으로 책임진다는 것이다.

4) 대리적 서비스

아동이 원가정에서 부모와 함께 도저히 생활할 수 없는 상황이 발생할 경우 사회가 부모의 양육기능을 전적으로 대행하는 것이 대리적 서비스이다. 즉, 대리적 서비스는 부모가 아동의 양육기능을 임시적 또는 영구적으로 포기한 경우 제공되며, 아동은 부모나 원가정으로부터 분리되어 타 가정이나 시설에서 생활하게 된다.

대리적 사업에 포함되는 사업으로는 위탁사업(학대 · 미혼부모 아동, 사망 · 이혼 · 별거 등에 의한 편부모 아동, 입양 전 위탁 아동), 입양사업, 시설보호사업(고아, 장애아동, 비행아동) 등을 들 수 있다(주정일 외, 1998: 85-86). 대리적 사업은 부모를 대신하여 그 연속선상에서 사회가 아동의 생존권 및 생활권을 보장한다는 데 의의가 있다.

표 4-1 국내 아동복지사업의 분류

<table>
<tr><td>서비스 분류 기준</td><td colspan="6">가정 ←—— 분류의 연속선 ——→ 시설</td></tr>
<tr><td>실시 장소</td><td>가정 내</td><td>가정 내 · 외</td><td>가정 내</td><td colspan="3">가정 외부</td></tr>
<tr><td>기 능</td><td>지지적 서비스</td><td>보호적 서비스</td><td colspan="2">보충적 서비스</td><td colspan="2">대리적 서비스</td></tr>
<tr><td>종 류</td><td>아동상담, 가족상담 및 치료</td><td>아동학대 보호사업</td><td>사회보험 공공부조</td><td>보육사업</td><td>가정위탁사업 입양사업</td><td>시설보호사업 그룹홈보호사업</td></tr>
</table>

자료: 장인협(2000: 132) 수정.

Chapter

05

아동복지의 접근 방법

아동복지의 실천은 접근 방법에 따라 분석될 수 있으며, 이러한 접근 방법은 아동복지의 구체적 실행 방법과도 연관된다. 아동복지의 접근 방법으로 정책적 접근 방법과 전문적 접근 방법으로 나누어 볼 수 있다. 정책적인 접근 방법에 있어서는 우리나라 아동복지의 현 정책과 전달체계 및 아동복지 관련법 등에 관하여 알아본다. 전문적 접근은 개별, 집단, 지역사회적 개입에 따른 실천과 기술로 구분할 수 있다. 전문적인 접근 방법에 있어서는 우선 초기·중간·종결단계의 실천과정과 개별·집단·사례관리의 접근 방법에 대하여 알아보고, 마지막으로 실천 기술에 있어서 상담, 치료기법을 위주로 살펴보고자 하며, 치료기법은 놀이치료, 미술치료, 음악치료, 원예치료, 독서치료에 대하여 기술한다.

1. 아동복지의 정책적 접근

아동복지의 정책적 접근으로 우선 정책이란 무엇이며, 우리나라 아동정책은 어떤 것이 있는지와 아동복지정책은 어떤 것들이 시행되고 있는지 알아본다. 그리고 민·관의 아동복지 전달체계와 아동복지서비스 수행기관 및 시설에 대하여 알아보며, 마지막으로 아동복지 관련법을 살펴본다.

1) 아동복지정책

아동복지정책에 관하여는 현 정부의 아동분야 사업안내에 의해 실시 중인 정책을 소개하고자 한다. 우선 정책이란 무엇이고, 현 정부의 아동정책은 어떤 것이 있는지 알아본 후 아동복지정책을 소개하고자 한다.

(1) 정책

정책이란 대다수의 사람들에게 영향을 미치는 행동의 선택과정이다(Macrae & Wilde, 1979)라고 할 수 있다. 아동복지정책이란 카두신과 마틴에 의하면 '아동에게 영향을 미치는 모든 정책, 프로그램 및 활동이다(Kadushin & Martin, 1988)'라고 정의하고 있다. 주정일과 이소희에 의하면 '정부가 아동의 복지를 설정한 방침이다(주정일 · 이소희 2001: 82-83)'고 간단히 정의하고 있다.

(2) 아동정책

우리나라의 아동정책은 제1차 아동정책 기본계획에 잘 나타나 있다. 본 기본계획은 아동복지법에 의해 매 5년마다 수립되는 아동분야 중기계획이다. 중앙정부의 기본계획은 2015년 8월에 확정된 것으로 4개 영역 16개 중점과제, 158개 세부과제로 이루어져 있다. 2013년 아동종합실태조사의 결과에 따라 취약한 부분을 개선하고 아동을 권리의 주체로 온전하게 권리실현을 할 수 있게 하며, 현재 60.3%인 아동의 삶의 만족도를 2019년도에는 77%까지, 현재 74.0점인 주관적인 행복지수를 2019년도에는 85점까지 끌어 올려 OECE 국가 평균에 이르고자 하는 계획이다. 5개 분야는 미래를 준비하는 삶, 건강한 삶, 안전한 삶, 함께하는 삶으로 구성되어 있다.

미래를 준비하는 삶은 학업과 놀이 여가 간 불균형을 해소하겠다는 것이며, 건강한 삶은 생활공간 기반의 건강 통합관리, 질병관리를 한다는 것이고, 안전한 삶은 주된 생활공간에서 위해요인을 줄이고자 하는 것이며, 함께하는 삶은 사회적 보호나 지원이 필요한 아동에 대한 대책을 수립하고 이행하는 것이다. 적용 예를 살펴보면, 각종 아동시설지원 확대, 아동안전지도 제작, 아이돌봄서비스 제공, 어린이집 확충, 보육교사 근무환경 개선, 아동 비만관리, 청소년참여위원회 확대, 교통안전교육장 운영, 토요스쿨 운영 등이다.

(3) 아동복지정책

정부의 '아동분야 사업안내'(보건복지부, 2015f)에 의해 실시 중인 정책은 크게 14가지로 나누어진다. 가정입양 지원, 가정위탁 보호, 소년소녀가정 지원, 결연사업 운영, 공동생활가정 운영, 아동복지시설 운영, 보호아동 자립 지원, 디딤씨앗통장사업, 드림스타트센터, 아동복지교사 지원, 지역아동센터 운영, 아동급식, 아동학대 예방 및 피해아동 보호, 실종아동 보호 등이다. 여기에서는 전반적으로 간단히 소개하고, 입양, 가정위탁, 시설보호, 실종아동등에 대하여는 실천 영역인 PARTⅢ에서 다시 한 번 자세히 다루기로 한다.

[입양 지원]

입양지원정책의 목적은 보호자가 없거나 보호자로부터 이탈된 아동 등의 권익과 복지를 증진하기 위한 가정을 영구적으로 제공하여 신체적·정서적·사회적으로 건강하게 성장할 수 있도록 지원하기 위함이다. 근거는 「입양특례법」이며, 시설보호보다는 가정보호가 우선되도록 하며, 국내입양을 우선하고 국외입양을 차선책으로 추진하며, 혈연 중심의 가족문화, 비밀입양위주 입양문화 개선을 위한 대국민 홍보를 강화하고 있다. 입양기관에서 업무를 맡아 하며, 입양 비용을 받아 운영된다. 국내입양비용은 정부가 지원한다. 2012년 8월 「아동복지법」 전면 개정 이후 법원에서 입양을 허가해 주고 있다.

[가정위탁 보호]

가정위탁이란 보호대상아동의 보호를 위하여 「아동복지법」이 정하는 기준에 적합한 가정에 일정기간 위탁하는 것이다. 보호아동 발생 시 가정보호를 우선시 하며, 특히 2세 미만일 경우 가정보호를 우선하는 정책을 펴고 있다. 근거는 「아동복지법」과 「국민기초생활보장법」 및 「의료급여법」이다. 양육보조금, 생계·교육·의료비 등을 지원하고, 대학진학자금, 상해보험료, 심리치료비, 전세자금과 후원금 및 후원자 지원을 하고, 자립을 지원하며, 보호 종결 시 자립정착금을 지원한다.

[소년소녀가정 지원]

소년소녀가정이란 수급자 중 만 18세 미만의 아동이 실질적으로 가정을 이끌어 가고 있는 세대로, 1985년부터 정부지원사업을 시작했다. 그러나 2000년도 가정위탁제도 실시 후 소년소녀가정의 가정위탁 전환이 시작되었고, 현재 신규지정이 금지되어 있다. 생계·교육·의료급여와 부가급여 및 전세자금을 지원하며, 민간 후원금 및 후원자 지원을 하고 있다. 소년소녀가정은 가정위탁이나 시설보호에 비해 외부 위험에 노출되어 있는 보호 형태로 UN 등에서도 폐지를 권고한 사업이다.

[결연사업]

결연사업이란 시설보호아동, 가정위탁세대아동, 소년소녀가정 등의 아동과 지역사회 이웃과의 결연으로 물질적, 정서적 지원을 하여, 이웃사랑의 사회기풍을 조성하고 아동의 건전한 육성을 도모하기 위한 사업이다. 1977년 정부 주도로 사회인사와 시설보호아동과의 결연사업을 실시하였고, 1981년 10월부터 민간 주도로 전환하여 정부지원사업으로 어린이재단에서 위탁받아 실시하여 오고 있다. 사업수행은 후원금을 모금하여 관리하고 지원한다.

[공동생활가정 운영]

공동생활가정 운영은 보호가 필요한 아동에게 가정과 같은 주거여건과 보호, 양육, 자립지원서비스를 제공하는 것을 목적으로 하는 것이다. 대규모 집단시설 위주의 보호에서 소규모 가정 형태의 보호로 전환하고 지역사회 중심의 아동 보호를 위한 형태로 1997년부터 시범사업이 시작되었고, 2004년 1월 아동복지법상 아동복지시설로 추가되었다. 주택형 숙사에 보호아동은 5명~7명으로 보육사와 함께 생활한다. 아동에 대한 수급비와 종사자 인건비 및 시설관리비 등 운영비를 지원한다.

[아동복지시설 운영]

아동복지시설은 「아동복지법」 제52조에 규정된 아동복지시설의 종류 8가지 중에서 1호 아동양육시설, 2호 아동일시보호시설, 3호 아동보호치료시설, 5호 자립지원시설을 모두 의미한다. 그 외 4호 공동생활가정, 8호 지역아동센터는 별도로 분류하며, 6호 아동상담소는 전국에 8개소, 7호 아동전용시설은 전국에 5개소가 파악될 정도로 활성화되지 못하고 있다(보건복지부, 2015e). 아동복지시설은 보호대상아동이 집단적으로 생활하는 곳으로 시설장 이하 사무종사자, 간호사, 영양사, 취사원, 자립지원전담요원, (임상심리)상담원, 사회복지사 등등이 종사한다. 시설이 소재한 지방자치단체에서 인건비와 운영비를 지원하며, 아동들은 시설수급자로 생계 · 교육 · 의료비 등이 지원된다. 시설 입소와 퇴소는 관할 시 · 군 · 구청장을 통해서 이루어진다.

[보호아동 자립 지원]

보호아동 자립 지원은 보호대상 아동의 자립 준비 역량 강화 및 보호 종료 후 안정적인 사회진출과 자립을 실현하게 하고자 하는데 목적이 있다. 1993년 자립지원센터 위탁사업이 시작되었고, 2012년 8월 개정 아동복지법에서 근거 조항을 마련하였다. 자립 지원의 의미는 보호대상아동의 위탁 종료 또는 시설 퇴소 이후 자립에 필요한 주거 · 생활 · 교육 · 취업 등의 지원, 자립에 필요한 자산의 형성 및 관리 지원, 자립에 대한 실태조사 및 연구, 자립지원대상 아동의 사후관리체계 구축 운영, 자립생활 역량 강화를 위한 프로그램 개발 및 운영, 자립 지원 관련 종사자 교육, 자립정착금 지원 등이다. 자립지원대상아동은 가정위탁 보호 중인 아동, 아동복지시설에서 보호 중인 아동, 위탁보호가 종료되거나 시설에서 퇴소한 지 5년 이내의 아동이다.

매년 아동별 자립지원계획을 수립 시행한다. 자립지원계획에는 아동의 적성 및 욕구 파악, 사회성 발달 정도 및 자립능력과 수준 등 아동의 상태 평가, 정기적 진로상담, 체험 및 교육 프로그램 실시, 자립에 필요한 주거, 취업, 자산 형성, 정서적 지원 등 공적 서비스 및 지역 내 후원자원 연결 등이 포함된다. 이를 위하여 중앙(국가)에는 아동자립지원단을, 지방자치단체에는 자립지원전담기관을 설치 운영하고 있다.

[디딤씨앗통장(CDA)]

디딤씨앗통장사업은 저소득층 아동의 사회 진출 시 학자금·취업·창업·주거마련 등에 소요되는 초기비용 마련을 위한 자산 형성을 장기적으로 지원할 필요에서, 2007년 4월부터 아동발달지원계좌(CDA : Child Development Account)를 마련하였다. 그리고 2012년 8월 개정된 「아동복지법」에서는 근거를 마련하였다.

지원대상은 아동복지시설, 공동생활가정, 장애인시설아동, 가정위탁아동 등의 보호대상아동과 기초생활수급자 가정의 아동이다. 예산 범위 내 선별하게 됨에 따라 수급자는 1999년생부터 지원하게 되었다. 아동이 후원자 또는 보호자의 도움으로 적립 시 국가와 지자체가 월 3만 원 내에서 1:1 매칭으로 지원하는 국가펀드이다. 아동은 월 47만 원 내에서 추가 적립이 가능하다. 만 18세 이후 상기 용도로 사용이 가능하며, 자립 사용 용도가 발생하지 않은 경우, 만 24세 도달 시 제한 없이 지급이 가능하다. 중앙의 디딤씨앗지원사업단과 각 지방자치단체별 아동발달지원계좌 관리기관에서 업무를 맡아 하고 있다.

[드림스타트]

드림스타트사업은 취약계층 아동에게 맞춤형 통합서비스를 제공하여 아동의 건강한 성장과 발달을 도모하고, 공평한 출발 기회를 보장함으로써 건강하고 행복한 사회구성원으로 성장할 수 있도록 지원한다. 사업 대상은 0세(임산부)부터 만 12세(초등학생 이하) 아동 및 가족이며, 사업 내용은 인적조사 및 사정을 통하여 대상자의 욕구 및 문제를 파악하고 보건, 복지, 보호, 교육 등 필요한 서비스를 종합적으로 지원하며, 지역자원을 발굴하고 관리한다. 「아동복지법」에 근거하고 있으며 보건복지부가 총괄하고 드림스타트사업지원단을 위탁 운영하며, 시·군·구에 1개소씩 공적 기관을 설치하고 공무원과 아동통합서비스 전문요원을 배치하여 운영하고 있다. 인적 구성은 행정(공무원)과 간호, 보건, 사회복지, 보육, 교육 등의 종사자로 구성되며, 운영비는 전액 국비로 지원된다.

센터에서 실시하고 있는 프로그램의 예를 들면 신체 및 건강과 정서 및 행동, 부모교육, 인지와 언어로 구분하여 볼 수 있다. 신체 및 건강에서는 건강검진, 예방접종, 영양교육, 산전산후검진 등이며, 정서 및 행동은 직업 및 진로탐색, 아동권리교육, 아동학대 예방교육, 소방안전교육, 인터넷 중독 예방교육 등이고, 부모교육은 심리치료 중인 아동의 부모집단교육, 자녀 발달 및 양육 이해도를 높이기 위한 부모교육, 영유아·학령기 아동으로 구분한 맞춤식 부모교육 등이며, 정서 및 행동은 가족과 함께 놀이동산 체험, 문화공연 관람, 아동통합 치료, 기초생활 지도, 여행 및 진로탐색 등이다.

[아동복지교사 지원]

아동복지교사 지원은 지역사회 아동복지서비스 전문인력체계 형성을 위한 사업으로써, 현재 지역아동센터 지원사업의 일환으로 전문 분야별 교육프로그램을 지원함으로써 지역아동센터의 역할과 기능을 강화하고, 질 높은 아동복지서비스를 제공한다. 2007년 6월부터 취업취약계층(저소득, 장기실업, 여성 가장, 고령자, 장애인, 결혼이주자 등)의 재정 지원 일자리사업으로 추진되어, 2019년 12월 말 현재 3,815명의 교사를 지원하고 있다. 전일근무(주 25시간)와 단기근무(주 12시간)가 있으며, 분야는 아동생활과 학습 지도, 기초영어 지도, 독서 지도, 예체능 활동 지도 등이다. 시·군·구를 통하여 채용이 되며 지역아동센터지원단에서 인력을 관리한다.

[지역아동센터 운영]

지역아동센터는 방과 후 돌봄이 필요한 지역사회 아동의 건전 육성을 위하여 보호·교육, 건전한 놀이와 오락의 제공, 보호자와 지역사회의 연계 등 종합적인 복지서비스를 제공하는 시설이다. 2004년 아동복지법 개정으로 구, 공부방을 흡수하여 아동복지시설로 법제화 되었다. 2015년 말 현재 4,102개소가 설치되어 있고, 국비와 지방비로 인건비와 운영비가 지원되고 있다. 이용 아동은 만 18세 미만으로 수급자 아동, 차상위가정 아동, 한부모·조손·다문화·장애가정 아동에게는 정원의 60% 이내에 우선 보호토록 하고 있다. 일반적으로 센터 당 20~30명(이상)이 등록되어 이용하며, 센터에서는 지역사회 안에서 아동의 권리보장과 안전한 보호, 급식 등을 지원하고 학습과 일상생활을 지도하고, 심리 · 정서적 안정 등 정서적 지원과 문화체험 등 문화 서비스를 제공하며, 지역사회 자원을 발굴하고, 지역사회 내 아동문제에 대한 예방적 기능 및 사후연계를 하고 있다.

[아동급식]

아동급식의 목적은 저소득 가정의 아동들이 건강하게 자랄 수 있도록 급식 지원 등을 통해 결식예방 및 영양을 개선하고자 하는 것이다. 「아동복지법」에 근거하고 있으며, 2000년도에 아동급식사업을 시작하였고, 2004년에는 방학이나 토 · 공휴일의 취학아동 중식 지원이 교육부에서 보건복지부로 이관되어, 지방자치단체는 연중 지원(조, 석식 및 방학 등 중식)하나 교육청은 학기 중 중식(일부 지자체는 야간수업자 석식 지원)을 지원한다. 이에 따라 시 · 군 · 구에서 아동급식위원회를 설치하여 운영하고 있다. 급식 대상은 18세 미만의 아동이며, 18세 이상이라도 고등학교 재학 중인 아동은 지원된다. 저소득층의 결식 우려가 있는 아동에게 지원하며, 결식 우려란 보호자가 충분한 주식과 부식을 준비하기 어렵거나, 주 · 부식을 준비할 수 있어도 아동 스스로 식사를 차려 먹기 어려운 경우를 말한다. 지원 방법은 개인급식과 단체급식으로 나눌 수 있고, 개인급식은 주로 카드를 사용하여 일반음식점이나 편의점을 이용하며, 단체급식은 지역아동센터에서의 급식이 대표적이다.

[아동학대 예방 및 피해아동 보호]

아동학대 예방 및 피해아동 보호사업의 목적은 아동학대 예방을 강화하고 피해아동에 대한 적극적인 보호를 통해 아동의 안정적인 성장환경 조성 및 권리증진을 도모하고자 하는 것이다. 아동학대의 정의는 보호자를 포함한 성인이 아동의 건강 또는 복지를 해치거나 정상적 발달을 저해할 수 있는 신체적 · 정신적 · 성적 폭력이나, 가혹 행위를 하는 것과 아동의 보호자가 아동을 유기하거나 방임하는 것을 말한다

(아동복지법 제3조제7호).

2000년 1월 12일 아동복지법 전면 개정에 따라 제3조 정의에 아동학대의 개념이 삽입되었으며, 제17조 금지 행위에 기존의 유기 외 신체적 · 정서적 · 성적 학대와 방임의 4가지 아동학대 행위가 포함되었다. 또한 긴급전화 및 아동보호전문기관 설치 근거, 아동학대 신고의무 등이 규정되었다. 그 이전 1961년 12월 30일 최초 아동복리법 제정 시에는 제15조 금지행위 10호에 자기의 보호 또는 감독을 받는 아동을 학대하는 행위가 규정되어 있었으며 이후 변동이 없었다.

2014년 1월 28일 제정되어 2014년 9월 29일 시행된 아동학대범죄의 처벌 등에 관한 특례법에서는 신고의무자 직군이 24개로 확대되고 신고의무 불이행 과태료도 500만 원으로 상향되었으며, 아동학대 치사, 아동학대 중상해, 아동복지시설 종사자의 아동학대 범죄에 대하여 가중처벌 규정을 신설하고, 아동학대 중상해 및 상습 아동학대 행위자가 친권자인 경우 검사의 친권상실 청구를 의무화하였고, 학대행위자에 대한 친권의 제한 · 정지 등 임시조치 근거를 마련하고, 법원의 임시 후견인 지정과 아동보호전문기관이 법원에 피해아동 보호명령을 청구할 수 있도록 하는 등의 규정이 마련되었다.

아동학대 신고전화는 2000년도에는 국번 없이 1391이 운영되어 아동보호전문기관으로 바로 연결되다가, 국번 없는 1391 전화는 폐지하고 2014년 9월 29일자로 112로 통합되어 아동학대 신고가 경찰로 접수됨으로써 정확성, 신속성이 제고되었다.

[실종 아동 · 장애인 보호]

「실종아동등의 보호 및 지원에 관한 법률」에 근거하여 실종아동등을 보호하는 사업으로 '실종아동등'이란 약취, 유인 또는 유기되거나 사고를 당하거나 가출하거나 길을 잃는 등의 사유로 인하여 보호자로부터 이탈된 아동 등을 말한다.

실종아동등의 신고 접수는 국번 없이 182이며 경찰청 실종아동찾기센터로 연결된다. 신고의무자는 보호시설의 장과 종사자, 아동복지전담공무원, 청소년보호 · 재활센터의 장과 종사자, 사회복지전담공무원, 의료인, 업무·고용 등의 관계로 사실상 아동을 보호·감독하는 자이다. 신고를 하지 아니하면 200만 원 이하의 과태료가 부과되며, 실종아동등을 정당한 사유 없이 보호한 자는 5년 이하 징역이나 3천만 원 이하 벌금이 부과된다. 각 시·도에는 실종아동·장애인 일시보호센터가 지정되어 있으며, 2016년 말 현재 총 64개소가 있다. 또한 실종아동 전문기관을 어린이재단으로 지정하여 신상카드 관리, 홍보 등의 업무를 하도록 하고 있다.

2) 아동복지 전달체계

아동복지는 사회복지 분야의 공공기관과 민간기관, 단체들이 협력하여 필요한 사업을 계획하고 실천에 옮기는 조직적 활동이다. 따라서 아동복지를 실천하는 공공과 민간의 조직에 의한 전달체계의 수립이 필수적이며, 아동복지의 실천주체는 국가, 지방자치단체, 민간기관·단체 또는 지역사회 주민들까지 포함한다. 여기서 주체의 개념은 아동복지의 입법과 정책을 담당하는 정책주체, 이를 실질적으로 실천하는 기관이나 전문인력의 실천주체, 그리고 아동의 인권을 옹호하고 지역사회의 참여를 도모하는 지역사회 주민들의 운동주체를 의미한다.

사회복지에서 서비스 전달체계는 사회복지서비스의 공급자와 소비자(클라이언트, 아동, 가족 등) 간을 연결시키기 위한 조직적 장치라고 할 수 있다. 즉, 서비스의 공급자 간을 연결시키기 위해 또는 서비스의 공급자와 소비자 간을 연결시키기 위해 만들어진 조직적 체계이다. 모든 아동에게 서비스를 제공하는 공·사 복지기관과 시설들이 체계화된 조직구조를 갖추고 서비스의 기획, 제공 절차, 실천 등에 있어서 상호조정 및 유기적 관리 운영, 기능을 수행할 수 있는 전달체계를 구축할 때, 아동복지행정은 서비스의 효과를 극대화시킬 수 있다.

(1) 행정전달체계

우리나라의 아동복지서비스는 공공의 행정조직과 민간조직에 의해 전달되고 있다. 공공조직은 일반 행정조직의 관할 하에 있으며, 「국민기초생활보장법」에 의해 급여를 제공하는 공공부조와 「사회복지사업법」과 「아동복지법」에 의해 국가가 아동복지기관이나 시설에 대해 운영비를 보조하는 체계로 이루어져 있다. 이 중 공공부조는 거택보호인 경우 최종적 행정조직인 읍·면·동을 통해 직접 수혜자에게 전달되고, 시설보호의 경우는 시·군·구 또는 읍·면에서 아동복지시설에 전달된다.

민간조직은 국내의 민간단체와 외국의 원조단체로 구성되어 있다. 국내의 민간단체는 아동복지기관과 아동복지시설이 공공과 민간 자체의 재원으로 서비스를 수혜자에게 직접 전달하고 있으며, 외국의 원조단체는 국내의 아동복지기관이나 시설에 금품과 기타 서비스를 제공하는 형태로 전달되고 있다.

우리나라의 행정전달체계는 보건복지부를 정점으로 하여 각 시·도가 아동행정의 기획·조정 등을 관장하며 다시 시·군·구에 담당부서를 두어 일반사무를 처리하고, 최말단 행정구조로는 읍·면·동에 사회복지전담공무원을 두어 실제 업무를 담당하게 하고 있다. 중앙 → 시·도 → 시·군·구 → 읍·면·동의 행정경로를 통해 아동복지 행정이 각기 수준에서 이루어지고 있는 것이다. 이러한 현행 행정체계는 상의하달식의 수직적 조직으로서 업무의 지시나 전달에는 도움이 될 수 있으나 서비스 전달을 목적으로 하는 측면에서는 불충분한 면이 있다.

하부 행정구조로 내려갈수록 아동복지 주체가 부족하거나 없는 상황은 아동복지서비스의 전달체계가 아직 확립되어 있지 못하다는 것이며, 이는 아동의 욕구나 문제를 책임 있게 다룰 수 있는 운영주체가 국가나 지방자치단체 차원에서 확립되어 있지 못함을 의미한다고 하겠다. 이와 같은 이유로 우리의 경우 아동복지 운영주체가 자연히 민간단체 주체의 성격을 강하게 띨 수밖에 없다. 「아동복지법」 제15조에서도 국가나 지방단체는 아동의 보호를 희망하는 자에게 그 보호를 위탁할 수 있다고 규정하고 있으며 많은 아동복지사업이 사회복지법인이나 재단법인과 같은 민간의 노력에 의해 운영되어 왔던 것이 사실이다. 돌이켜 보면, 한국전쟁으로 인해 보호를 필요로 하는 아동이 많이 발생하게 되었으며 이들을 보호·육성하기 위해 민간독지가나 종교인들이 민간기관이나 시설을 운영하게 되었던 것이다. 오늘날에도 아직 국공립보다는 민간 기관이나 시설 수가 더 지배적이며 민간단체나 시설들이 아동복지의 운영주체로서의 주도적 역할을 담당해 왔다 해도 과언은 아닐 것이다.

그러나 여기서 유의할 것은 운영주체와 재원은 매우 밀접한 관계를 맺고 있다는 점이다. 즉, 운영주체가 될 수 있는 조건 중 하나는 기관운영의 재원을 확보해야 하는 일이다. 아동복지의 사업 전반을 민간에 이양했다고 해서 국가의 책임성이 결코 약화될 수 없다. 오히려 민간에의 이양이나 위탁은 그만큼 더 재정적 지원과 강화가 필요한 것이므로 국가가 그 책임을 완수해 나가야 하는 것은 당연한 것이다. 선진국의 경우 아동복지사업 중 민간이 운영하기 어려운 사업은 국가가 직접 그 사업의 운영을 맡고 있으며, 민간 수준에서 가능한 사업은 적극 민간활동으로 이양하되 그 소요 재원의 90% 이상을 국가가 책임지고 있다는 사실은 주목할 만하다. 현재 우리의 아동복지시설 거의 대부분은 재정적으로 영세성을 면치 못하고 재정자립도가 낮아 운영주체로서의 확고한 기반을 확립하지 못하고 있는 실정이다.

(2) 아동복지서비스 기관 및 종사자

아동복지 종사자는 아동복지의 실천주체이다. 그 개념은 크게 협의와 광의로 대별할 수 있는데 협의의 개념은 해당 아동복지사업을 수행하기 위해 요구되는 자격을 갖춘 사람, 곧 법적 자격을 갖춘 사람(예: 사회복지사, 보육교사, 유치원 교사 등)을 말한다. 광의의 개념은 아동복지에 종사하는 모든 사람으로 협의의 대상과 함께, 각종 심의 및 자문위원에 참여하는 전문가, 각종 아동복지 관련 행정기구(예: 우리나라의 아동위원), 아동복지 민간기관 및 여러 아동복지시설에서 일하는 자원봉사자 등을 모두 포함하는 개념이다.

공공부문의 아동복지 종사자는 보건복지부와 지방자치단체의 아동복지 관련 부서의 복지담당 공무원과 읍·면·동에 배치되어 생활보호 업무의 일부로 아동복지 업무를 수행하는 사회복지담당자들을 들 수 있다.

민간부문의 경우는 사회복지법인이나 비영리법인에 의한 사회복지시설·기관·단체에 종사하는 인력으로서 사회복지사가 주가 된다. 이들은 영아·육아·장애아동·모자복지시설 등 수용시설의 종사자, 아동상담과 입양 분야의 민간 사회복지기관·단체의 종사자, 보육시설 종사자 등이다. 아동복지에서 실천주체는 전달체계의 마지막 단계로서 그 책임과 역할이 매우 중요하며 “아동복지는 사람의 손과 마음이 한다”는 표현처럼 종사자의 자질과 함께 전문성이 특히 요구된다 하겠다.

공공부문의 종사자는 아동의 복지 보장과 증진을 위하여 행정적 지원뿐만 아니라 관계 제도를 구축하고 사회 변화에 부응하여 각종 제도를 정비하는 적극적 자세가 요구되며 간섭과 명령을 지양하고 업무의 중심을 아동의 복지 증진에 두는 융통성 있는 업무수행이 필요하다. 민간부문의 종사자는 그 직무와 자격, 종사자 종류와 수 등이 관계법에 규정되어 있으며 이들은 아동의 다양한 문제와 욕구에 부응하는 ‘욕구 맞춤형 서비스’를 제공해 줄 수 있어야 한다. 그러기 위해서 소정의 양성과정을 이수하고, 전문적이고 새로운 지식과 기술을 습득하고 동시에 자신을 재확인하기 위한 공적·사적 연수를 계속해서 이수해 나가는 책임과 소명의식을 가질 필요가 있다.

민간부문의 실천주체로 빠질 수 없는 인력이 바로 자원봉사자인데 이들은 아동복지의 운동주체라고도 할 수 있다. 이들의 자발적이고 직접적인 참여는 해당 지역의 아동의 요구나 문제가 무엇인가를 인식하고 이를 해결하기 위해 지역주민들 스스로가 봉사자로 참여하여 아동들의 복지 향상에 기여할 수 있는 중요한 인력들이다.

아동복지의 성과는 전문 지도력에 의해 좌우된다 해도 과언은 아니지만 훈련된 자원봉사자의 활동은 아동 보호의 수준을 향상시키고 경비를 절감시킬 수 있으며 봉사자 스스로에게도 긍정적 영향을 줄 수 있다는 점에서 의의가 있다. 특히 시설아동의 경우 식사와 배설, 목욕, 생활지도, 학습지도, 기술지도와 함께 여가 즐기기, 생일, 입학·졸업 등의 행사 지원, 상담 및 전문적 프로그램 진행 등 봉사자의 역할은 실로 매우 다양하며 이러한 봉사자의 역할도 보다 전문화되어 가고 있는 추세이다.

3) 아동복지 관련 법률

아동과 관련한 법률체계는 아동복지와 직접 관련이 있는 법률은 물론 기타 아동과 관련된 여러 가지 법률이 상호 관련되어 구성되어 있다. 대다수의 사회복지법, 특히 사회복지서비스 분야의 법이 그렇듯 아동복지 관련법들은 실제로 아동의 권리를 보장하고 있지 못한 형편이며, 아동복지에 대한 국가의 책임도 선언적 수준에 그치고 있다.

일반적으로 법규범은 헌법－법률－명령(시행령－시행규칙)－조례－규칙 등의 수직적 단계를 가지며 이러한 법 단계에 따라 아동복지 관련법은 「헌법」 제34조제1항이 규정하고 있는 모든 국민의 인간다운 생활을 할 권리와 같은 조 제4항에서 청소년의 복지 증진을 위한 정책을 실시할 국가의 의무, 제36조 제2항에서 모성 보호에 대한 국가의 책임규정 등을 명시하고 있다. 즉, 우리나라 「헌법」에는 기본적 인권, 최저생활보장권, 교육권 등이 명시되어 있고 아동 역시 이와 동등한 권리를 가지며 국가는 이의 보장에 대한 책임을 진다.

사회복지 관련 법률 단계에서는 「사회보장기본법」이 최고의 규범이며 이 법의 지휘를 받는 아동복지 관련법들이 존재한다. 아동에 관한 제반 법률들을 분류해 보면 〈표 5-1〉과 같으며 이들 법률은 아동의 복지를 보장함에 있어 상호보완적 관계에 있으며 따라서 이에 대한 체계적 이해와 융통성 있는 적용이 요구된다.

표 5-1 아동에 관한 제반 법률

구 분	법 률
아동복지 관련법	아동복지법, 입양특례법, 실종아동보호지원법, 아동학대 범죄의 처벌 등에 관한 특례법, 아동의 빈곤 예방과 지원 등에 관한 법률, 영유아보육법, 장애아동복지지원법, 한부모가족지원법, 다문화가족지원법, 모자보건법, 청소년기본법, 청소년복지법, 청소년보호법, 북한 이탈 주민의 보호 및 정착 지원에 관한 법률
공공부조·사회복지서비스 관련법	국민기초생활 보장법, 사회복지사업법, 장애인복지법, 가정폭력 방지 및 피해자보호 등에 관한 법률
보건의료 관련법	국민건강보험법, 의료급여법, 정신보건법, 지역보건법
교육 관련법	초·중등 교육법, 장애인 등에 관한 특수교육법, 학교급식법, 학교보건법
노동 관련법	근로기준법, 직업안정법, 최저임금법, 장애인 고용촉진 및 직업 재활법
법무 관련법	소년법, 민법, 민사소송법, 가족관계의 등록 등에 관한 법률, 가사소송법 보호관찰 등에 관한 법률, 보호소년 등의 처우에 관한 법률

(1) 아동복지법

아동복지법은 1961년 아동복리법으로 제정된 후, 1981년 아동복지법으로 개정되었다. 그 이전에는 1923년 조선감화령과 1944년 조선구호령에 의해서 아동문제가 다루어졌다. 아동복리법은 요보호아동에 대해 시설 중심의 보호를 행하는 것이 중심 내용이었으나, 아동복지법에서는 전체 아동을 대상으로 하여 "아동이 건강하게 출생하여 행복하고 안전하게 자랄 수 있도록 그 복지를 보장(제1조)"하는 것을 법의 목적으로 하고 있다. 총칙에서 아동복지의 목적, 이념, 정의, 책무 등을 규정하고 있고, 각 장에서는 아동복지정책의 수립 및 시행, 아동에 대한 보호서비스 및 아동학대의 예방 및 방지, 아동에 대한 지원서비스, 아동복지 전담기관 및 아동복지 시설 등을 규정하고, 보칙에서는 비용, 권한, 벌칙 등을 규정하고 있다.

표 5-2 아동복지법

목 적	건강하게 출생, 행복하고 안전하게 자라도록 복지 보장
대 상	18세 미만인 사람으로, • 보호자가 없거나 보호자로부터 이탈된 아동 또는 아동을 학대하는 경우 등 아동을 양육하기에 적당하지 아니하거나 양육할 능력이 없는 경우의 아동 • 사회적, 경제적, 정서적 지원이 필요한 아동
전달체계	아동복지시설
내 용	아동 종합 실태조사, 아동정책 기본계획 및 시행계획 수립 시행, 친권상실 선고 청구 권자, 아동학대 신고의무자 교육, 아동 관련 기관 취업 제한 등
재 정	생계 · 교육 · 의료비, 양육비 등 정부보조, 후원금

(2) 입양특례법

근대적 의미의 입양제도가 우리나라에 등장한 것은 한국전쟁으로 인한 고아의 대량 발생 및 미군 주둔으로 인한 혼혈 고아의 발생이 그 배경을 이룬다. 이에 1954년 전쟁고아대책 수립, 1961년 「고아입양특례법」을 제정하였으며, 최근에는 산업화로 인한 미혼모 문제의 등장으로 혼외 출생 자녀의 문제가 대두되어, 1976년 「입양특례법」이 제정되었고 2011년 전부 개정을 하였다. 「입양특례법」은 요보호아동의 입양에 관한 요건 및 절차 등에 대한 특례와 지원에 필요한 사항을 정함으로써 양자가 되는 아동의 권익과 복지를 증진하는 것을 목적으로 하는 법률이다(법 제1조).

표 5-3 입양특례법

목 적	요보호아동의 입양에 관한 요건 및 절차 등에 대한 특례와 지원에 필요한 사항을 정함으로써 양자가 되는 아동의 권익과 복지증진 도모
대 상	보호자가 없거나 보호자로부터 이탈된 아동 또는 보호자가 아동을 학대하는 경우 등 그 보호자가 아동을 양육하기에 적당하지 아니하거나 양육할 능력이 없는 경우의 아동
전달체계	입양기관

내 용	입양의 날 제정, 입양아동 및 가정 지원, 사후관리 및 복지서비스 지원, 입양에 대한 절차, 정보 제공 등
재 정	중앙입양원 경비 보조, 입양 알선 비용의 정부 보조

(3) 실종아동등의 보호 및 지원에 관한 법률

이 법은 실종아동등의 발생을 예방하고 조속한 발견과 복귀를 도모하며 복귀 후의 사회 적응을 지원함으로써 실종아동등과 가정의 복지증진에 이바지함을 목적으로 한다. 2005년 5월 31일 제정되었으며 2005년 12월 1일부터 시행되었다. 당시에는 '아동등'에 대하여 실종 신고 당시 14세 미만인 아동과 장애인 중 정신지체인, 발달장애인, 정신장애인을 말한다고 규정하였다. 2011년 8월 4일 일부 개정으로 장애인 중 지적장애인, 자폐성장애인 또는 정신장애인으로 변경하였으며, 2014년 1월 28일 일부 개정으로 실종 당시 18세 미만의 아동으로 개정되었고, 치매관리법에 의한 치매환자까지 확대되었다. 이 법의 시행을 위해 실종아동전문기관을 설치·운영하고, 신고의무자 규정을 두었으며, 미신고 보호 행위를 금지하고 벌칙규정을 두었다. 그 외 지문정보등록, 정보시스템 구축 운영, 수색·수사, 유전자 검사 등이 규정되어 있다.

표 5-4 실종아동등의 보호 및 지원에 관한 법률

목 적	실종아동 발생 예방, 발견, 복귀 및 사회 적응
대 상	약취, 유인, 유기, 사고, 가출, 미아 등 이탈아동 등
전달체계	경찰청, 실종아동 전문기관
내 용	실종아동 전문기관 설치, 신고의무, 지문 등 정보의 등록, 관리, 수색, 수사, 조사, 유전자 검사, 벌칙, 과태료 등
재 정	실종아동 전문기관 운영비 국가 보조

(4) 아동학대범죄의 처벌 등에 관한 특례법

2014년 1월 28일 제정 공포되고 2014년 9월 29일자로 특례법이 시행됨에 따라 아동복지법에서 신고의무 제도, 신고의무자 직군, 신고의무 불이행 시 과태료 부과, 행위자 처벌 및 피해아동 보호 등 사업 처리 절차에 대한 근거조항이 특례법으로 이관되었다. 이 법에서 아동학대범죄, 아동보호 사건, 피해아동 보호명령 사건을 정의내리고 있고, 아동학대범죄의 처벌에 관한 특례로서 가중처벌과 형벌과 수강명령의 병과, 친권상실 청구 등이 규정되었고, 아동학대범죄의 처리 절차에 관한 특례로 신고의무 절차, 현장 출동, 아동 응급조치, 학대행위자 긴급 임시조치 등이 규정되어 있다. 또한 아동보호사건에 대하여 사건송치, 검사의 결정전 조사, 조건부 기소유예, 송치, 이송, 보호처분 등이 규정되고, 기타 피해아동보호명령과 벌칙 및 과태료 관련 규정이 있다.

표 5-5 아동학대범죄의 처벌 등에 관한 특례법

목 적	아동학대범죄 처벌, 아동 보호로 건강하게 성장토록 함
대 상	아동학대범죄를 범한 사람 및 공범
전달체계	아동보호전문기관, 경찰, 법원
내 용	시설종사자 가중 처벌, 형벌과 수강명령 병과 친권상실 청구, 신고의무와 신고 절차, 학대행위자 임시조치, 보호처분, 벌칙, 과태료
재 정	아동보호전문기관 운영비 국·시비 보조

(5) 아동의 빈곤 예방과 지원 등에 관한 법률

2011년 7월 14일 제정되고 2012년 7월 15일에 시행되었다. 이 법은 빈곤아동이 복지·교육·문화 등의 분야에서 소외와 차별을 받지 아니하고, 한 사회의 구성원으로 건강하게 자랄 수 있도록 제도적 기반을 마련하는 것이 목적이다. 아동빈곤이란 아동이 일상적인 생활 여건과 자원이 결핍하여 사회적·경제적·문화적 불이익을 받는

빈곤한 상태를 말한다. 내용을 보면 5년마다 기본계획을 수립하고 매년 시행계획을 수립 시행하며, 아동빈곤예방위원회를 설치·운영하는 것이다. 위원회는 빈곤아동 정책의 방향, 제도 개선과 예산 지원, 빈곤아동 관련 조약 이행·평가, 조정에 관한 사항 등을 심의 조정한다.

표 5-6 아동의 빈곤예방과 지원 등에 관한 법률

목 적	복지, 교육, 문화 등의 분야에서 소외, 차별받지 않고 자랄 수 있도록 제도적 기반 마련
대 상	복지, 교육, 문화 등의 격차를 해소하기 위하여 지원이 필요한 아동
전달체계	행정기관(아동복지부서)
내 용	국가 및 지방자치단체의 책무, 기본계획 및 시행계획의 수립, 시행, 아동빈곤예방위원회 설치
재 정	자체 비용

(6) 영유아보육법

핵가족이 보편화된 상황에서 1980년대 후반 기혼여성의 경제활동 참가율이 증가하게 되자 탁아에 대한 필요가 급격하게 요구되었다. 이에 기존의 아동복지법 시행령에 탁아시설 설치에 관한 법적 근거를 부활시키고, 1991년 1월 아동복지법의 특별법으로 「영유아보육법」을 제정하게 되었다.

이 법은 6세 미만 취학 전 아동인 영유아의 심신을 보호하고 건전하게 교육하여 건강한 사회 구성원으로 육성함과 아울러 보호자의 경제적·사회적 활동이 원활하게 이루어지도록 함으로써 영유아 및 가정의 복지 증진에 이바지함을 목적으로 한다(법 제1조). 따라서 이 법은 아동과 그 보호자인 여성을 동시에 보호하는 입법 목적을 가지고 있으며, 주된 서비스의 내용은 보호와 교육을 통합한 보육서비스이다.

표 5-7 영유아보육법

목 적	보호자가 근로 또는 질병, 기타 사정으로 인하여 보호하기 어려운 영아 및 유아를 심신의 보호와 건전한 교육을 통하여 건강한 사회 성원으로 육성함과 아울러 보호자의 경제적·사회적 활동을 원활하게 하여 가정복지 증진에 기여
대 상	영유아 6세 미만의 취학 전 아동, 방과 후 보육아동은 12세 미만
전달체계	보육위원회, 보육정보센터, 어린이집연합회, 국공립어린이집, 민간어린이집, 직장어린이집, 가정어린이집, 보육 교직원
내 용	보호와 교육을 통합한 보육서비스로서 적절한 영양, 건강, 안전 관리가 이루어져야 함
재 정	보호자 부담을 원칙으로 하며, 국가 또는 지방자치단체는 예산의 범위 안에서 일부를 보조

자료: 문선화 외(2006: 195).

(7) 장애아동복지지원법

이 법은 2011년 8월 9일 제정되고 2012년 8월 5일에 시행되었다. 목적은 장애아동의 특별한 복지적 욕구에 적합한 지원을 통합적으로 제공함으로써 장애아동이 안정된 가정생활 속에서 건강하게 성장하고 사회에 활발하게 참여할 수 있도록 하며, 장애아동 가족의 부담을 줄이는데 이바지하고자 함이다.

장애아동이란 18세 미만 사람 중 「장애인복지법」에 따라 등록한 장애인을 말한다. 다만, 6세 미만의 아동으로서 장애가 있다고 보건복지부장관이 별도로 인정하는 사람을 포함한다. 장애아동복지 지원이란 정부가 장애아동의 특별한 복지적 욕구에 따라 의료비 지원, 보육 지원, 가족 지원 및 장애아동의 발달에 필요한 지원 등 다양한 인적, 물적 자원을 제공하는 것을 말한다.

주요 내용을 보면, 장애아동의 권리를 6가지로 규정하고 있고, 장애아동복지 지원의 심의, 중앙장애아동지원센터의 설치·운영, 시·군·구 단위의 지역장애아동지원센터 설치·운영, 3년마다 장애아동복지지원 실태조사 실시가 규정되어 있다. 또한 복지지원 대상자 선정 및 복지지원 제공의 절차로 장애의 조기 발견, 복지지원의 신청, 대상자 선정, 개인별 지원계획의 수립을 하도록 하고 있고, 복지지원의 내용으로

의료비 지원, 보조기 지원, 발달재활서비스 지원, 보육 지원, 가족 지원, 돌봄 및 일시적 휴식 지원 서비스 지원, 문화예술 등 복지 지원, 취약가정 복지 지원 우선 제공 등이 규정되어 있다.

표 5-8 장애아동복지지원법

목 적	장애아동의 복지적 욕구에 대하여 적합한 지원을 통합적으로 제공함으로써 건강 성장과 사회 참여를 도모하고 가족의 부담을 줄임
대 상	18세 미만의 장애아동 중 장애인복지법에 따라 등록한 장애인
전달체계	장애아동지원센터
내 용	장애아동의 권리, 장애아동복지지원의 내용, 복지지원 대상자 선정 및 제공 절차 등
재 정	장애아동지원센터 경비 보조

(8) 보호관찰 등에 관한 법률

이 법은 죄를 지은 사람으로서 재범 방지를 위하여 보호관찰, 사회봉사, 수강(受講) 및 갱생 보호(更生保護) 등 체계적인 사회 내 처우가 필요하다고 인정되는 사람을 지도하고 보살피며 도움으로써 건전한 사회 복귀를 촉진하고, 효율적인 범죄예방 활동을 전개함으로써 개인 및 공공의 복지를 증진함과 아울러 사회를 보호함을 목적으로 한다. 아동과 관련하여 이 법의 적용을 받는 대상은 「소년법」 제32조의 보호처분의 결정에서 제2호 수강명령, 제3호 사회봉사명령, 제4호 단기보호관찰, 제5호 장기보호관찰 처분을 받은 소년이다.

보호관찰, 사회봉사, 수강명령에 관한 사무를 관장하기 위하여 법무부장관 소속으로 보호관찰소를 둔다. 보호관찰 대상자는 주거지에 상주(常住)하고 생업에 종사하며, 범죄로 이어지기 쉬운 나쁜 습관을 버리고 선행(善行)을 하며, 보호관찰관의 지도·감독에 따르고 방문하면 응대하여야 한다.

표 5-9 보호관찰 등에 관한 법률

목 적	보호관찰, 사회봉사, 수강명령 등을 통해 죄를 지은 사람의 재범을 방지하고 건전한 사회복귀를 촉진하고 효율적인 범죄예방을 전개하여 개인과 공공의 복지 및 사회를 보호함.
대 상	아동과 관련한 대상은 소년법 제32조의 보호처분 2~5호 대상자임.
전달체계	보호관찰소
내 용	수강, 사회봉사, 단기보호관찰, 장기보호관찰
재 정	법무부에서 보호관찰소 직영

(9) 아동·청소년의 성보호에 관한 법률

「아동 · 청소년의 성보호에 관한 법률」은 2000년 2월 3일 제정하여 그해 7월 1일부터 시행되었으며, 2012년 12월 18일 전부 개정되었다. 아동 · 청소년대상 성범죄의 처벌과 절차에 관한 특례를 규정하고 피해아동 · 청소년을 위한 구제 및 지원 절차를 마련하며, 아동 · 청소년대상 성범죄자를 체계적으로 관리함으로써 아동 · 청소년을 성범죄로부터 보호하고, 아동 · 청소년이 건강한 사회구성원으로 성장할 수 있도록 함을 목적으로 하였다. 이 법률에서 아동 · 청소년이라 함은 19세 미만의 자를 말하며, 19세에 도달하는 연도의 1월 1일을 맞이한 자는 제외한다.

아동 · 청소년의 성을 사는 행위 등에 대한 처벌, 죄의 상대방이 된 대상아동 · 청소년의 선도 보호를 주요 내용으로 한다. 전자의 경우 아동 · 청소년 이용 음란물의 제작과 배포, 아동 · 청소년 매매행위, 아동 · 청소년에 대한 강간, 강제추행을 포함하며 후자의 경우 보호처분, 보호시설, 상담시설 등에 대해 명시하고 있으며, 기밀의 누설 금지와 심사절차에서 해당 아동 · 청소년의 인권 및 특성을 배려하고, 명예와 존엄을 다치지 않도록 각별히 주의해야 하는 심사절차에서의 배려가 포함되어 있다. 또한, 아동청소년 관련기관 등에의 취업제한 규정(제56조)이 있어서 취업 시 성범죄경력을 조회하도록 하고 있다. 사실상 노무에 종사하는 자도 포함된다.

그 외 성폭력 방지 및 피해자 보호 등에 관한 법률, 가정폭력방지 및 피해자보호 등에 관한 법률, 한부모 가족지원법, 다문화 가족지원법에 관하여는 표로서 정리한다.

표 5-10 성폭력 방지 및 피해자 보호 등에 관한 법률

목 적	성폭력을 예방하고 성폭력 피해자를 보호 · 지원
대 상	성폭력 행위자 · 성폭력 피해자
전달체계	성폭력피해 상담소, 성폭력피해자 보호시설, 성폭력피해자 통합지원센터
내 용	성폭력피해 상담 성폭력피해자 보호 : 일시 보호, 신체적 · 정신적 안정 회복, 사회복귀 의료보호 : 신체적 · 정신적 치료, 보건상담 및 지도
재 정	국가 또는 지방자치단체는 성폭력피해 상담소, 보호시설 또는 통합지원센터의 설치, 운영에 드는 경비를 보조할 수 있다고 규정

표 5-11 가정폭력 방지 및 피해자 보호 등에 관한 법률

목 적	가정폭력을 예방하고 가정폭력 피해자를 보호 · 지원
대 상	보호 대상은 가정폭력의 피해자로 '피해자'는 가정폭력으로 직접적 피해를 입은 자를 말함
전달체계	가정폭력피해자 보호시설, 가정폭력 상담소
내 용	가정폭력에 관한 신고체제의 구축 및 운영 가정폭력의 예방과 방지를 위한 조사 연구, 교육 및 홍보 피해자를 위한 보호시설의 설치, 운영 및 기타 피해자에 대한 지원 서비스의 제공 가정폭력의 예방 · 방지와 피해자보호 지원을 위한 관계법령의 정비 및 각종 정책 수립, 시행 및 평가
재 정	국가와 지방자치단체는 가정폭력 상담소와 가정폭력피해자 보호시설에 대한 경비를 보조하여야 함

표 5-12 한부모가족지원법

목 적	한부모가족이 건강하고 문화생활을 영위할 수 있게 하여 한부모가족의 생활 안정과 복지 증진에 기여함을 목적으로 하고 있음
대 상	• 24세 이하의 모 또는 부(청소년 한부모), 모가 세대주인 가족(모자가족), 부가 세대주인 가족(부자가족) * 세대주가 아니라도 세대원을 사실상 부양하는 자를 포함함*
전달체계	모자가족 복지시설, 부자가족 복지시설, 일시지원 복지시설, 한부모가족 복지상담소
내 용	생계비, 아동교육 지원비, 직업훈련비 및 훈련 기간 중 생계비, 아동 양육비 이외에도 국가와 지방자치단체는 한부모가족의 생활 안정과 자립을 촉진하기 위해 복지자금을 대여할 수 있다고 되어 있음
재 정	제25조에 의거 국가 및 지방자치단체는 대통령령이 정하는 바에 따라 한부모가족 복지사업에 드는 비용을 보조할 수 있다고 규정

표 5-13 다문화가족지원법

목 적	다문화가족 구성원이 안정적인 생활을 영위할 수 있도록 함으로써 이들의 삶의 질 향상과 사회통합에 이바지함을 목적으로 하고 있음
대 상	• 재한외국인처우기본법에 따른 결혼이민자와 대한민국 국적을 취득한 자(출생, 인지, 귀화)로 이루어진 가족 • 인지나 귀화에 의해 대한민국 국적을 취득한 자와 대한민국 국적을 취득한 자로 이루어진 가족 • '결혼이민자 등'이란 재한외국인처우기본법에 의한 자와 귀화 허가를 받은 자
전달체계	다문화가족 지원센터, 다문화가족 종합정보전화센터
내 용	다문화가족정책 기본계획 수립, 시행계획 수립 시행, 다문화가족 정책위원회, 다문화가족 실태조사, 생활정보 및 교육지원, 다문화가족 지원센터 등 설치 운영
재 정	다문화가족 지원센터 운영비 지원

2. 아동복지의 실천과 기술

아동복지의 접근 방법은 정책적 접근 방법과 전문적 접근 방법으로 나누어 볼 수 있고, 전문적 접근은 개별, 집단, 지역사회적 개입에 따른 실천과 기술로 구분할 수 있다. 전문적 접근은 아동의 퍼스낼리티를 수정하고, 사회심리적 욕구를 해결하기 위해 사회의 자원을 동원하는 과정이라 할 수 있으며, 민간 사회복지기관과 고도의 전문지식과 기술을 지닌 사회복지사들이 실천의 주체가 된다.

우리나라에서는 1998년 중반 사회복지사업법 시행령 및 시행규칙의 개정에 따라 전통적인 사회복지 3대 방법론(개별사회사업, 집단사회사업, 지역사회조직론)을 중심으로 한 구체적 활동체계의 모든 부분을 망라한 사회복지실천론이 사회복지사 시험 및 사회복지 전공 필수과목으로 규정됨으로써 하나의 공식 인정과목이 되었다. 이러한 움직임은 인간은 그가 속한 가족이나 집단, 지역사회 등과 같은 환경과 상호작용을 통해 생활하고 성장해 가는 사회적 존재이기 때문에 그들이 가진 문제 및 부적응에 대해 지나치게 세분화되어 있던 종래의 각 접근법들로써는 충분한 도움과 만족스러운 해결을 하는 데 한계가 있다는 인식에 근거하고 있다(박경일 외, 2001: 99-120).

사회사업 통합 방법이 강조되는 최근으로 올수록 사회복지 실천은 인간과 자원체계 간의 연결과 상호작용 및 개인과 체계들이 기능하는 데 가로놓여진 문제들에 주안점을 두고 있다.

사회사업 실천은 ① 사람들의 문제해결 및 대처능력을 강화시키는 것, ② 사람들에게 자원, 서비스, 기회들을 제공하는 체계와 그들을 연결시키는 것, ③ 이러한 체계들의 효과적이고 인간적인 운용을 증진시키는 것, ④ 사회정책의 발달과 증진에 기여하는 것 등을 지향하고 있다.

1) 실천과정

(1) 초기단계

인테이크(intake), 사정(assessment), 목표 설정 및 계약이 이루어진다. 인테이크에서는 사회복지기관을 찾아온 사람(Client)이 그 기관의 서비스를 받을 자격이 있는지를 판단하고 결정한다. 여기서 그 사람의 상황이나 관련된 문제에 대한 기본적 정보 수집이 행해지며, 이러한 정보들은 그 사람 자신이나 관련인을 통해 얻을 수 있다. 사정과정에서는 클라이언트(client)의 문제에 대해 보다 구체적이고 다차원적인 조사가 행해지게 된다. 클라이언트의 욕구, 대처능력, 장점 및 한계, 문제에 영향을 미치는 제반 요인들, 문제해결에 대한 동기, 문제에 대한 인지 형태, 문제해결에 대한 노력의 정도와 형태, 클라이언트가 처해 있는 상황 및 환경요소들, 가족이나 직장 등 관련체계들과의 관계, 문제에 관한 분석, 즉 문제의 지속기관, 심각성, 변화 가능성에 대한 판단 등이 사회복지사의 전문적 노력에 의해 탐구된다. 사정은 대체로 사회복지 실천 개입의 전 과정에 걸쳐 행해지며, 사회복지사는 클라이언트와 함께 문제에 대해 우선순위를 결정하고 이를 근거로 문제해결을 위한 목표 설정을 하게 된다. 목표설정 후에는 계약서를 작성하게 되는데 여기에는 문제의 정의, 목표, 사회복지사와 클라이언트의 역할, 만날 시간, 장소, 횟수, 기간, 비용 등의 내용이 포함된다.

(2) 중간단계

사회복지사와 클라이언트가 앞서 설정한 목표를 달성하기 위한 활동을 수행한다. 이 과정에서 중요한 것은 문제해결을 위해 요구되는 과업의 상당 부분이 클라이언트의 몫이라는 사실이다. 그러므로 클라이언트의 능력으로 충분히 수행할 수 있을 만한 과업에 대해서는 클라이언트 스스로 책임지도록 해야 하며, 그 능력을 넘어서는 과업에 대해서는 사회복지사가 도움을 줄 수 있다. 이것은 무엇이든 사회복지사가 해결해 주리라고 믿는 의존심이 클라이언트에게 생기는 것을 방지하고 또 과업의 성취를 통해 클라이언트의 개인적 성장을 도모할 수 있기 때문이다.

개입은 개인의 행동, 사고, 감정의 변화를 위해 이루어지기도 하고 가족, 집단, 지역사회 등 보다 큰 체계들의 변화를 위해 이루어지기도 한다. 개입을 위한 표적이 개인, 가족, 집단, 지역사회 중 어느 차원에 속하는가, 또 그 표적의 어느 측면을 변화시키고자 하는가에 따라 활용되는 사회복지실천의 이론적 기반과 기술 유형이 달라지며 사회복지사의 역할도 달라진다.

(3) 종결단계

종결이란 원조관계의 해제를 위한 체계적 절차를 말한다. 종결이 어떤 이유에서 이루어져야 하는지, 또는 계획된 것인지, 계획되지 않은 것인지에 따라 클라이언트와 사회복지사의 종결반응은 달라진다. 종결반응으로 흔히 거론되는 것은 기쁨, 슬픔, 분노, 두려움, 상실감, 죄의식 등이 있다. 사회복지사는 종결과 관련하여 클라이언트가 어떤 감정을 가지고 어떤 반응을 나타내고 있는지를 주의 깊게 파악하여 클라이언트로 하여금 이러한 감정들을 표현하고 처리할 수 있도록 돕는다. 종결이 원만하게 이루어지지 않으면 지금까지 성취되었던 좋은 결과들이 상실되거나 감소될 수도 있다. 그러나 성공적 종결은 클라이언트에게 더 나은 적응과 성장의 기회가 될 수도 있기 때문에 사회복지사는 원조의 시작부터 종결에 염두를 두고 전체적 원조과정을 구성해야 한다.

2) 접근 방법

(1) 개별 접근 방법(개인을 중심으로 한 접근 방법)

① 심리사회적 접근 방법

홀리스(Hollis)의 이론을 중심으로 하며 실천의 내용은 개인의 내적 요소와 사회적 요소를 모두 중시하는 심리사회적인 것이다. 실천의 초점은 개인의 심리적 상태, 개인을 둘러싼 사회환경, 그리고 개인과 환경과의 상호작용에 두어진다. 이 접근 방법에서는 가족, 개인 및 가족의 환경, 상황 속의 인간을 철저히 조사하는 진단(diagnosis) 또는 사정이 강조된다. 또한 개인이 가진 현재의 기능은 현재는 물론 과거 사건들에 영향을 받는다는 입장을 고수하고 있다.

② 클라이언트 중심적 접근 방법

1940년대 로저스(Rogers)가 개발한 '인간성장과 변화에 대한 접근법'을 근거로 하고 있다. 사회복지사가 클라이언트에게 감정이입적 반응, 무조건적인 긍정적 관심, 수용 및 진정한 존중들을 표현하면 클라이언트에게 긍정적이고 건설적인 변화가 발생한다는 것이다. 로저스는 사회복지사와 클라이언트 간의 우호적이고 진실한 관계 형성이 클라이언트 자신에 대한 이해를 촉진시키고 그의 성장과 자아실현을 가져올 수 있다고 보았다.

③ 인지행동적 접근 방법

애들러(Adler), 엘리스(Ellis), 글래서(Glasser) 등 감정이나 행동을 사고의 산물로 보는 인지이론에 과제 내주기, 강화, 보상, 반복, 행동기술의 교육 및 습득 원조 등의 행동주의적 요소가 결합된 것을 인지행동주의적 접근 방법이라 한다. 이 접근 방법의 전제는 대부분의 사회적·행동적 역기능이 자기 자신, 타인, 그리고 삶의 상황들에 대해 가지고 있는 잘못된 생각, 즉 인지체계에서 비롯된다고 하는 것이다. 인간은 자신의 의식 영역 내에 자신의 심리적 불균형 상태를 이해하고 해결할 수 있는 열쇠를 갖고 있다고 본다. 따라서 인지 재구성을 통해 클라이언트의 문제를 해결하고자 하는데 이 인지 재구성은 외부세계에 대해 가지고 있는 잘못된 개념, 비현실적 기대 및 잘못된 생각들을 변화시키는 것, 자기 자신에 대한 비합리적 서술을 수정하는 것, 문제해결능력 및 의사결정능력의 배양, 자기 통제 및 자기관리 능력을 함양시키는 것 등을 기존 전략으로 하고 있다.

④ 과제중심적 접근 방법

리드(Reid)와 엡스타인(Epstein)이 발전시킨 것으로, 심리사회적 접근 방법에 비해 단기적 접근이 효율적이라는 전제하에서 개발된 효과적 단기치료 모델이다. 시간제한적 단기치료라는 것, 구체적 문제에 개입의 초점을 둔다는 것, 클라이언트의 문제해결활동은 과제를 중심으로 수행된다는 것, 이론보다는 조사에 근거한 경험적 자료를 중심으로 진행된다는 것을 특징으로 한다.

⑤ 행동수정적 접근 방법

현재의 문제행동을 변화시켜 바람직하지 못한 행동은 감소·제거하고 바람직한 행동은 조장하려고 하는 행동수정 원리에 근거하고 있다. 행동수정은 정상적이든 비정상적이든 행동은 모두 같은 원칙 하에서 발달된다는 것, 모든 행동은 학습원리에 의해 수정·변화될 수 있다는 것을 기본적 원칙으로 하고 있다. 이 접근 방법에서는 긍정적 강화, 부적 강화, 처벌, 소거, 차별적 자극, 조건화, 리허설, 모델링, 행동형성 등의 기법을 개입과정에서 활용한다. 특히 아동의 문제행동 교정에 효과적으로 활용되고 있다.

⑥ 개별 원조기술의 원칙과 과정

비에스텍(Biestek)의 7대 원칙을 아동의 원조과정에 적용할 수 있다.

- 개별화 : 아동이 처한 가치·문화, 생활경험을 각 개인의 환경과 특성을 고려하여 개별적으로 돕는 것을 의미한다.
- 의도적 감정표현 : 특수한 문제나 욕구가 있는 아동은 감정표현과 타인에 대해 부정적인 경우가 많다. 따라서 감정표현과 문제해결을 위해 의도된 감정을 표현하거나 자극을 통해 격려함을 의미한다.
- 통제된 정서적 관여 : 원조자는 아동의 감정에 민감해야 하며, 감정의 의미를 이해하고 공감하며 이러한 감정에 대해 목적을 가지고 적절히 반응해야 한다.

- 수용 : 긍정적 · 부정적 감정, 태도와 행동 등을 있는 그대로 이해하고 받아들이는 것을 의미한다.
- 비심판적 태도 : 아동의 판단과 행동에 대해 심판하거나 원조자의 의도대로 강요해서는 안 된다.
- 자기결정 : 문제해결의 과정에서 아동이 적절한 결정을 스스로 내릴 수 있도록 도와주어야 한다.
- 비밀보장 : 아동에 대한 정보의 비밀보장은 이들의 기본적 권리에 기초를 두고 있으며, 원조자(상담자)의 윤리적 의무이며 효과적 개별원조를 위해 필요하다.

개별 원조기술은 접수(intake), 조사(case study), 진단(diagnosis), 치료(treatment), 평가(evaluation), 사후관리(follow-up)와 같은 일련의 과정을 가진다.

(2) 집단 접근 방법(집단을 중심으로 한 접근 방법)

① 집단의 유형

집단사회사업은 문제해결 및 개인의 성장을 위해 집단과 집단역동성(group dynamics)을 활용한다는 점에서 차이가 있다. 집단역동성은 집단 내에서 일어나고 있는 복합적이고 상호의존적인 힘들의 작용을 말하며, 성원 간의 상호작용 유형과 질에 따라 결정된다. 이를 구성하는 요인으로는 사회적 상호작용과 의사소통, 집단 및 집단성원이 추구하는 목적, 정서적 유대, 지위와 역할, 가치와 규범, 참여 유형, 하위집단, 분위기, 응집력, 지도력 등이 있다.

집단의 유형에는 자조집단(유사한 문제나 욕구를 가진 집단성원이 서로 돕고 특정한 목적을 성취하기 위해 조직된 자발적 집단), 치료집단(자조집단의 한 유형으로 AAA와 같이 정서 · 인격적 문제를 가진 집단성원의 문제해결을 목적으로 하는 집단), 참만남집단(감수성 훈련집단과 같이 집단성원의 자기인식을 돕고 상호작용을 통해 서로 간에 미치는 영향에 대해 인식하도록 유도하는 집단), 교육집단(PET와 같이 지식을 습득하고 기술을 배우는 데 초점을 두는 집단), 문제해결 및 의사소통집단(보다 원활한 의사소통을 통해 문제를 해결하고 의사결정하기 위해 모인 집단), 레크리에이션집단(집단성원에게 즐거움과 여가 선용 및 훈련을 제공하기 위한 집단) 등이 있다.

② 집단의 발달단계

집단 발달단계에 대해서는 많은 분류가 있지만 일반적으로 준비단계, 초기단계, 중간단계, 종결단계의 네 단계로 구분되고 있다.

준비단계에서는 집단에 참여할 사람들의 동질성 여부, 이들의 인구사회학적 특성 및 집단의 크기와 형태에 대해 고려하고 회합장소, 좌석 수, 집단의 분위기 등을 세심하게 점검한다. 집단사회사업가는 첫 모임을 시작하기 전에 참여자들의 욕구와 기대에 근거한 집단목표를 설정하고 이와 관련되는 활동들을 참여자들에게 전달함으로써 집단참여에의 합의를 도출해야 한다.

초기단계에서는 집단의 목표가 명확해지고 목표 지향적 활동이 활발해지면서 성원들은 적응 및 역할수행과 관련한 경험을 하게 된다. 성원 간의 탐색과 갈등이 나타나게 되고 성원들은 집단사회사업가의 반응에 대한 시험을 하게 되며 하위집단이 형성된다. 집단의 가치와 규범이 발달하기 시작하고 초기와는 다른 특성을 지닌 리더로의 교체가 있을 수 있다.

중간단계는 문제해결 및 목적달성의 단계라고 할 수 있다. 성원 간의 초기 갈등은 해소되고 상호 의존성과 응집력이 높아지며 협동 및 문제해결능력이 극대화된다. 성원 간의 의사소통이 활발하게 이루어지고 집단에의 동일시 경향도 증대한다. 이 단계에서는 목표의 수정도 있을 수 있다.

종결단계에서 집단사회사업가는 성원들이 과업을 마무리하도록 돕고 성취한 것과 남겨진 문제 등을 파악하도록 하며 집단경험의 평가 및 종결 후의 향후 계획에 대한 도움을 주어야 한다. 집단이 이 단계에 이르는 것이 반드시 목표의 성취에만 관련되는 것은 아니다. 즉, 목표가 성취되지 못했을 때에도 집단이 더 이상의 진전을 하지 못하거나 유지될 가망이 없을 때도 종결은 불가피하다.

(3) 사례관리(지역사회 케어를 중심으로 한 접근 방법)

사례관리는 복합적 욕구를 가진 사람들의 기능화와 복지를 위해 공식적·비공식적 자원과 활동의 네트워크를 조직·조정·유지하는 활동을 말한다. 이것은 휴먼서비스를 주된 기능으로 하는 다양한 분야에서 사용되고 있지만 그중에서도 특히 사회복지 분야에 있어서는 사례관리자와 클라이언트(체계) 관계에 기초를 둔 대인간의 과정에 초점을 둔다. 따라서 이들 사이에 상호 협동하여 개발한 케어 계획은 장기적 원조를 필요로 하는 사람들의 기능적 능력과 그들의 지지망을 극대화하며, 케어의 연속선상에 포함되어 있는 서비스들이 효과적으로 전달되도록 촉진하고 이를 보장하기 위해 마련된다.

사례관리 개입은 사회복지의 가치를 반영하며 클라이언트의 능력과 환경의 요구를 보다 잘 조화시킬 수 있도록 하고, 기능 상실이나 질병에 따른 문제들을 개선하며 지지망을 확립한다. 또한 클라이언트에게는 서비스 조정에 대한 영향력을 증진시키고 체계 수준에서는 최대한의 효과성을 창출하는 것을 목적으로 한다.

3) 실천기술

아동복지 실천기술로서 교육과 상담 및 치료로 구분하여 볼 수 있다. 교육은 아동 양육에 따른 부모교육의 필요성에 의한 것이다. 여기서는 아동복지 실천과 직접 관련되는 상담 및 치료에 대하여 자세히 알아보도록 한다. 치료는 상담의 기술로서 심리치료에 주로 활용되고 있는 놀이치료, 미술치료, 음악치료, 원예치료와 독서치료에 대하여 기술하고자 한다.

(1) 교육

교육은 아동과 그 부모 등 보호자를 대상으로 하며, 아동에 대한 교육뿐만 아니라 아동에게 가장 큰 영향력을 미치는 부모 등 양육자에 대한 서비스 및 교육을 제공함으로써 아동에 대한 올바른 양육과 태도를 기르는데 목적이 있다. 내용을 보면, 아동에 대하여는 아동기의 발달 특성으로 아동의 성장과 발달을 돕는 다양한 지식과 자원을 제공하여 올바르게 성장할 수 있도록 하며, 아동의 문제행동에 대한 이해는 아동의 연령과 개인별 특성에 따른 관찰과 판단을 통하여 해결책 및 대안을 제시하게 된다. 부모의 양육태도 기술은 아동의 성장발달에 큰 영향을 미친다는 점에서 다양한 측면에서 부모교육을 실시하는 것이 중요하다. 특히 부모의 아동학대 금지규정이 2015년 9월 개정 아동복지법에 삽입됨에 따라, 아동학대에 대한 부모교육이 시대상황에 따라 더욱 중요하게 되었다.

(2) 상담

상담이란 도움을 필요로 하는 사람이 전문적 훈련을 받은 사람과의 관계에서 자기의 생활과정상의 문제를 해결하고 인간적 성장을 위해 노력하는 과정(이장호, 1982)이다. 아동상담은 아동의 성격, 행동, 지능, 신체 등 아동이 지닌 특성과 가정, 학교, 지역사회 등 환경상의 요인으로부터 발생하는 아동의 다양한 문제에 대해 아동 본인 또는 보호자, 학교와의 상담 및 전문적 방법을 통해 아동 자신이 가진 능력을 최대한 발휘하고 건전하게 성장할 수 있도록 원조해 가는 여러 활동이라 할 수 있다.

아동상담에서는 주로 아동이 그 내담자가 되며 상담을 효율적으로 진행하기 위해 아동의 가족들이 포함되는데, 외부의 전문가는 다양한 형태의 심리적 원조를 통해 궁극적으로 아동과 부모가 스스로 문제를 해결할 수 있도록 지원하게 된다. 이러한 아동상담은 아동상담소에만 국한해서 이루어지는 것은 아니라 복지, 의료, 보건, 교육, 사법, 노동 등 여러 영역에서 실천되고 있으며 아동을 위한 보편적 지원활동이 되고 있다.

① 아동상담의 필요성

아동상담의 목표는 아동이 환경에 보다 잘 대처해 나갈 수 있도록 아동의 대처 능력을 길러 주며, 아동의 행동 변화를 촉진시킬 수 있도록 주위환경을 개선하도록 돕는 데 있다. 이와 같은 목표 하에 아동상담이 필요한 경우는 다음과 같다(Costine, 1974).

첫째, 가족생활에서 자연적으로 발생하는 위기상황의 경우이다. 가족생활은 발달단계에 따라 지극히 정상적 사건들이 발생하며 이로 인해 가족성의 긴장이나 신체적·정서적 문제를 야기할 수가 있다. 예로, 먼 곳으로 이사를 하는 경우 낯선 친구나 이웃, 새로운 학교에 적응해야 하는 문제가 있고, 가족의 출산이나 사망과 같은 자연적 위기 상황, 장애아의 출산, 가족원이 중대한 질병에 걸렸을 경우 등을 들 수 있다.

둘째, 부모의 양육능력이 부족한 경우이다. 예를 들면, 극심한 빈곤으로 인한 영양부족과 건강상의 문제가 있거나 주거환경이 취약하고 낮은 학력, 실업, 교육적 지원의 제한, 사회로부터 소외, 우울, 절망 상태 등으로 부모가 부적절한 보호를 하는 경우를 들 수 있다. 그리고 한부모가정의 경우 일반적 가족관계가 결핍되기 쉽고, 가정운영과 양육 책임을 한 사람이 동시에 담당해야 하며 자녀에게 성역할 모델이 결핍되고, 재정적·정서적 지원의 결손을 초래할 가능성이 크다. 부모가 정신지체 혹은 정신적·신체적 질병이 있거나 범죄, 약물남용, 폭력, 성격이상, 알코올중독 등의 문제행동을 하는 경우도 아동상담이 요구된다.

셋째, 아동이 신체적·정신적·행동적 문제가 있는 경우이다. 이와 같은 경우 아동은 소외되거나 열등감으로 인해 정상적 발달이 어려울 수 있다. 시각·청각·신체·음성언어장애뿐 아니라 정신적·감성적 발달장애와 이로 인한 성격상·행동상의 문제가 있는 경우를 들 수 있다. 이러한 경우 아동은 주의력결핍 과잉행동장애(ADHD) 증상뿐 아니라 위축되고 자신감 없는 소외된 아동으로 자랄 가능성이 크다.

마지막으로, 지역사회의 환경이 아동의 욕구와 권리를 침해하는 상황으로, 가족생활을 지원하고 보충하는 사회급여가 부적절하거나 지역사회 구성원이 특정한 개인이나 집단에 대해 부정적 태도를 보일 때를 들 수 있다. 소수집단 아동의 경우가 그 예이며, 정당한 고용기회를 박탈당하거나 아동에 대해 무관심한 지역사회의 환경을 포함한다. 또한 아동의 욕구와 권리를 표현할 정상적 통로가 없을 때 혹은 권위적 경찰과 법원, 부적절한 학교정책과 사회제도가 있는 경우도 포함된다.

② 아동상담의 접근 방법

아동상담사업은 기준에 따라 다양하게 분류될 수 있다. 이론적 기초를 기준으로 심리분석적 방법과 행동변화 학습 방법으로 분류되기도 하며, 대상에 따른 전문적 접근 방법에 따라 개별서비스, 집단서비스, 가족치료서비스, 지역사회서비스로 구분되기도 한다. 또한 기관의 성격에 따라서 공공기관의 서비스와 사설기관의 서비스로 나누어지며, 비용부담 유무에 따라 무료와 유료로 구분할 수 있다.

가. 개별상담

개별상담은 개별지도사업이라고도 불리며 아동을 치료하는데 일대일의 관계, 즉 전문가와 아동과 가족 및 그 환경 간의 문제에 대해 개별적 상담을 통해 아동의 인격발달 및 기능을 향상시키는 것이다. 아동에 대한 개별상담은 부모의 요청이나 주변의 사람, 사회기관, 학교, 법원, 병원 등의 권유로 이루어진다. 문제나 욕구를 가진 아동이 관련 상담기관에 의뢰되면 기관의 담당자는 의뢰된 문제의 성질을 파악하여 원조가 가능한지를 판단하고 서비스를 제공하기로 결정되면 계약이 이루어지며, 아동과의 면접 및 심리상담, 사회조사를 실시하고 평가를 통해 치료계획을 세운다.

치료 방법은 주로 아동을 직접 면접하거나 치료하여 아동의 태도나 행동양식을 변화시키는 것이다. 개별상담의 대상이 부모인 경우에도 아동과 마찬가지의 과정을 통해 부모가 사회적·정서적 스트레스와 기타 압박감을 해소하고 사회적 기능능력을 향상시켜 부모역할을 효과적으로 수행할 수 있도록 도울 수 있다.

나. 집단상담

집단상담은 집단과정을 통해 아동 및 가족의 제반 문제를 효과적으로 처리하도록 돕는 방법이다. 집단상담은 자조모임과 집단치료 프로그램으로 구분할 수 있는데 자조모임은 부모-자녀관계에 대한 경험과 지식이 부족하거나 공통의 문제를 가진 사람들이 집단 토의과정을 통해 아동과 가족관계에 대한 이해를 넓히고 가족생활을 강화하는 교육적이고 예방적 활동이다. 집단치료 프로그램은 공통의 문제나 욕구가 있는 개인들을 집단을 통해 병리를 해결하는 치료적 기능이 강조된다. 유사한 문제나 욕구를 가진 아동의 집단상담은 집단과정에서 인간관계와 교류를 통해 교육적 효과와 함께 또 다른 치유의 효과를 기대할 수 있으므로 특히 효과적 방법이라 할 수 있다.

다. 가족치료

가족치료는 가족을 하나의 통합적 단위로 보고 가족 전체와의 면담을 통해 개별성원과 가족의 문제를 해결하는 방법이다. 가족과의 만남을 통해 가족 간의 지배와 조정 형태, 역할분배, 의사전달 형태, 갈등의 성질, 상호작용 등 가족이 가진 능력의 범위와 성질을 파악하고 진단한다. 치료는 문제의 형태에 따라 다르나 대체로 가족체계에 직접 개입하여 감정표현을 격려하거나, 이러한 감정표현의 부정적 느낌이 표현되는 대상자를 보호하고, 가족 각자와 관련된 새로운 방법을 제시하여 가족 상호작용 형태를 바람직한 방향으로 조정하는 형태로 이루어진다.

라. 지역사회조직

아동의 가족에 대한 간접적 서비스로서 부모-자녀관계에 악영향을 미치는 지역사회 환경의 변화를 통해 가정을 보호하는 것이다. 예를 들면, 지역사회 지도자의 인식과 태도의 변화를 통해 아동과 관계된 문제를 조사하고 적당한 정책을 수립하도록 하거나, 아동 및 가족에 대한 서비스에 지역사회의 자원을 동원하며, 기존의 프로그램을 보다 강화하는 일 등을 들 수 있다.

③ 아동상담의 방법과 과정

가. 아동상담의 방법

아동상담에도 일반적 상담에서의 규칙과 방법이 그대로 적용된다. 수용, 개별화, 상호신뢰(rapport), 자기결정, 비밀보장 등이 그것인데 아동상담에는 이러한 기본적 원칙 외에 보다 종합적 접근 방법이 요구된다. 즉, 아동의 문제는 아동의 기질, 양육환경, 학교, 지역사회환경 등 여러 요인의 복합체이다. 따라서 아동에 대한 치료와 병행하여 가족, 소속집단 모두에 대한 종합적 사정(assessment)이 이루어져야 한다. 그리고 아동 및 가족의 문제와 관련된 전문가(의사, 임상심리학자, 사회복지사, 교사, 보육교사 등)에 의한 종합적인 팀 접근(team approach)이 효과적이다.

또 다른 방법으로 지도(guidance)를 들 수 있다. 지도는 행동이나 의식 등의 개선을 목적으로 대상자에게 개인 혹은 집단을 단위로 조언(조언, 지시, 설득, 승인, 정보제공 등)을 제공하거나, 타 기관 알선, 계속적 전화상담, 관계자에 대한 상담 등의 활동을 포함하는 것으로 아동과 그 가족의 문제해결과정 내내 이루어져야 한다.

그 외 아동상담의 방법에는 사회사업(social work), 카운슬링(counselling), 심리요법(psychotherapy), 사회적 원조활동 등의 방법이 적용된다.

나. 아동상담의 과정

아동상담이 이루어지는 일반적 과정을 시간 순서에 따라 정리하면 다음과 같다.

첫째, 자발·의뢰에 의해 상담 접수가 이루어진다. 신청용지 작성, 아동의 생활상황 파악, 서비스 지원 여부의 판단, 지원하는 경우 담당자와 그 후의 절차 결정, 지원하지 못할 경우는 타 기관 소개알선과 같은 면접 및 회의가 이루어진다.

둘째, 조사, 진단, 판정의 실시와 관련자 회의가 이루어진다. 면접·전화·조회 등을 통한 조사와 면접·검사·관찰에 의한 심리진단, 의학진단에 의한 자료수집과 분석, 문제의 분석과 원인의 규명, 처리지침의 검토와 결정이 이루어진다.

셋째, 통원, 방문, 입소 등의 방법에 의한 서비스(조언지도, 심리요법, 카운슬링, 사회복지사업, 기타의 원조)가 제공되고 서비스 내용과 효과의 평가를 통해 계속성의 여부를 결정한다.

넷째, 서비스 제공 목적의 달성 정도 및 원조능력의 한계(이 경우 타 기관 소개) 등에 따라 종결한다. 마지막으로 사후관리가 이루어진다. 학교 및 가정생활에의 적응 정도를 점검하고 문제가 재발되지 않도록 지원한다.

(3) 심리치료

최근 아동의 정서발달 및 치료를 위해 다양한 아동상담의 기법이 등장하고 있다. 아동상담에도 성인상담과 같이 사례 관리, 통합방법론을 적용한 치료적 상담을 비롯하여 위기 개입, 환경치료, 심리극, 현실치료(reality therapy), 게스탈트 치료(gestalt therapy) 등 다양한 치료적 상담이 적용되고 있는데 여기서는 아동상담 영역에서 최근 효과적으로 활용되고 있는 미술치료, 음악치료, 원예치료, 독서치료, 놀이치료를 중심으로 살펴보고자 한다.

① 놀이치료

놀이는 아동의 생활과 절대적이고 밀접한 관계에 있으며 아동이 편안하게 느끼고 자신의 감정을 표출하고 의사를 전달할 수 있는 '자연스런 자기표현의 매개체'라고 할 수 있다. 놀이는 치료적 관계를 형성하는 유용한 도구이며 치료자가 아동을 이해하기 위한 진단적 도구가 된다. 또한 아동을 이완시키고 불안과 방어적 자세를 감소시켜 치료를 효과적이게 할 수 있으며 치료받기를 꺼리거나 수동적 아동을 격려하여 치료에 임할 수 있게 한다. 놀이는 사회적 기술을 발달시키고 감각 인식을 증진시키며 문제해결능력을 익히고 창의력을 개발하는 등 인지적 발달에도 도움을 주는 기능과 가치를 지닌다.

놀이치료의 기본 원리를 엑슬라인(Axline)은 여덟 가지로 요약하였는데, 첫째, 치료자는 아동과 가능한 빨리 따뜻하고 친밀한 관계를 이루어야 한다. 둘째, 아동을 있는 그대로 수용하며 일관성을 유지한다. 셋째, 아동이 어떤 감정이나 요구라도 자유로이 나타낼 수 있도록 허용적 분위기를 조성한다. 넷째, 아동이 자신의 행동에 대해 통찰력을 가질 수 있도록 아동이 표현한 감정이나 놀이행동을 반영해 주는 데 민감해야 한다. 다섯째, 놀잇감 선택에서부터 아동의 결정을 존중하고 선택, 결정, 해결의 책임감을 갖도록 한다. 여섯째, 아동이 놀이를 이끌어 간다. 일곱째, 치료 결과에 조급해하지 않고 서서히 그리고 기다린다. 마지막으로 제한을 도입한다. 즉, 놀이실은 아동에게 최대한의 자유를 주는 곳이지만 아동의 안전을 위해 제한해야 할 행동이 있는데, 제한은 치료적 관계에서 안전과 안정감을 아동 내에 발달시킨다(서영숙, 1992).

놀이치료는 양육의 재경험(reparenting)과 같은 교정적 경험을 할 수 있도록 하며, 반영, 해석과 같은 치료 요소들이 있으나 원칙적으로 매 회기마다 구조화된 놀이자료나 레퍼토리를 사용하지 않는다. 그러나 특정 문제를 갖고 있는 아동이 최적으로 발달하기 위해서는 다른 아동과는 다른 환경에 놓일 필요가 있으며 그런 측면에서 아동의 문제 특성에 따른 개입 방법을 간략히 살펴보고자 한다.

- 감정조절능력 증진시키기 : 아동이 자신의 감정, 즉 희로애락을 제대로 인식하지 못하는 경우 feeling faces 기법(감정의 명칭이 붙여진 수십 가지 얼굴 모양들 중 지금 아동의 감정을 명칭화하는 훈련을 하도록 하고 감정의 통로를 만들어 줌으로써 감정을 논할 수 있게 한다)이나 언어게임 같은 게임을 실시한다. 공격성이 강한 아동의 경우 공격대상을 칼, 총, 뱀, 모래, Bobo 인형, 찰흙 등의 놀잇감으로 대치시키며 acting out이 일어날 경우 단호하고 일관적인 제한을 주도록 한다. 주의가 산만한 아동인 경우 게임을 통해 규칙을 정하며 제한을 가하여 도중에 그만두지 않고 끝까지 할 수 있도록 주의집중시간을 지속시킨다. 이것저것 여러 가지 활동을 할 경우 무시하거나 반응하지 않음으로써 한 가지 활동에 집중하도록 강화한다. 위축된 아동의 경우, 아동의 기분 상태에 따라 놀잇감이나 지지,

칭찬의 정도를 조절한다. 레고나 기차조립 등의 완성을 통해 성취감을 느끼도록 할 수 있다.

- 의사소통능력 향상시키기 : 아동 자신의 감정이나 생각을 표현하는 방법이나 기술을 갖지 못하며 상대방의 감정을 읽지도 못하며 언어능력이 미숙하거나 결핍된 경우를 들 수 있다. 전화기 같은 놀잇감을 이용하여 연습할 수 있는데 치료자의 말에 반응하도록 격려하며 아동의 발달 수준에 맞는 언어를 사용한다. 도움이 필요할 경우 "도와주세요"라고 할 때 반응하여 언어 사용을 촉진한다.
- 관계능력 향상시키기 : 기본적 애착이나 신뢰감 형성이 안 되어 있거나 친밀한 관계를 맺어 본 경험이 없어 전반적 발달지연이나 부분적 발달지연이 발생하는 경우에 필요하다. 치료자가 제2의 어머니로서 의미 있는 인물이 되어, 아동이 보호자와의 경험에서 결손된 부분을 치료를 통해 보상받는 경험을 하게 한다. 신체적·언어적·인지적·정서적 부분 중 자극이 부족한 부분을 찾아 그에 맞는 놀이와 자극을 제공하며 필요한 경우 안아 주기, 머리 쓰다듬기와 같은 신체 접촉과 같은 양육적 태도를 취해 아동이 사랑받는 느낌이 들도록 한다.
- 잘못 강화된 습관 없애기 : 떼나 고집을 부리거나 욕을 자주 하거나 쉽게 짜증내고 분노하거나 규칙을 자주 위반하는 경우, 순서 주고받기가 요구되는 놀이를 통해 규칙 지키기를 익히게 하고, 놀이경험이 현실감 있도록 일관되고 분별 있는 제한으로 안전감을 주도록 한다. 책임감이 부족하고 의존적인 아동의 경우 놀잇감을 스스로 선택하고 주도적으로 놀이하며, 놀잇감의 정리까지 스스로 할 수 있도록 돕는다.
- 부모의 적절한 양육태도 확립 돕기 : 부모에게 아동의 현재 발달상황을 인지시킴으로써 부모가 아동의 현 상황을 직면하고 수용하도록 한다. 부모가 놀이치료장면을 관찰함으로써 치료자와 아동 간의 상호작용을 모델링할 수 있게 하며, 부모와 아동 간의 구체적 갈등상황을 설정하여 시연해 보고 가정에서 적용해 보도록 할 수 있다.

② 미술치료

미술활동은 미술을 통해 아동의 자아개념을 형성하고 자긍심을 향상시키는 하나의 방법으로, 이러한 미술활동을 활용하는 미술치료는 '창작을 통해 심리적·정서적 갈등을 완화시킴으로써 만족감을 느끼고 창조적으로 살아갈 수 있도록 도와주는 심리치료'라 할 수 있다.

미술치료는 사고의 체계화를 돕는 인지적 목적과 함께 감정을 표현하고 대처하기 위한 기회를 제공한다. 아동의 미적 형태를 창조하는 한편 내적 긴장을 완화하도록 해 주며 무서운 감정을 상징이나 언어적으로 표현하도록 돕고, 아동이 자신의 감정을 통제하고 정리할 수 있도록 도우며, 생산적 활동을 했다는 만족감을 주는 것에 미술치료의 치료적 의의가 있다. 미술이라는 비언어적 수단을 이용해 꿈, 환상, 경험의 심상을 표현하기 때문에 방어나 통제의 영향을 적게 받으며, 통찰을 통해 새로운 경험과 자기세계의 발견을 가능하게 하는 것이다. 크래머(Kramer, 1971)는 창조적 과정이 자기인식과 개인적 성장을 촉진시킬 뿐 아니라 갈등을 조정하기 위한 도구라고 주장했다. 미술이라는 창조적 표현을 통해 아동은 자유로운 표현을 하게 되며, 무의식의 의식화와 더불어 창작행위를 통해 상징을 발견하고 통합하는 과정 자체에서 치료적 효과를 거둘 수 있게 된다.

미술치료는 핑거 페인팅, 모래그림 그리기, 자유그림 그리기, 주제그림 그리기, 콜라주, 포토 몽타주 등의 많은 기법들이 치료 형태로 활용되고 있는데, 아동이 미술치료의 과정을 통해 자신의 환상, 무의식적 갈등이나 소망, 현재의 어려움을 어떻게, 얼마나 역동적으로 표현하는지에 초점을 둔다(박정문, 2000: 144-145).

③ 음악치료

음악치료는 음악과 치료가 복합된 개념으로, 넓게 정의하자면 아동과 치료자의 관계 속에서 심리적·정신적·생리적 건강을 회복, 유지, 증진시키도록 하고 행동적·발달적·신체적·사회적 기술을 습득하고, 재활·유지하기 위해 치료적 도구로서 음악을 사용하는 것을 의미한다(Boxill, 1984; 김태련 역, 1994: 8). 따라서 음악치료는 음악치료사라는 전문인이 정신적 · 신체적 장애를 가진 사람에게 음악을 체계적으로 사용함으로써 인간행동을 바람직한 방향으로 변화시키는 것을 말한다(주영지, 2001: 24). 이러한 음악치료는 부적응 행동의 치료에 효과가 있다. 즉, 정신지체아동의 공격성, 반사회적 행동, 반항, 위축, 일반아동의 과잉행동, 주의력결핍행동, 충동성, 반사회적 행동의 감소에 효과가 있으며, 음악기능을 담당하는 뇌의 우반구가 언어기능을 회복시키므로 실어증에도 효과가 있다고 한다.

음악치료는 개인치료와 집단치료의 형태로 시행되며 이때 적용되는 치료적 모델은 일반적으로 행동적 모델(behavioral model), 심리분석적 모델(psycho analytical model)에 근거를 둔다. 최병철(1999)의 연구에서는 음악치료의 활동을 다음과 같이 분류하고 있다.

- Listening(듣는 음악활동) : 음악감상을 통해 일상의 의식상태 이상을 여행하도록 하는 것
- Singing(노래 부르는 활동) / Songwriting(노랫말 받아쓰기) : 가장 많이 사용되는 활동이다.
- Playing(연주) / Improvisational Music Therapy(즉흥 연주) : 기존의 음악을 연주함으로써 자존감, 성취감을 향상시키는 것
- Moving(움직임, 율동) : 신체 지체자가 몸으로 반복되는 활동을 할 수 있어 유용하다. 자폐아에게서 신체활동을 통해 자기반응감각을 길러 준다. 자기반응감각이란 자기 신체가 어느 위치에 있는지를 파악하는 감각이다. 음악활동은 5가지 감각활동이다.
- Creating(창조) : 예술의 속성, 창의성 활동으로 마음을 표현한 후에 다른 염려를 하지 않아도 되기 때문에 유용하다. 맞고 틀림이 없이 자기의 내면에 여러 가지를 자유롭게 표현하도록 한다. 자신을 표현할 수 있는 통로를 내준다.

- Leading(지도) : 눈으로 집중해서 과제를 완성 악보를 읽는 이상의 것으로 눈으로 활동하고 받아들이는 과정을 말한다. 첫째, 문제되는 행동이 무엇인가를 파악한다. 둘째, 문제행동에 적용할 수 있는 활동인지를 생각한다.

음악은 가사가 있는 노래(lyrical music)와 가사가 없는 연주음악(instrumental music)으로 나눌 수 있다. 노래나 연주음악은 각기 리듬, 사용되는 악기, 멜로디, 그리고 해석에 따라서 록, 컨트리, 포크, 블루스, 랩 등 다양한 형태를 취할 수 있다. 연주음악은 일차적으로 듣는 사람들의 감정을 일깨우거나 가무의 반주로 사용될 뿐만 아니라 듣는 이들에게 특정의 메시지를 전달하여 특별한 감정을 불러일으키는 데도 사용된다. 노래의 주제는 임상적 진료를 돕기 위한 것이든 사회적 활동을 촉진하기 위해서이든 간에 사회사업실천에서 중요한 역할을 수행한다. 또한 임상실천의 보조로서의 역할도 중요하다. 즉, 임상실천에서 음악은 클라이언트들로 하여금 자신의 잠재성을 완전히 구현시키는 경험적 연구에 참여하도록 하는 데 활용된다. 그것은 발달장애, 정신장애와 같은 임상문제에서 그리고 치료과정을 촉진하기 위한 행위 프로그램에서 활용된다.

음악은 특히 아동에게 위압감을 주지 않는 형태로 치료의 기회를 제공할 수 있다. 최근에는 미술이나 음악이 성적 학대에 시달리는 아동에게 그들이 처한 위협적 상황을 벗어나서 자기표현을 할 수 있게 하는 대안으로 활용되기도 한다(나눔의 집, 1999, 1960-1965; 주영지, 2001: 29-30 재인용).

④ 원예치료

원예치료라는 개념은 1900년대 초에 와서야 사용되기 시작하였으며 미국원예치료학회에서는 이를 "사람의 사회적 · 심리적 · 물리적 · 교육적 능력의 증진을 위해 식물과 원예활동을 이용하는 과정(서정근 외, 2000: 65-6)"이라고 정의하였다.

오늘날 원예치료는 "식물과 원예활동을 통한 인간에 대한 치료적 행위로서 사회적 응력, 즉 인지적, 정서적, 사회적, 교육적 및 신체적 기능을 강화시키고, 정신적 및 신체적 건강회복을 꾀하여 사회 참가를 도와주는 전반적 활동(황인옥, 2002: 21-23)"으로서 원예로부터 시작해서 식물 그 자체까지 광범위하며 보고, 냄새 맡고, 만지고, 느끼고, 먹고, 듣고, 식물을 돌보며 몸을 움직이고, 치료 목적으로 이용하는 많은 측면들, 즉 다양한 원예학적 기술과 활동, 꽃치료, 향기요법, 꽃꽂이, 페인팅 플라워, 포푸리 만들기, 요리 등을 포함한다. 이러한 원예치료는 아동상담의 한 기법으로도 활용되고 있다.

표 5-14 아동을 위한 원예치료 프로그램의 예

활동면		주 제	목 표
1	분류하기	협동	살아 있는 것과 살아 있지 않은 것 구분하기
2	무 씨 뿌리기	협동	무 씨가 잘 자랄 수 있는 환경을 만들어 씨 뿌리기
3	흙 섞어 배양토 만들기	공격성 완화	식물이 잘 자랄 수 있는 배양토 만들기
4	식물 이름·특징 알기	관심을 통한 인지능력 향상	자신이 좋아하는 식물의 이름과 특징 알기
5	허브 심기	원예체험	허브 심기
6	허브티 마시기	감각의 자극	허브티를 끓여 마시기
7	허브 오이피클 만들기	감각의 자극	허브 오이피클 만들기
8	자연산책	개인의 가치	숲을 산책하면서 주변 관찰하기
9	정원 만들기	원예체험	다양한 식물로 조화롭게 심기
10	정원 꾸미기	강한 식물들	운동화에 여러 다육식물을 조화롭게 심기
11	포푸리 만들기	쓸모 있는 것으로	허브 말린 것을 이용한 포푸리 만들기
12	자연그림	창조하기	자연물을 이용해 자기만의 창조물 만들기
13	꽃꽂이	창조하기	자연에서 수집한 소재로 꽃꽂이하기
14	초대장 만들기	상호작용	압화를 이용한 전시회 초대장 만들기

15	전시회장 준비	상호작용	전시회를 위한 전시실 장식 및 배치
16	전시회와 평가	상호작용	자신의 전시물 전시 및 소개하기

자료: 최영애(2000) 요약 발췌.

독일의 프뢰벨(Froebel, 1840)은 정원활동을 통해 아동은 식물생육의 필수적 원리, 전체와 부분의 관계를 배우게 되며 눈으로는 볼 수 없는 힘의 작용(신과의 관계)을 관찰할 수 있는 방법의 하나로 간주될 수 있다고 하였다. 아동상담 및 치료에서 원예치료는 물리적 환경 구성과 이에 따른 효과, 그리고 다양한 프로그램을 통한 치료활동과 같이 크게 두 가지 형태로 이루어질 수 있다.

원예치료는 정신장애인이나 정신지체아동에게 원예활동을 시키는 과정에서 그 효과가 주목되었는데 이들에게 원예치료는 ① 불안과 긴장의 이완, ② 창조적 표현, ③ 충동 억제, ④ 실패나 좌절에 대한 극복, ⑤ 계획, 준비, 판단, ⑥ 자신의 행동결과에 대한 자기평가의 만족도가 높아지는 등의 효과가 있으며(손기철 외, 2000a: 107) 아동의 지적·사회적·정서적·신체적 발달에도 효과가 있는 것으로 인정되고 있다.

원예치료의 장기 목적은 아동의 몸과 마음의 건강한 발달을 도와주며 식물의 양육, 획득의 체험을 통해 자기신뢰와 사랑, 추론의 힘을 기르도록 도와준다는 것이다. 단기 목적은 이러한 장기 목적을 달성하기 위한 기초적 활동으로서 아동의 정서적 안정을 돕고 식물에 대해 관심을 갖도록 하여 생명의 귀중함과 풍성함을 체득하게 도와주는 것이다.

이러한 원예치료의 목표는 첫째, 자연의 법칙을 통해 자신의 위치와 상태를 파악하도록 도와준다. 이는 피아제의 아동발달단계 중 감각운동기에서 생물학적 유기체에서 사회적 유기체로 발달을 도와주는 것으로 자아에서 벗어나 외부를 의식하고 외적 경험을 통해 우주 속의 자신의 위치를 취하는 것을 의미한다.

둘째, 식물을 통한 직접적 자극으로 아동이 자신의 감각들을 예민하게 느끼도록 연습해 보는 기회를 제공한다. 이는 식물에 대한 경험이 자신의 감각을 통한 지각의 연습(sensory perception)과 신체적 활동을 통해서 정신적 영상(mental image)을 구축하도록 도와준다.

셋째, 간접체험으로서 식물을 통해 자기객관화의 기회를 갖도록 도와준다. 이는 식물과 환경의 순응패턴을 관찰하여 자신과 환경과의 순응패턴 추론을 도와준다.

넷째, 자기표현으로서 예민해진 감각과 간접 체험을 통한 자기 객관화를 기반으로 자신을 표현해 보도록 한다.

마지막으로, 타인과의 상호작용으로서 지금까지 자신이 이루어 놓은 자기표현물들을 통해 집단 밖의 구성원들과 상호작용을 하도록 한다.

원예치료의 과정에서는 눈으로 보고, 코로 향기를 맡으며, 손으로 만지고, 머리를 써서 움직이는 등 많은 감각기관을 통해서 이루어진다는 점에서 그 효과가 돋보인다. 씨 뿌리기, 나무 심기 등은 아동에게 기본적인 수 개념을 가르칠 수 있으며 식물 용어를 학습함으로써 어휘력도 증가될 수 있다. 또한 지형(geography), 식물의 필요조건, 식물번식(reproduction), 식물에 필요한 요소, 인간의 식물 이용, 생태계, 그리고 계절적 변화 등과 같은 식물 프로그램을 활용하여 더 많고 복잡한 기술들을 배울 수도 있다(Catlin, 1998: 133-4).

새로운 지식과 호기심으로 다른 사람과의 의사소통도 쉬워지게 된다. 즉, 원예활동은 호기심을 야기하고, 관찰력이 예민해지며 관찰의 결과를 해석함으로써 판단력과 대처능력을 배양시킨다. 이 같은 경험의 반복은 아동에게 모든 일에 대해서 긍정적이고 자신감을 갖게 하며 대인관계의 발전, 학습, 자아발달을 가능하게 한다. 따라서 모든 세대의 사람들에게 유용하며 특히 아동을 돕는 데 유용하다.

식물이나 원예활동은 아동의 공포, 불안, 우울을 감소시키는 데 효과가 있으며 감각기관의 활용과 체험을 통해 신체적·정신적·인지적 치료 및 발달과 함께 교육적 효과까지 기대할 수 있는 것으로 보인다(최영애, 2000: 8-10).

인지적 효과뿐 아니라 원예치료는 아동의 우울 감소와 자아존중감(self-esteem)의 증가와 같은 정서적인 면에서도 긍정적 효과가 있다.

원예치료는 아동의 창의력과 자아표현을 계발시킨다. 꽃의 종류, 색 배합, 배열 등 꽃꽂이나 모둠 심기, 정원 설계 등의 과정에서 창의력과 자아표현을 계발시킨다. 그리하여 충분한 수확, 아름다운 꽃꽂이, 혹은 아름다운 경관 등의 원예활동이 이루어졌다면 아동은 원예활동에 계속적으로 참여하게 될 것이다. 또한 스스로를 존중하는 마음이 우러나게 되어 스스로 재배하여 수확한 한 개의 토마토가 만 원짜리 지폐보다 훨씬 더 귀중하다고 생각하게 되기도 할 것이다. 이와 같은 원예치료는 학교, 병원, 아동보육시설, 어린이집, 아동상담시설 등 아동을 대상으로 하는 이용시설과 생활시설 어느 곳에서든지 적용이 가능하다.

⑤ 독서치료

독서치료는 책을 통해 사람의 정서적 · 사회적 · 정신적 부적응 문제를 치료하고자 하는 임상상담의 한 분야이다. 독서치료는 근본적으로 문학을 사용하여 정신건강을 증진시킨다는 것으로, "발달적 혹은 특정한 문제를 가지고 있는 참여자가 문학작품을 매개로 하여 자신의 적응과 성장 및 당면한 문제들을 해결하는 데 도움을 얻는 것"이라고 할 수 있다(Hynes & Hynes-Berry, 1994; 김현희 외, 2001 재인용). 독서치료의 목표는 문제들에 관한 정보와 통찰을 제공하고, 토론을 자극하며, 새로운 가치들과 태도를 나누고, 비슷한 문제들을 경험한 다른 사람들이 있음을 자각하게 하며, 문제에 대한 해결책을 제시하는 것이라 할 수 있다.

독서치료는 두려움, 죄책감, 혹은 수치심 때문에 거론되지 않을지도 모르는 문제에 대해 비교적 저항을 받지 않고 이야기할 수 있으며 작품 속에서 자신과 비슷한 문제를 겪는 인물들에 대한 느낌을 언어로 표현하는 것을 통해 치료사와의 소통을 가능하게 한다. 또한 자신과 비슷한 문제를 성공적으로 극복한 인물을 통해 현존 문제를 해결하고 직면하는 방법을 배울 수도 있다.

이와 함께 독서치료는 예방적 도구로써 활용될 수 있다. 예를 들면, 흔히 아동과 청소년은 성(性)에 관심이 많으며 그러한 문제를 다룬 문학작품은 간접 경험을 통해

아동이 성과 관련된 그들의 문제나 이슈를 다루고 극복할 수 있게 한다.

이러한 독서치료는 세 가지 기본 원리를 근간으로 하고 있다. 첫째, 동일화의 원리이다. 일반적 치료과정에서 볼 때 내담자는 치료자와 일체감(동일화)이 이루어지지만, 독서치료의 경우에는 책 속의 등장인물 속에서 자기의 성격, 감정, 행동, 태도를 찾아내거나, 다른 사람의 그것을 자기 속에서 찾아내는 작업을 통해 자신의 감정을 증대시키게 된다. 둘째, 카타르시스(catharsis)를 경험한다. 카타르시스는 감정 정화로 치료적인 면에서 볼 때 내면에 쌓여 있는 욕구의 불만이나 심리적 갈등을 언어나 행동으로 표출시켜 충동적 정서나 소극적 감정을 발산시키는 과정이며, 감상을 말이나 글로 표현(고백)하는 것을 통해 의식적 억압이 점차 약해지고, 간접적 표현이 아닌 자신의 문제에 대한 직접적 표현 형태로 바뀌어 나갈 수 있다. 마지막으로 통찰의 원리이다. 통찰은 자기 자신 혹은 자신의 문제에 대해 바르고 객관적인 인식을 체득하는 것으로, 계속적 치료과정을 통해 책 속 등장인물의 행동을 스스로 깨닫도록 함으로써 자기 자신의 동기 조성이나 욕구를 달성할 수 있는 카타르시스를 동반한 감정적 통찰력을 갖게 하는 것이다.

이와 같은 독서치료를 5단계의 과정으로 나누어 보면 다음과 같다.

첫째, 준비단계이다. 내담자와 신뢰관계를 형성하고 그가 지닌 문제가 무엇인지 명료화한다. 또한 그 문제의 범위와 성격을 진단하고 상황을 파악한다.

둘째, 도서 선택이다. 독서치료에서 가장 중요한 것은 처방을 위한 도서의 선정이다. 콜맨과 가농(Coleman & Ganong, 1988)은 도서 선택 시 지침을 다음과 같이 들고 있다. ① 책은 내담자의 독서능력에 적합해야 한다. ② 내담자와 관련해서 유사한 문제와 이슈를 많이 다루는 책이어야 한다. ③ 가능한 해결책(충고)의 양과 질이 이상적으로 제시되어야 한다. ④ 문제를 위한 현실적 해결책들이 균형적 관점에서 묘사되어 있어야 한다. ⑤ 고상한 유머가 포함되어 있어야 한다. 이 단계에서는 내담자의 독해력 수준과 그가 지닌 문제의 성격에 적합하며 해결책이 제시된 책을 선정해야 하는 것이 중요하다.

셋째, 자료소개 단계이다. 내담자의 관심을 고조시키고, 부담감이나 부정적 감정 반응을 포착하고 이를 조절할 수 있도록 한다.

넷째, 이해를 돕는 단계이다. 이 단계에서는 독서치료의 모든 원리가 적용되도록 촉진한다. 즉, 주요 등장인물이나 문제를 탐구하고 해결책의 과정을 찾으며 자신의 문제와 유사성을 직시하도록 돕는다.

마지막으로 후속 조치와 평가단계이다. 내담자가 위의 각 단계를 통해 깨달은 바를 실제로 수행할 수 있도록 격려하며 모니터하고 효과적으로 수행할 수 있도록 재시도를 돕는 것이다. 독서를 다른 치료 방법의 일부로 활용한다면 보다 효과적일 것이다.

Chapter

06

아동복지의 과제와 발전 방향

우리나라 아동복지는 1981년 아동복지법 전면 개정 이전에는 특별한 욕구나 보호가 필요한 아동(종전의 요보호아동)에 대해 도움을 주는 자선적이고 인도적인 차원에서 추진되어 왔다. 그러나 오늘날의 아동복지는 "특별한 욕구나 보호가 필요한 아동을 포함한 모든 아동이 가족 및 사회의 일원으로 육체적, 정신적으로 건강하게 성장·발달할 수 있도록 보호·지원하여 그들의 건전육성을 도모한다."는 보건복지부지침에서 보는 바와 같이, 전체 아동의 권익을 보호하고 복지권을 보장하려는 시각으로 발전되고 있다.

아동복지의 대상이 이처럼 특수한 아동 중심에서 전체 아동으로 변화되어 가는 것은 세계적 추세이다. 다행스럽게 우리나라도 2000년 7월 13일부터 전면 개정·시행된 「아동복지법」을 근거로 일반아동의 인권과 복지를 위한 작은 발걸음을 내딛고 있다. 개정 「아동복지법」이 전면 개정이라 할 수 있는 것은 아동학대와 관련한 조항이 법제화되어 있다는 점을 예로 들 수 있을 것이다. 그러나 아직도 특수한 욕구나 문제가 있는 일부 아동을 위한 정책 테두리에서 크게 벗어나지 못하고 있는 실정이다. 이 장에서는 이러한 우리나라 아동복지의 문제점을 짚어 보고 발전 방향과 함께 우리에게 주어진 과제를 함께 나누어 보고자 한다.

1. 아동복지의 과제

1) 어린이집의 질적 향상

1990년대 이후 정부의 보육사업 확충 계획에 따라 어린이집이 증가하여 2012년 현재 양적인 측면에서 보육 수요는 어느 정도 충족되었다. 그러나 영아나 장애아동을 위한 어린이집은 아직도 미흡한 실정이며 이들 시설을 지속적으로 확충할 필요가 있다. 양적 확충뿐 아니라 보육서비스의 질적 측면에 관심을 집중하여야 하며 이를 위해서 보육교직원의 전문화, 우수 보육 프로그램의 개발과 보급, 보육 기준과 내용의 내실화 등 질적 향상과 같은 과제들을 풀어 나가야 할 것이다.

2) 입양과 가정위탁제도의 활성화

아동은 가능한 한 가정과 같은 환경에서 성장하는 것이 바람직하다. 즉, 가정우선의 아동보호원칙(원가정보호의 원칙)에 의해 시설 입소 대신 가정위탁과 입양이 대리적 사회복지사업으로 정착할 필요가 있다. 이를 위해서는 국민의식의 전환과 함께 위탁가정과 입양가정에 대한 국가의 지원을 현실적 수준으로 상향해야 하며 이를 정책적으로 정착시켜 나가기 위한 노력이 반드시 선행되어야 할 것이다.

3) 학교사회복지의 제도화

학교는 교육기관이면서 동시에 사회복지서비스를 실천해야 하는 사회적 기관이다. 따라서 취학아동을 위한 가장 기본적인 복지서비스의 장(場)은 바로 학교가 될 수 있다. 학교 부적응, 가정문제, 학교폭력, 아동학대, 대인관계의 문제, 약물남용, 비행 등 아동과 관련한 전반적 문제는 학교에서 상당 부분 관찰이 가능하며 따라서 해결 역시 학교에서 이루어질 때 그 효과는 배가될 수 있다.

2002년 사회복지공동모금회의 지원과 서울시 교육청 차원으로 전국 20여 개 학교에서 시범사업의 형태로 학교사회복지사가 상주하면서 학생의 문제를 해결하고 있으나 아직은 중·고등학교에 한해 실시되고 있다.

그러나 아동의 문제는 조기 개입이 가장 효과적인 만큼 초등학교에도 학교사회복지사를 배치하여 아동상담 및 치료, 부모와 가족 지원, 교사 및 지역사회 자원과의 연계와 같은 서비스를 실시해 나가야 한다. 이러한 노력은 교육과학기술부, 보건복지부 등 관련 부서의 노력과 함께 이루어져야 하며, 학교사회복지가 제도화를 통해 정착되어 나간다면 전체적인 아동복지의 질적 향상에 크게 도움이 될 것이다.

4) 장애아동의 조기 진단과 치료

아동의 신체·정신·정서와 관련한 문제는 조기에 발견하여 조기 개입하는 것이 가장 효과적이다. 이를 위해서 지역사회 내에 정신건강센터, 아동진료소, 정서장애아동 단기치료센터 등과 같은 전문시설을 보강하고 사회복지사, 심리치료전문가, 물리치료사 등 다양한 전문 인력이 함께 개입할 수 있는 체계가 마련되어야 할 것이다. 무엇보다도 정보 제공, 물적 지원과 같이 장애아동을 진단하고 지속적으로 치료할 수 있도록 가정을 지원하는 프로그램이 확충되어야 할 것이다.

5) 아동복지시설의 기능 변화

특수한 문제나 욕구를 지닌 아동의 수가 감소하고, 특수보호를 필요로 하는 아동이 증가하며, 보호아동의 특성이 변화하고 재가복지 수요가 확대되는 이와 같은 상황에 맞춰 기존 아동복지시설의 기능을 점차 변화시킬 필요가 있다. 가정 보호의 기능을 강화하고 시설 입소의 사전 예방과 조기 가정 복귀가 이루어질 수 있어야 하며, 원가정의 문제해결 여부에 따라 입·퇴소가 어느 정도 자유로울 수 있어야 한다. 또한 시설의 소규모화와 전문인력의 확보를 통해 시설 운영의 질적 향상과 시설의 개방성이 요구된다.

6) 아동의 놀이공간 확보의 필요성

아동복지법에 언급된 바와 같이 모든 일반아동이 건전하고 건강하게 자라날 수 있도록 유해환경을 추방하고, 동시에 건전한 놀이공간이 확보되어야 한다. 놀이공간은 신체발달과 함께 공동의 학습장이며, 놀이를 통해 건전한 자아가 형성될 수 있다.

따라서 지역사회 내에 건전한 생활환경을 확보하고 사회복지시설의 지역사회에 대한 개방과 같은 작업을 통해 아동의 놀이시설 확보와 같은 조치가 취해져야 할 것이다. 아동도 시민의 한 사람이며 놀 수 있는 공간을 요구하는 것은 아동이 건강하게 발달할 권리가 있고 사회구성원으로 참여할 수 있는 권리가 있는, 바로 아동으로서의 권리이기 때문이다.

7) 아동복지 전달체계의 일원화

우리나라의 아동복지서비스 전달체계는 공적 아동복지를 담당하는 보건복지부, 여성가족부, 교육과학기술부, 고용노동부, 법무부 등으로 산재되어 있어 부처 간에도 정책의 일관성이 없고, 심각한 경우에는 극심한 부처 이기주의가 발생한 사례가 적지 않은 실정이다. 특수한 경우를 제외하고 공적 전달체계를 일원화하는 방안이 마련되어야 한다.

또한 사적 전달체계와 연결하여 민(民)·관(官)이 합동하는 전달체계가 수립되어 서비스의 중복성이나 낭비적 요소를 줄이고 민간기관의 전문성을 적극 활용하여 더욱 효율적인 아동복지서비스가 제공될 수 있도록 해야 할 것이다. 또한, 중앙이나 지방자치단체의 아동복지 분야에는 일반 행정직을 제외한 전원 사회복지직을 배치하여 이들이 승진이나 근무 조건에 있어 불이익이 초래되지 않도록 제도화하여야 할 것이다.

8) 여성의 보건·복지 증진과 신 인구정책 추진

이혼이나 경제난으로 인해 증가하고 있는 저소득 모·부자가정에 대한 생활안정사업과 함께 모자보건사업 대상을 임산부와 영유아에서 청소년 및 미혼여성과 장년기 여성까지 확대하여 생애주기별 건강 관리와 건강 증진을 도모하여야 한다. 이를 위해 취약 여성이나 저소득 한부모가정의 자립 기반 조성을 위한 저소득 모·부자가정 지원의 내실화를 도모하고, 시설보호 수준의 현실화를 추진해 나가야 한다. 또한 임산부와 영유아에 대한 모자보건사업을 확대하고, 관련 프로그램을 개발·운영하여 인구의 질을 향상하고 평생건강 관리체계를 마련할 필요가 있다. 미혼모나 학대받는 여성을 위한 보호시설을 확충하여 운영하여야 하며 공중보건 중심의 모자보건사업이 강화될 필요가 있다.

지속적인 저출산으로 인해 인구증가율이 계속 둔화되어 노동력 감소, 인구의 고령화, 사회보장비 지출 증가 등에 대비한 정책이 요구된다. 인구 감소를 막을 수 있는 출산율은 최소한 2.07명이며 출산율은 0.1명 증가시키는 데 40,000명 이상을 출산하여야 함을 감안할 때 정부의 보다 적극적인 장려정책이 절실히 필요한 시점이다. 또한 저출산시대와 함께 성비불균형 개선 및 인공임신중절을 예방하는 홍보·교육을 강화하는 장치가 필요하다. 이를 위해 성교육 및 성상담사업을 강화하고 활성화하여 성문제에 대한 양질의 교육과 상담을 제공하는 것이 문제 예방에 효과적임을 감안해야 할 것이다.

9) 북한 아동 및 이주 아동에 관한 관심 도모

통일은 우리 민족의 숙원이다. 계속된 경제난과 식량난으로 심각한 어려움에 직면해 있는 북한 아동에 대한 인도주의적 관심은 지속적으로 실현되어야 하며 이제는 통일시대의 남·북 아동에 대한 장기적인 아동복지정책과 대책이 국가적 차원에서 추진되어야 한다. 통일 이전에는 북한 아동을 단계적으로 지원할 수 있는 방안이 제도적으로 검토되어야 하며, 최근 늘고 있는 탈북 아동과 최근 10년 사이에 국제결혼가정의 급증과 수많은 외국인 노동자의 입국 증가가 이어지고 있다. 다문화가족의 아동 수는 2015년말 현재 207,693명에 이르고 있다. 이들에 대한 민·관 통합적 지원체계를 조속히 구축하여 우리 사회에 적응할 수 있는 기반을 조성하여야 한다.

2. 아동복지의 발전 방향

1) 지역사회 중심의 아동복지

지역사회보호(community care)는 영·미 등 선진국에서 1960년대 이후부터 발전되어 왔는데, 이는 지역사회를 기반으로 하여 공공기관, 민간기관 및 가족이 함께 참여하는 다원주의적 복지서비스를 강화하는 것이다. 즉, 가족 중심의 접근과 민간복지서비스의 강화를 일컫는다.

아동복지에서 가족 중심의 접근은 지역사회의 가장 최소 단위인 가정을 기반으로(family-based) 하여 개별적 아동과 가족의 욕구 충족을 도모하는 프로그램과 서비스가 개발되어야 한다는 것이다. 이와 같은 지지적 서비스(supportive services)의 강화를 통해 아동과 가족의 문제를 사전에 예방하는 효과를 가질 수 있다. 지금까지 우리나라는 수용시설 중심의 서비스에 중점을 두어 왔지만 아동의 문제와 욕구가 다양화됨에 따라 재가아동서비스의 확충이 요구되고 있다.

아동의 양육과 보호를 지원하는 프로그램을 개발하고 전문인력이나 자원봉사자를 참여시켜 아동이 원가정 또는 대리가정에서 생활하면서 치료와 서비스를 받을 수 있는 형태가 활성화되어야 하겠다. 이와 함께 재가아동과 장애아동에 대한 상담, 치료, 교육 훈련, 지역사회와의 교류 및 여가활동 등을 지역사회 내에서 총체적으로 지원할 수 있는 방안이 강구되어야 할 것이다.

"호미로 막을 것을 가래로 막는다"라는 속담과 같이 아동문제는 사전 예방이 가장 효과적인 만큼 국가는 무엇보다도 부모의 양육기능을 강화시키는 부모 및 가족교육, 상담사업, 가족치료사업 등의 지지적 서비스가 지역사회 내에서 이루어질 수 있도록 지원하여야 할 것이다.

2) 공공과 민간기관의 협력

일반적으로 모든 아동이 광범위한 대상에 포함되는 보편적 사업인 경우는 공공부문에서 추진되는 것이 바람직하며, 그와 반대의 경우는 민간기관에서 주도할 수 있다. 가장 기본이 되는 아동양육 프로그램은 국가가 사회보장의 형태로 시행할 수 있는데 아동수당의 경우가 가장 대표적인 예라 하겠다. 아동수당제도는 스웨덴에서는 1948년, 영국에서는 1975년에 아동급여법 제정 이후부터 시행되고 있다. 빈곤가정이나 결손가정 아동의 양육이 취약한 여건에 놓여 있으므로, 아동수당제도의 실시는 우리나라에 있어 IMF 이후 늘어났던 아동복지시설 보호아동 수의 감소는 물론 경제적 문제로 인한 부모의 스트레스가 빚어내는 아동의 유기와 방임, 학대를 예방하는 적극적인 제도적 장치가 될 수 있으리라 보며, 나아가서는 감소 추세에 있는 아동 인구의 증가에도 적지 않은 긍정적 효과를 기대할 수 있으리라 생각한다.

또한 민간기관에서 특수 프로그램(중증장애아동 보호 및 치료 등)을 개발하고 결연, 후원하는 제도와 mentor 연계, tutoring과 같이 지역 내 아동 및 가정을 적극 지원하고 보호하는 사업을 활성화해 나갈 수 있도록 민간기관들의 참여를 지원하는 공공부문의 노력이 함께 이루어져야 할 것이다.

3) 새로운 실천기법의 개발

이제는 아동의 단순한 의식주 해결이 복지서비스가 될 수는 없다. 시설도 문제아동 치료센터 또는 직업기술학교로 그 기능을 확대하고 있고 구조도 가정 단위의 소숙사제도(cottage system) 또는 그룹홈(family group home)으로 바꾸어 종전의 의식주 중심 사업에서 사회적 적응력을 배양해 주기 위한 방향으로 점차 변화를 시도하고 있다. 또한 일반 육아시설의 기능이나 방법도 새로이 검토되어 특별한 문제나 욕구가 있는 아동의 보호와 양육문제 해결 방안으로 활용하거나 일반아동의 가정생활,

교육, 건강, 오락, 특수보호와 같은 종합적 욕구를 고려하여 위탁보호, 입양, 가정상담, 홈메이커서비스, 강제보호서비스(protective service) 등 다양한 프로그램과 서비스가 개발되어야 한다. 또한 놀이치료, 음악치료, 미술치료, 독서치료와 같은 실천기법이 아동의 문제와 상황에 맞게 상담치료의 도구로 현장에서 활용될 수 있어야 한다. 무엇보다도 단순한 보호 형태에서 벗어나 전문적인 사회사업적 방법을 동원하여야 할 것이며 이를 통해 궁극적으로 아동의 인권과 존엄성이 보호될 수 있도록 하여야 한다.

PART

03

아동복지서비스 실천 영역

Chapter

07

빈곤아동을 위한 지역사회 보호

빈곤의 개념과 빈곤아동의 일반적 특징을 살펴보고, 빈곤아동에 관한 정책으로서 드림스타트센터 · 지역아동센터 운영, 아동급식 지원, 방과 후 아카데미 운영, 아동발달지원계좌 지원에 대하여 알아보고, 빈곤아동 지원서비스의 과제와 발전방안을 찾아보고자 한다.

1. 빈곤아동의 정의와 특성

빈곤의 정의에 대한 일치된 견해는 없으나 웹(Webb)은 상대적 빈곤(poverty)과 구별하여 궁핍(destitution)을 객관적 상태로 보면서 생필품 결핍에 의한 육체적, 정신적 생활력이 감소된 상태라 정의한다. 반면 라운트리와 타운젠(Rowntree & Townsend)은 빈곤의 상대적 개념을 강조하여, 빈곤을 자원의 불균등한 분배의 결과라고 규정하면서 상대적 박탈의 개념을 중시하였다.

1) 빈곤아동의 정의

「아동의 빈곤예방 및 지원 등에 관한 법률」(2011. 7) 제3조 제2항에 의하면 "아동빈곤이란 아동이 일상적인 생활여건과 자원이 결핍하여 사회적 · 경제적 · 문화적 불이익을 받는 빈곤한 상태를 말한다"라고 되어 있으며, 이어 제3항에는 "빈곤아동이란 생활여건과 자원결핍으로 인한 복지 · 교육 · 문화 등의 격차 해소를 위하여 지원이 필요한 아동을 말한다"라고 되어 있다.

「아동의 빈곤예방 및 지원 등에 관한 법률 시행규칙」 제2조에는 빈곤아동의 기준을 다음과 같이 규정하고 있다. 1. 「아동복지법」 제3조제4호 및 제5호에 따른 보호대상아동 및 지원대상아동 2. 「국민기초생활 보장법」 제2조제2호에 따른 수급자인 아동 3. 「한부모가족지원법」 제4조제2호에 따른 한부모가족 및 「다문화가족지원법」

제2조제1호에 따른 다문화가족의 아동 등 복지·교육·문화 등의 격차를 해소하기 위하여 사회적·경제적·문화적 지원이 필요하다고 보건복지부장관이 인정하는 아동.

2) 빈곤아동의 특성

빈곤가정과 아동을 연구한 각종 문헌들에서 소개된 빈곤아동의 특징을 종합해 보면 다음과 같다(박정란 외, 2000: 209-210).

첫째, 경제적 스트레스를 안고 있는 빈곤아동은 주로 긴장 상태에 놓여 있다. 만성적 긴장으로 인해 심리적 불안이 인성 구조의 중심을 이룸으로써 대체로 사회적응력이 부족하다(예: 학교부적응, 집단따돌림).

둘째, 가족관계가 원만하지 못하여 다른 계층의 아동보다 거부감, 소외감, 적대감 등 자신이나 가족, 사회에 대한 부정적 태도를 가지고 파괴적 행동에 빠지기 쉽다.

셋째, 아동의 출생 시, 어머니의 연령이 낮은 경우, 육아 지식의 부족으로 인해 제대로 양육되지 못하여 심리적 불안감이 높다.

넷째, 인지적·사회적 발달장애를 보이거나 주의가 산만하고 인내심이 부족하다.

다섯째, 가정과 지역사회로부터 바람직한 인간관계 모델을 제공받을 수 있는 기회가 부족하기 때문에 대인관계를 형성하는 데 어려움을 갖는다.

여섯째, 빈곤가정의 낮은 사회경제적 지위는 낮은 지적 수준을 갖게 하고, 낮은 지적 수준은 학교에 대한 부정적 태도를 초래하며, 이러한 부정적 태도는 거칠고 자극적인 행동으로 이어져 불량한 친구를 사귀게 되고 결과적으로 비행청소년이 되기 쉽다.

일곱째, 빈곤아동은 출생 시 건강 상태가 좋지 않으며, 한부모가정과 같은 가족 형태적 결손과 알코올이나 정신질환, 폭력과 같은 가정환경의 문제를 가진다.

여덟째, 빈곤지역 하위문화에 적응함으로써 앞으로의 생활 조건을 향상시키거나 발전을 도모하려는 동기가 낮다.

2. 빈곤아동에 대한 정책 및 서비스 현황

빈곤아동에 대한 정책은 「아동복지법」, 「국민기초생활보장법」, 「한부모가족지원법」, 「다문화가족지원법」 등을 근거로 추진되고 있다.

「아동복지법」에서는 아동보호서비스, 아동학대 예방 및 방지, 아동 안전 및 건강 지원, 아동복지시설 지원 등등을 하고 있다. 「국민기초생활보장법」에는 수급자 가정의 아동과 시설보호아동에 대하여 생계·교육·의료·주거비를 지원하고 있다. 이 법에서는 기준 중위소득이라는 개념을 규정하고 기준 중위소득의 50% 이하 가구에는 교육급여를, 45% 이하 가구는 주거급여를, 40% 이하 가구는 의료급여를, 30% 이하 가구는 생계급여를 각각 지급하고 있다. 이러한 맞춤형 급여제도는 「국민기초생활보장법」을 2014년 12월 30일 개정하여 2015년 7월 1일부터 시행하고 있다. 그 이전의 법에 의해서는 매년 공포되는 최저생계비 기준에 의거 소득이 못 미치는 가구에 대하여 생계·의료·교육·주거급여를 All or Nothing의 개념으로 주어졌었다.

기준 중위소득은 「통계법」 제27조에 따라 통계청이 공표하는 통계자료의 가구 경상소득(근로소득, 사업소득, 재산소득, 이전소득을 합산한 소득을 말한다)의 중간 값에 최근 가구소득 평균 증가율, 가구 규모에 따른 소득 수준의 차이 등을 반영하여 가구규모별로 산정한다. 즉 전 국민의 소득을 일직선으로 나누면 그 중간선 지점을 의미한다.

「한부모가족지원법」에서는 생계비, 아동교육 지원비, 아동양육비, 입학금 및 수업료, 학용품비와 그 밖에 교육에 필요한 비용을 지원한다. 그러나 「국민기초생활보장법」 등 다른 법령에 따라 지원을 받고 있는 경우에는 그 범위에서 이 법에 따른 급여를 지원하지 아니한다. 「다문화가족지원법」에서는 아동보육과 교육 등을 지원한다. 한부모가족과 다문화가족에 대하여는 뒷장에서 자세히 논하고자 한다.

표 7-1 2020년도 기준 중위소득 및 급여종류별 수급자 선정 기준 (단위: 원)

구분 \ 가구 규모	1인 가구	2인 가구	3인 가구	4인 가구	5인 가구
기준 중위소득	1,757,194	2,991,980	3,870,577	4,749,174	5,627,771
생계급여수급자 (기준중위소득 30%)	527,158	897,594	1,161,173	1,424,752	1,688,331
의료급여수급자 (기준중위소득 40%)	702,878	1,196,792	1,548,231	1,899,670	2,251,108
주거급여수급자 (기준중위소득 45%)	790,737	1,346,391	1,741,760	2,137,128	2,532,497
교육급여수급자 (기준중위소득 50%)	878,597	1,495,990	1,935,289	2,374,587	2,813,886

출처: 보건복지부(2020). 국민기초생활보장사업안내.

1) 드림스타트센터

빈곤아동을 대상으로 한, 집중적으로 예방적인 인적 자본 개발을 통해 공평한 출발 기회를 보장해 나가는 아동정책 중의 대표적인 것이 '드림스타트 사업'이다.

빈곤아동은 일반아동에 비해 질병 발생률이 1.4배, 학력 부진 비율이 2.2배, 술 · 담배 등 비행 행동이 2배로 나타난 바 있다(최선희 · 김희수, 2004). 저출산사회에서 아동 개개인의 사회적 가치가 높아짐에도 불구하고 빈곤가정에 태어났다는 이유만으로 인적 자본을 개발할 수 있는 기회마저 제공받지 못한다면 사회경제적으로 큰 손실이라 할 것이다.

기존 아동복지서비스가 문제 발생 이후 단편적으로 개입하는 사후관리 서비스에 치중되어 있다면, 드림스타트 사업은 빈곤아동들의 신체적 · 정서적 · 사회적 능력 등 전인적 발달을 지원하는 새로운 형태의 사전예방적 · 통합적 아동보호서비스로 능동적 복지를 구현하고 있다.

최근 선진국에서는 복지 · 고용 · 교육이 연계된 사회적 서비스를 통해 양극화의 위협에 대응하고 있으며, 특히 영국의 슈어스타트(Sure Start), 미국의 헤드스타트(Head

Start)처럼 아동의 인적 자본 개발을 통해 사회통합과 지속적 성장을 담보하는 정책을 시행하고 있다.

드림스타트 프로젝트는 취약지역에 거주하는 저소득 임산부와 12세 이하 아동가구를 대상으로 아이들에게는 건강·복지·보육 등 맞춤형 통합서비스 제공을 통하여 아동의 전인적 발달을 지원하고, 부모들에게는 직업훈련·고용촉진서비스를 제공하여 가족기능을 회복시켜 공평한 양육 여건을 보장하는 프로그램들로 구성되어 있다. 이 사업은 2007년에는 전국 16개 지역에서 시범 실시하였고, 현재 전국 전 시·군·구에 1개소씩 설치·운영되고 있다.

드림스타트센터 사업 추진체계

표 7-2 드림스타트 사업 전달체계

추진 주체	주요 업무
보건복지부 [아동권리과]	• 사업 기본계획 수립, 지침 마련 • 국고보조금 확보 및 지원 • 사업 홍보 및 수행인력 교육 총괄 • 사업 지원단 구성·운영 • 사업 운영 지도·점검 등 총괄 • 사업 추진을 위한 법령·제도개선, 추진협의회 운영 등
시·도 [아동 업무 담당 부서]	• 사업지역 추천 • 사업지역 드림스타트 팀 인력 배치·정원 조정, 조례 개정 등 지원 • 사업계획의 검토·조정 및 국고보조금 예산 집행 • 드림스타트 사업의 안정적 정착을 위해 필요한 지원 및 조정 • 드림스타트 사업 전반(예산, 실적 등)에 대한 점검, 지도 • 상·하반기 권역별 워크숍 운영 총괄 • 시·도별 멘토-멘티체계 운영 지원 • 사업지원단 현장 지원 관련 업무 및 운영 지원
시·군·구 [시·군·구 드림스타트]	• 드림스타트 설치·운영(사업의 운영 및 관리) • 지역주민에 대한 사업 홍보 • 드림스타트 운영위원회, 슈퍼비전 구성·운영 • 드림스타트 중심의 지역사회 내 아동복지기관협의체 구성·운영 • 아동복지교사 관리·운영 • 방과 후 돌봄서비스 아동 배치

사업 지원단 [드림스타트사업 지원단] * (재)한국보육진흥원 위탁	• 사업 운영 지원 – 시 · 군 · 구 지역사회 중심의 연계체계 구축사업, 사업 현장 지원 등 – 통합사례관리 과정 모니터링, 사업 성과관리 체계 구축 등 • 연구개발 및 교육 운영 – 교육 프로그램 및 매뉴얼 개발, 교육 수요 및 만족도 조사 실시, 실무자 교육 운영, 전문가 간담회 등 • 사업 운영 점검 – 점검모형 개발, 사업 운영 점검, 사업 효과성 검증 • 사업 홍보 및 후원 개발 – 홍보자료 개발, 홍보 실시, 후원 개발, 뉴스레터 제작 등

출처: 보건복지부(2017c). 아동분야 사업안내.

표 7-3 드림스타트센터 구성 및 역할

구분	전문 분야	구성		주요 내용
		공무원	민간	
팀장 (운영 및 관리 총괄)	행정, 사회복지, 간호 (보건)	(6급 이상 · 1인) 공무원	-	– 시군구 드림스타트 사업 운영 및 행정 · 예산 관리 총괄 – 취약계층 아동가구 조사, 서비스 기획 · 조정 및 서비스 제공 총괄 – 지역사회자원 발굴 및 행복e음 승인 등 자원 총괄 관리 – 수행인력 및 아동복지교사(지역사회복지사 포함) 관리 – 방과 후 돌봄서비스 아동 배치 – 업무 관련 협의회 참석 등 – 통합사례관리
건강 담당자	간호 (보건)	1인	1인	– 건강, 영양 등 방문 보건서비스 지원 – 지역 내 보건 연계망 구축 – 의료 개입 및 응급 지원 서비스 등 – 통합사례관리
복지 담당자	사회복지	1인	1인	– 정서 및 사회성 발달 프로그램 지원 – 자원봉사자 및 학교연계 프로그램 관리 등 – 통합사례관리
보육 (교육) 담당자	보육 (교육)	1인	1인	– 보육/조기교육 프로그램 지원 – 가정방문 조기교육 수행/관리 등 – 통합사례관리

출처: 보건복지부(2017c). 아동분야 사업안내.

표 7-4 아동통합서비스 전문요원 채용 기준

분야	자격 기준	기타(결격사유 등)
보건	간호사, 간호조무사* *조무사: 1년 이상 경력자	–「아동복지법」 제17조(금지행위) 위반,「성폭력범죄의 처벌 등에 관한 특례법」 제2조에 따른 성폭력범죄 또는「아동·청소년의 성보호에 관한 법률」 제2조제2호에 따른 아동·청소년대상 성범죄자 –「아동복지법」 제29조의3(아동 관련기관의 취업 제한 등) ※ 채용 예정자로 결정된 경우 '성범죄경력조회' 및 '아동학대관련범죄전력조회' 동의서, 건강진단서를 제출받고, 조회 결과 및 확인을 통해 최종 합격 여부 결정
복지	사회복지사	
보육 (교육)	보육교사, 정(준)교사	

출처: 보건복지부(2017c). 아동분야 사업안내.

2) 지역아동센터

지역아동센터는 1985년부터 도시의 빈곤 밀집지역과 농산어촌을 중심으로 지역사회 안에서 안전한 보호를 받지 못하는 아동들을 위한 '공부방' 활동을 중심으로 생겨나기 시작하였다. IMF 경제체제 이후 결식아동의 증가와 가정의 경제적 어려움과 가정 해체 등 사회 현상과 맞물려 무료 급식기관이 증가하게 되었으며, 더욱 심화되는 빈곤아동 및 다양한 가족아동의 증가로 인해 지역사회 안에서 안전한 아동 보호를 위해 '지역아동센터'로 법제화되는 과정을 거쳐 공적 전달체계로서의 형태를 갖추었다.

지역아동센터는 민간의 '공부방' 활동에 법제화의 뿌리를 두어 제도화된 형태이다. 지역아동센터는 지역사회 안에서 아동의 건강한 성장뿐 아니라 가족기능을 강화하며, 아동의 통합적 복지서비스를 제공하는 역할과 기능을 담당하고 있다.

2003년 12월 19일「아동복지법」 개정이 확정되었고, 제16조 아동복지시설의 종류에 제11호 '지역아동센터'가 명기됨으로써 법적 지원 근거를 마련하였으며, 자생적으로 생겨나 지역사회 빈곤아동의 복지서비스를 담당했던 민간시설에 법적·제도적 장치를 통해 지원이 시작되었다.

(1) 시설 설치 및 운영 지원

시설의 설치는 전용면적 82.5m^2 이상의 단독주택이나 공동주택, 제1종 근린생활시설에 설치하며, 전용시설로 예배당, 개인 거주지 등 타 공간 공동사용은 금지된다. 사무실, 조리실, 식당 및 집단지도실을 갖추어야 하고, 아동 1인당 전용면적이 3.3m^2 이상이어야 한다. 화장실 면적은 전용면적에서 제외된다. 시설의 주위 50m 반경에 청소년 출입 · 고용금지업소가 없는 곳에 설치한다.

이용을 원하는 아동에 대한 지원기준으로 보호가 필요한 아동에 대한 우선 보호를 위해, 지역아동센터 신고 정원의 60% 이상을 우선 보호아동으로 유지하여야 한다. 우선보호아동의 범위는 소득기준으로 정한다. 중위소득 100% 이하로서 지역사회 방과 후 돌봄을 필요로 하는 18세 이하의 아동으로 한다. 일반아동은 맞벌이 가구 등 방과 후 돌봄이 필요한 아동이 대상이다. 돌봄의 기준은 교육급여 대상아동, 한부모가정, 장애가정, 다문화가정, 조손가정, 3명 이상 다자녀가정의 아동과 원칙적으로 아동의 부모가 모두 일(취업)을 하는 가구의 자녀이다.

운영시간은 월~금요일을 포함하여 주 5일, 1일 8시간 이상을 상시 운영하여야 한다. 학기 중은 14:00~19:00은 필수 운영시간이고 방학은 12:00~17:00가 필수 운영시간이다. 시설 운영에 따라 정부에서 평가를 거쳐서 인건비와 시설 운영비를 지원한다.

(2) 시설 및 생활아동 수 현황

2018년 말 현재 지역아동센터 4,211개소에 대하여 정부 및 지자체가 보조금 지원을 하고 있다. 센터당 이용 아동 수는 10~30명이 75.5%를 차지하고 있다.

표 7-5 지역아동센터 현황 (단위: 개소, 명, 원)

연도	시설 수	종사자 수	이용아동 수	보조금 지원(월 평균)
2018	4,211	9,495	109,610	6,104,000

출처: 보건복지부(2019). 2018 지역아동센터 통계조사 보고서.

표 7-6 지역아동센터 연령별 이용 아동 수 (2018년 말 기준, 단위: 명)

계	미취학	초등학생 저학년	초등학생 고학년	중학생	고등학생	탈학교 등
109,610	1,796	43,438	44,063	16,321	3,902	80

출처: 보건복지부(2019). 2018 지역아동센터 통계조사 보고서.

(3) 지원 프로그램

지역아동센터 서비스 영역은 보호, 교육, 문화 활동, 정서지원, 지역사회연계로 나누어 볼 수 있으며, 보호는 생활과 안전, 교육은 학습과 특기적성, 성장과 관리, 문화는 체험활동과 참여활동, 정서 지원은 상담과 가족 지원, 지역사회 연계는 홍보 및 인적연계로 나누어 볼 수 있다. 세부 프로그램으로는 생활에서는 일상생활 관리와 위생건강 관리, 급식지도, 안전에서는 생활안전지도, 안전귀가지도 및 5대 안전의무교육, 학습은 숙제지도와 교과학습지도, 특기적성은 음악·미술·체육 등 예체능활동, 진로·독서·요리·과학 등 적성교육, 성장과 권리에서는 인성·사회성 교육과 자치회의 및 동아리 활동, 체험활동은 관람·견학 및 캠프·여행, 참여활동은 공연 등이 있다.

지역아동센터 사업 추진체계

표 7-7 지역아동센터 사업 전달체계

추진 주체	기능 및 역할
보건복지부	• 기본계획 수립, 지침 마련, 법령·제도개선 등 사업총괄 • 국고보조금 지원, 아동복지교사 예산 지원·사업총괄 및 평가 • 사업운영 지도·점검, 평가총괄 및 표준화 모델 개발·보급 • 시설정보시스템 개편 및 관리 총괄 • 방과 후 돌봄서비스 추진 기관 간의 서비스 연계·조정 등
아동권리보장원	• 종사자 교육기획, 프로그램 개발, 컨설팅 등 시설 운영 지원 • 시도지원단 사업 조정·평가 및 아동복지교사 운영 지원 • 시설정보시스템 관리 지원 및 전산관리시스템 구축·관리

	• 연구개발 및 시설 평가사업 지원 • 홍보, 민간자원 개발 · 연계 지원 등 유관기관 네트워크 구축 • 중앙부처 방과 후 돌봄서비스 추진 업무 지원 등
시 · 도청	• 사업계획의 검토 · 조정 및 국고보조금 예산 집행 • 관할 지역아동센터 지원 사업에 대한 지도, 점검 • 아동복지교사 시도별 사업총괄 및 지도 점검 • 시 · 도 평가사업 총괄(시 · 도 평가운영단 구성 · 운영 및 지원) • 시 · 도 방과 후 돌봄서비스 추진 기관 간의 서비스 연계 · 조정 등
지역아동센터 시 · 도 지원단	• 시 · 도 지역아동센터 종사자 교육, 컨설팅 등 시설운영 지원 • 시설정보시스템 관리 · 평가사업 · 아동복지교사 교육 등 지원 • 시 · 도 특성화사업 개발 • 홍보, 정보 관리, 민간자원 개발 · 연계 지원 등으로 네트워크 구축 • 시 · 도 방과 후 돌봄서비스 추진 업무 지원 등
시 · 군 · 구청	• 시 · 군 · 구 지역아동센터 관리, 예산지원 등 운영 • 시 · 군 · 구 지역아동센터 이용아동 이용 · 종결 관리 • 아동복지교사 예산집행, 운영 관리(채용 · 계약, 배정 · 노무, DB관리 등) • 지역아동센터 지도 · 점검, 후원금 내역 관리 • 시 · 군 · 구 방과 후 돌봄서비스 추진기관 간의 서비스 연계 · 조정 등
지역아동센터	• 지역아동센터 운영으로 방과 후 돌봄 서비스 제공 • 방과 후 돌봄서비스 추진기관 및 지자체 협조 등

출처: 보건복지부(2020). 지역아동센터 지원안내.

표 7-8 지역아동센터 종사자 배치 기준

유형별		신고 정원 범위	법정 종사자	배치 기준
소규모형(도시)		10인~19인	2명	시설장 1명, 생활복지사 1명
표준형	읍면	10인~19인	2명	
	도시	20인~29인	2명	
확대형	읍면	20인~29인	2명	
	도시(읍면)	30인 이상	3명	생활복지사 1명 추가

출처: 보건복지부(2017c). 아동분야 사업안내.

표 7-9 지역아동센터 종사자 자격 기준

직종별	자격 기준
시설장	1. 「사회복지사업법」에 따른 사회복지사 2급 이상의 자격 취득 후 아동과 관련된 사회복지사업에 3년 이상 또는 사회복지사업에 5년 이상 종사한 경력이 있는 사람 2. 학대아동 보호사업과 관련된 기관에서 3년 이상 근무한 경력이 있는 사람 3. 7급 이상 공무원으로서 국가나 지방자치단체에서 사회복지사업에 관한 행정 업무에 5년 이상 종사한 경력이 있는 사람 4. 「의료법」에 따른 의사·한의사 또는 치과의사 면허 취득 후 3년 이상 진료 경력이 있는 사람 5. 「정신보건법」에 따른 정신보건 전문요원 자격 취득 후 사회복지사업에 5년 이상 종사한 경력이 있는 사람 6. 「영유아보육법」에 따른 보육교사 1급 자격 취득 후 사회복지사업에 5년 이상 종사한 경력이 있는 사람 7. 유치원, 초등학교 또는 중등학교 교사 자격증 취득 후 사회복지사업에 5년 이상 종사한 경력이 있는 사람 8. 직업훈련교사, 간호사, 영양사 자격 취득 후 사회복지사업에 5년 이상 종사한 경력이 있는 사람
생활 복지사	1. 「사회복지사업법」에 따른 사회복지사 2급 이상 자격이 있는 사람 2. 유치원, 초등학교 또는 중등학교 교사 자격이 있는 사람 3. 「영유아보육법」에 따른 보육교사 1급 자격이 있는 사람

출처: 법제처(2017a). 아동복지법.

아동복지교사 사업 추진체계

표 7-10 아동복지교사 사업 전달체계

보건복지부

- 정책 결정 및 사업 총괄
- 예산 지원 및 실적 총괄 관리
- 사업 평가

아동권리보장원

- 사업기획, 사업개발, 사업평가
- 교육기획 · 운영 및 프로그램(매뉴얼) 개발
  * 교육은 직접 또는 전문기관 위탁 등 운영
- 사업DB관리(데이터 및 실적)
- 사업 실적, 홍보 등 지원

시 · 도

- 시 · 도별 사업 및 예산 총괄
- 사업 지도 점검
- 사업 평가 및 사후 관리

시 · 군 · 구 지역아동센터 또는 드림스타트 담당부서

- 사업 운영 · 관리 및 점검
- 아동복지교사 채용 · 계약 · 배정, 기초교육, 노무 및 DB 관리
- 예산 집행 및 정산

지역아동센터 및 아동돌봄기관, 공동생활가정 아동복지시설, 위탁가정 등 — **아동복지교사**

출처: 보건복지부(2020). 아동분야 사업안내.

표 7-11 아동복지교사 근무 분야 및 내용

구분	교사 분야	활동 내용	근무지 및 근무시간
기본 분야	아동 지도	• 일상생활교육(위생청결교육, 안전교육지도) • 학교생활교육(숙제 및 관계지도, 준비물 지도) • 기초학습교육(학습코칭, 수준별 학습 지도, 학습부진아 지도)	• 센터 2개소 이상 연계 배치 • 주25시간(주5일, 1일 5시간) 근무 • 오전 9시~오후 10시 이내 근무
	기초 영어	• 기초영어 지도 • 그룹영어 지도, 영어활동 프로그램 지도	

구분	교사 분야	활동 내용	근무지 및 근무시간
	독서 지도	• 독서 지도(읽기, 말하기, 쓰기 등) • 그룹독서 지도, 독서활동 프로그램 지도	
	예체능 활동	• 예체능활동 지도(음악, 미술, 체육 등) • 예체능활동 프로그램 지도	
특화 분야	지역 사회 복지사	• 아동복지교사 노무·행정 관리 • 지역사회 돌봄 필요아동 발굴 및 적합한 지역 돌봄 기관으로의 연계 • 방과 후 돌봄서비스 연계체제 구축·운영에 요구되는 실무 지원 • 드림스타트와 지역아동센터 연계된 업무 지원	• 시·군·구 드림스타트 근무 • 주40시간(주5일, 1일 8시간) 근무 • 오전 9시~오후 6시 근무

출처: 보건복지부(2017c). 아동분야 사업안내.

표 7-12 아동복지교사 채용(결원발생에 따른 신규 채용)

구분	세부 내용
공고방식	시·군·구별 자체 공고
채용방법	공개모집(원칙) 다만, 시·군·구청장이 부득이 사유로 공개모집이 어려운 경우 자체기준에 따라 모집 가능
채용기간	수시(결원발생시)
채용분야	붙임1 참조
응시자격	(공통) 아래 모두에 해당하는 자 ● 만 19세 이상으로 근무시작일 기준 실업자 ● 성범죄 및 아동학대 관련 범죄 사실이 없는 자 ● 전염성 질환이 없는 자 ● 기타 관련법령에 저촉되는 사실이 없는 자 (분야별) ● 기본분야 교사(주25시간 및 주12시간): 분야별 학습지도 및 프로그램 지도 가능한 자 ● 특화분야 교사(주40시간): 사회복지사 2급 이상의 자격 취득 후 사회복지사업 또는 아동복지교사 지원사업에 1년 이상 종사한 경력이 있는 자 *** 매년 예산액 및 확정내시 인원 범위 내에서 결원 발생 시 지자체의 특별한 사정이 없는 한 사업취지, 지원대상의 교육수요, 정규직(무기계약직) 전환 등을 고려하여 주 25시간 아동복지교사 우선 채용(80% 이상)**

<table>
<tr><th>구분</th><th colspan="2">세부 내용</th></tr>
<tr><td rowspan="2">제출서류</td><td>기본
제출서류</td><td>① 참여신청서(개인정보 수집·이용·제공 동의서 포함)(붙임2)
② (기본분야 교사) 프로그램 지도 계획서
(특화분야 교사) 자기소개서
③ 최종학력증명서
④ 자격증 사본
⑤ 경력증명서
⑥ 기타 시·군·구가 요구하는 서류 등
※ ①~③는 모든 신청자가 제출, ④~⑥은 해당자만 제출</td></tr>
<tr><td>채용
예정자
제출서류</td><td>① 채용신체검사서(채용건강진단서)
- 혈액검사와 소변검사를 포함한 신체검사서
② 아동·청소년대상 성범죄경력 조회 동의서(「아동·청소년의 성보호에 관한 법률 시행령」[별지 제10호 서식])
③ 아동학대관련범죄 전력 조회 동의서(「아동복지법 시행규칙」[별지 제12호의2 서식])
※ 채용예정자 제출 서류는 채용예정 발표 후 7일 이내 제출</td></tr>
<tr><td>접수방법</td><td colspan="2">관할 시·군·구에 방문 접수 또는 등기우편 접수(접수마감일 소인까지만 유효)</td></tr>
<tr><td>행정사항</td><td colspan="2">1. 채용일정, 세부절차 및 접수방법 등은 시·군·구 사정에 따라 달리 운영 가능
2. 서류입증책임은 신청자 본인에게 있으며, 제출서류에 허위가 있을 시 채용 취소 가능
3. 채용예정자의 경우 성범죄경력조회, 아동학대관련범죄 전력 조회 및 채용신체검사서 결과에 따라 채용 취소 가능
4. 응시자격은 상시 충족요건으로, 연도중 응시자격에 미달할 경우 근로계약 중단 가능
5. 기타 아동복지교사 채용 시 사업 운영지침에 따라 시·군·구청장이 분야별로 우대 가능</td></tr>
</table>

출처: 2020년 아동분야 사업안내 [1]권.

3) 아동급식 지원

학교급식법으로 1998년 초등학생 급식을 전면 실시하였다. 시군구는 2000년부터 아동석식지원, 이듬해 조식지원, 2004년말 방학, 토·공휴일 중식지원으로 확대하였다.

(1) 급식지원대상자 선정 기준

아래의 어느 하나에 해당하는 아동으로서 결식우려가 있는 아동

※ 다만 「아동복지법」 제15조에 따라 생활시설 및 가정위탁으로 보호조치 된 아동 제외

① 「국민기초생활보장법」 제2조제2호에 따른 수급자 가구의 아동, 차상위계층 아동

> **※ 참고: 차상위계층 인정 범위**
>
> 1. 기초생활보장법에 따른 차상위계층으로 인정되는 경우
> 2. 기초생활보장법에 따른 자활급여, 주거 또는 교육급여 수급자
> 3. 국민건강보험법 시행령에 따라 희귀난치성질환자로서 본인부담액을 경감받는 경우
> 4. 국민건강보험법 시행령에 따라 만성질환자, 18세 미만 아동으로 본인부담금을 경감받는 경우
> 5. 장애인복지법에 따라 장애수당 또는 장애아동수당을 받는 경우

② 「한부모가족지원법」 제5조에 따른 지원대상자가 양육하는 아동

③ 「긴급복지지원법」에 따른 긴급복지 지원대상 가구의 아동

④ 보호자가 사망, 가출, 행방불명, 구금시설에 수용되는 등의 사유로 보호가 필요한 아동

⑤ 보호자의 사고, 급성질환, 만성질환 등의 사유로 보호자의 양육능력이 미약한 가구의 아동

⑥ 기준중위소득 52% 이하인 가구의 아동

⑦ 위 각호에는 해당되지 않으나 담임교사, 사회복지사, 이·통·반장, 시·군·구 담당공무원 등이 추천하는 아동으로서 아동급식위원회에서 급식지원이 필요하다고 결정한 아동

※ 다만, 담임교사 등이 추천한 아동 중 급식지원기준에 적합하여 위원회의 판단이 필요 없는 경우에는 위원회 결정 불요

(2) 지역아동센터, 사회복지관 등의 아동복지프로그램 이용 아동

(3) 급식지원 내용

급식지원 내용은 미취학 아동은 조·중·석식 중 아동별 특성에 따라 급식 형태를 선택하여 지원한다. 취학 아동은 조·중·석식 중에서 조·석식은 지방자치단체에서 연중 지원하며, 중식은 학기 중 중식은 교육청(학교급식)에서 지원하고, 학기 중 토·일·공휴일 중식 지원은 시·도 교육특별회계를 지원받아 지방자치단체에서 실시(교육청과 협의)한다. 방학 중 중식 지원은 지방자치단체에서 실시한다.

표 7-13 연도별 아동급식 지원 현황 (단위: 년, 명)

2007	2008	2009	2010	2011	2012	2013	2014	2015	2016
271,606	415,519	476,444	485,811	471,961	438,042	416,092	381,838	350,109	332,865

출처: 통계청(2017).

아동급식 사업 추진체계

표 7-14 아동급식 사업 전달체계

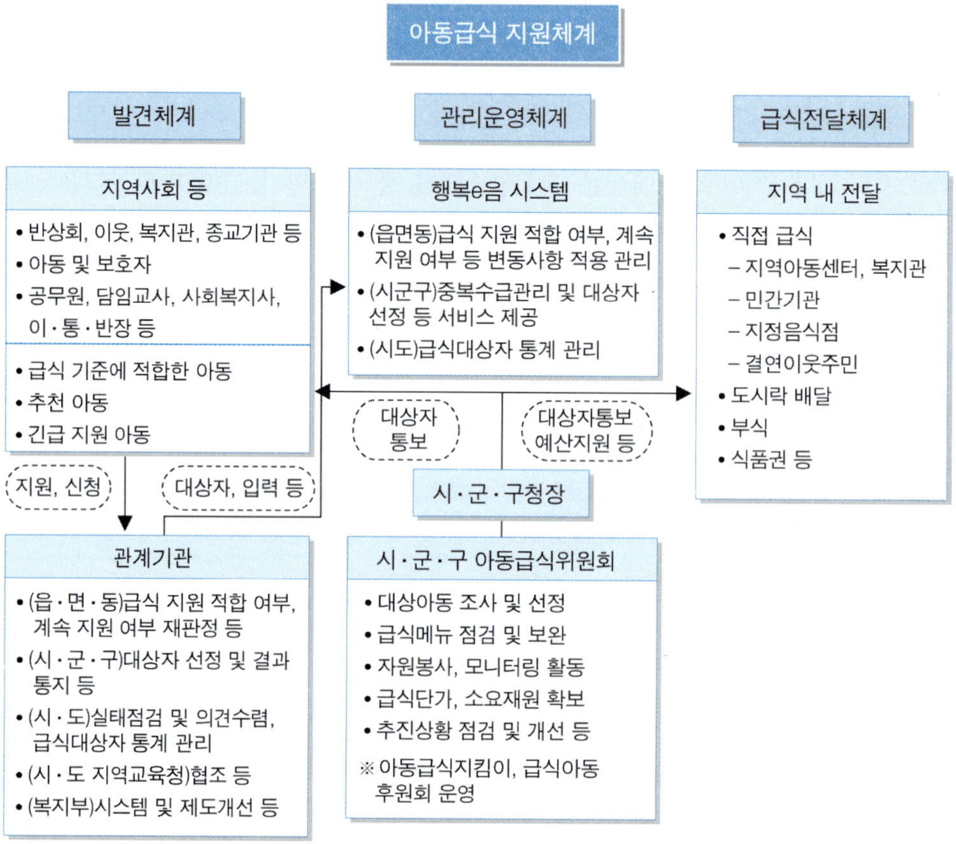

출처: 보건복지부(2017c). 아동분야 사업안내.

4) 방과 후 아카데미

방과 후 사업으로서 교육부 소관의 초등돌봄교실, 보건복지부 소관의 지역아동센터, 여성가족부 소관의 청소년 방과 후 아카데미가 있다. 이 중 방과 후 아카데미는 방과 후에 나홀로 있는 취약계층이나 맞벌이, 한부모 등의 저소득층 위주의 어려운 가정 청소년에 대하여 보충학습, 저녁급식, 문화체험 등 공적 서비스를 제공함으로써 건전한 성장을 지원하는 사업이다. 사업추진기관은 청소년수련관, 청소년수련원, 청소년문화의 집 등이며, 정부에서 비용을 지원한다. 2005년도 46개소에 국가 시범사업으로 시작하여 오늘에 이르고 있다.

운영 방법은 개소 당 60명, 40명, 30명 등 단위로 편성하고, 1일 5시간 이내, 토요일과 방학을 포함하며, 지도자로 전담인력, 전문프로그램 강사, 자원봉사 인력풀을 이용한다. 지원 내용은 자기주도학습, 보충학습 지원, 전문제험활동, 상담 및 생활 지도, 캠프, 부모교육, 급식 및 건강 지원, 귀가차량 지원 등이다.

표 7-15 청소년 방과 후 아카데미 연도별 사업 규모 (단위: 개소, 명)

구분	2010년	2011년	2012년	2013년	2014년	2015년
개소 수	161	200	200	200	200	250
청소년 수	6,762	8,200	8,200	8,200	8,000	9,000

출처: 교육부, 보건복지부, 여성가족부, 행정자치부, 한국교육개발원(2015).

5) 디딤씨앗통장사업

아동발달지원계좌(CDA)는 저소득층 아동에게 18세 이후의 자립자금 마련을 지원함으로써 빈곤이 대물림되는 안타까운 현실을 극복하도록 지원하는 정책이다. 선진외국의 경우 저소득층의 빈곤 원인이 자립에 필요한 학자금, 창업자금, 기술 습득 자금, 주거 마련 등 자립자금을 확보하지 못하는 데 있음을 깨달아 아동자립자금을 마련하는 사업을 도입하였다. 즉, 영국에서는 2005년 4월부터 Child Trust Fund(아동용 장기신탁펀드)를 도입하여 운영하고 있으며, 미국 역시 저소득층의 주택 구입, 창업, 기술 습득 등 자립목적 저축에 대하여 정부·민간이 매칭펀드를 제공하고 있다.

2007년도 4월부터 시설아동, 소년소녀가정아동 등 보호필요 아동이 보호자나 후원자의 지원으로 월 4만 원 이내의 기본적립금을 적립하면 정부에서도 만 17세까지 같은 금액으로 지원하여 18세 이후 사회진출 시 학자금, 기술습득 비용, 창업 비용 등 자립자금으로 사용할 수 있도록 하는 디딤씨앗통장사업을 추진하게 되었다.

아동과 정부가 함께 저축한 자립자금은 18세 이후 아동의 사회진출 시에 학자금·기술자격 취득 및 취업훈련 비용·창업 지원금·주거마련, 의료비, 결혼자금 등으로 사용할 수 있게 되어 자립의 발판이 되는 것이다. 드림스타트 및 아동발달 지원계좌와 같이 아동빈곤에 대한 적극적이고 예방적인 복지투자의 확대는 빈곤세습의 고리를 단절하고 인적 자본을 축적하여 사회통합의 실현을 기대할 수 있으며, 향후 사회비용을 절감하는 효과를 기대할 수 있다는 점에서 앞으로 더욱 확대·발전되어 나가야 할 사업이 될 것이다(보건복지부, 2007: 260-261).

표 7-16 아동 유형별 디딤씨앗통장 가입 현황(2019년 말 현재) (단위: 명)

구분	총합계	시설보호 아동	가정위탁 보호아동	소년소녀 가정아동	공동생활 가정아동	장애인 시설보호 아동	가정복귀 아동	기초생활 수급자 가정아동
총가입자	89,770 (100%)	11,424 (14%)	6,044 (9%)	36 (0%)	2,553 (3%)	1,103 (1%)	2,934 (4%)	55,728 (69%)

자료: CDA사업단(2017).

디딤씨앗통장 사업 추진체계

〈디딤씨앗지원사업단〉

시·도 또는 시·군·구는 지역 자립지원 전담기관에서 디딤씨앗통장의 후원 개발 및 홍보 등의 업무를 수행하도록 할 수 있으며, 가능한 경우 별도의 지역 디딤씨앗지원사업단을 설치하여 운영할 수 있음

※ 중앙사업단은 한국사회복지협의회에서 위탁·운영 중이며, 광역 및 기초 사업단의 경우 한국사회복지협의회 시·도 및 시·군·구 조직 등을 활용하여 운영

※ 시·도사업단은 부산광역시와 경상남도 등 일부 지자체에서 설치 운영 중이며, 그 외 지자체에서는 담당 공무원만으로 업무를 보고 있다.

표 7-17 디딤씨앗통장 사업 전달체계

보건복지부	사업총괄, 사업계획 수립 및 추진 행정 지원
자방자치단체	신청자 접수, 대상자 선정, 매칭금 지급, 사업결과 보고 등
디딤씨앗지원사업단	사업운영 관리, 후원 개발, 홍보, 대상자 경제교육
금융기관	계좌 관리, 금융상품 운용, 계좌별 매칭 지원금 입금 등
아동복지시설 등	아동복지시설, 가정위탁지원센터, 장애아동시설 등 - 아동적립금 후원 개발, 아동저축 사례 관리 등

출처: 보건복지부(2017c). 아동분야 사업안내.

3. 빈곤아동 지원서비스의 과제

1) 취약계층아동 통합서비스 지원사업(드림스타트)의 과제

① 취약계층아동 정책의 통합조정기능을 강화하기 위하여 컨트롤 타워가 필요하다. 드림스타트는 아동 분야를, 희망복지지원단은 가족에 초점을 둔 서비스를 제공 중이다. ② 드림스타트사업에 있어서 서비스 대상자의 확대가 요구된다. 서비스가 필

요한 일반아동에게까지 공평한 서비스를 실시하는 역할을 수행할 것이 필요하다. ③ 사업대상자의 명확한 선정 기준이 필요하다. 드림스타트의 아동 기준은 0~12세 이하의 취약계층 아동이다. 그러나 전국 가구평균소득 등 기준 사업대상자를 정확히 제시할 것이 요구된다. ④ 사업 연령의 유연성이 확보되어야 한다. 12세를 초과하면 보호의 연속성이 종결되므로 유사한 공공 영역의 복지전달체계(예, 희망복지지원단)와 연계가 필연적이다. ⑤ 민간전문요원의 고용 안정성이 요구된다. 정부에서 채용 형태를 현재의 계약직에서 무기계약직으로 전환하여야 할 것이다. ⑥ 전담인력의 확대와 사례관리 인원의 적정성 확보가 요구된다. 드림스타트센터는 공무원, 민간전문요원 등 5명~8명이 300명~400명을 대상으로 교육, 복지, 건강 등 서비스를 제공 중이다. 서비스 대상자 수, 서비스 대상자의 확대 가능성 등을 고려해야 할 것이다. ⑦ 지역사회 내 서비스 연계체제 강화가 요구된다. 다양한 자원을 가지고 있는 민간 영역의 기관들을 후원 개발하여 서비스 연계를 위한 인프라를 확대할 것이 필요하다. ⑧ 기타 드림스타트사업 홍보를 강화하고, 예산 지원을 확대하며, 수요자 중심의 맞춤형 특화된 프로그램의 개발이 요구되고 있다(부산여성가족개발원, 2014).

2) 아동복지종합서비스(지역아동센터) 제공의 과제

① 지역아동센터의 우선보호아동 비율을 완화할 필요가 있다. 이용아동 조건 완화를 통한 일반아동의 이용 확대를 검토할 것이 요구된다. ② 종사자의 배치 기준 강화를 통한 인력 확충이 필요하다. 현재 30인 미만 지역아동센터에 원장과 생활복지사 각 1명이 근무하면서 학습지도, 상담, 보조금 처리, 기타 행정 업무를 모두 수행하고 있어 양질의 서비스를 기대하기 어렵다. ③ 지역아동센터의 기본운영비 지원을 확대할 필요가 있다. 프로그램비를 기본운영비의 15% 이상 지출하고, 85%를 인건비 및 관리운영비로 사용하는 구조에서는 종사자 처우개선이 어렵다. ④ 인건비 지급 기준 강화로 종사자 처우를 개선할 것이 요구된다. 현재 호봉제를 실시하지 않고 사회복

지이용시설 종사자 보수체계의 1호봉을 기준으로 지원하고 있다. ⑤ 지역아동센터시도지원단의 역할 강화가 요구된다. 정보관리, 민간자원 개발 · 연계지원 등으로 네트워크를 강화할 필요가 있다. ⑥ 기타 아동의 욕구를 반영한 수요자 중심의 프로그램 운영과 후원자 발굴 강화, 지역사회 협력체계 활성화 등이 요구되고 있다(부산여성가족개발원, 2013b).

3) 아동급식 지원사업의 과제

① 시 · 군 · 구 아동급식위원회의 활성화가 필요하다. 기초자치단체의 아동급식위원회가 각 지역의 제반 여건을 고려하고 지역사회의 자원을 활용하는 방안 마련 등을 위한 다양한 의견수렴과 대안 제시의 기능을 수행해야 한다. ② 대상자 선정에 대한 명확한 기준이 필요하다. 급식 대상자는 보호자의 식사제공이 어려워 결식 우려가 있는 아동으로 추상적으로 정의되어 있다. 객관적인 선정 기준이 대상아동 및 가족의 구체적인 욕구별로 명료하게 규정되어야 한다. ③ 단체급식이 확대되어야 한다. 사회복지관이나 지역아동센터 등 복지시설을 적극 이용할 수 있도록 재정 지원과 네크워크 강화가 요구된다. ④ 학교시설을 활용한 급식 지원이 확대되어야 한다. 급식시설과 영양사의 도움을 받고 학습 지원 등의 프로그램을 병행하여 제공한다면 효과적일 것이다. ⑤ 급식단가의 인상이 필요하다. 아동에게 양질의 급식이 이루어지기 위해서 중앙정부차원의 지원이 필요하다. ⑥ 지역아동센터 운영비와 급식비의 통합이 필요하다. 지역아동센터의 운영비 지원과 아동급식비 지원이 분리되어 운영되고 있어 구조를 개선할 것이 요구된다(부산여성가족개발원, 2012).

4) 디딤씨앗통장(CDA)사업의 과제

① 정부 매칭금 월 한도금액의 상향 조정이 필요하다. 현재 월 4만 원의 금액은

2008년 이후 큰 변동이 없다. ② 1년 이상 미적립 통장 대상자는 해지할 것이 요구된다. 정부 매칭금의 예산 부족문제와 통장 개설 후의 적립 유도를 위해서 제한이 필요하다. ③ 아동 월 저축한도액을 증액할 것이 요구된다. 아르바이트와 취업 등으로 자립을 하고자 하는 아동들에게 현재의 월 50만 원의 한도 금액은 인상이 필요하다. ④ 퇴소 후 일부라도 인출할 수 있도록 할 것이 요구된다. 현재는 사용 용도를 한정하고 있고 전액을 인출할 수 있도록 하고 있으므로, 등록비 등 사용 후 남는 금액은 재 적립할 수 있도록 할 필요가 있다. ⑤ 시설의 무호적자에 대하여 계좌발급 기준과 근거 마련이 필요하다. 이들은 출생신고나 일가창립 호적신고가 지연되어 혜택에서 소외되고 있다. ⑥ 퇴소 후 아동의 부모 사용 인출 중지가 요구된다. 부모가 있는 시설아동은 퇴소를 하면 가정복귀하기 때문에 부모가 정부매칭금을 포기하고 해지하고자 할 때는 막지 못하는 실정이다.

Chapter

08

학대받는 아동을 위한 아동보호서비스

아동학대는 최근 들어 사회적 이슈로 대두되고 있으나 오랜 기간 동안 단순한 '가정사' 내지 '부모 소유물에 대한 통제방식' 정도로 여겨져 왔다. 이러한 사회적 분위기 속에서 학대자를 처벌할 수 있는 근거규정이 부재하였고, 또한 전통적으로 체벌을 훈육의 수단으로 묵인하여 온 우리나라의 분위기에서는 아동을 학대하는 부모 및 성인에 대하여 학대 행위를 합리화시키고 학대받는 아동을 위한 강제 보호조치가 실현될 수 없었다.

그러나 2000년 7월 13일부터 개정 「아동복지법」이 시행됨으로써, 아동에게 심각한 피해를 초래하고 있음에도 불구하고 우리나라의 문화적 특성으로 인해 이에 대한 대책이 전무하였던 아동학대 문제에 대한 사회적 개입이 시작되었다. 또한 법에 근거하여 아동보호전문기관이 아동학대 문제에 대한 개입 및 예방 등 아동보호체계의 중추적 기능을 담당하고 있다.

또한 최근 들어 사회적 반향을 일으킨 아동학대 사건들이 발생되고 있어서, 아동학대를 근절해야 한다는 국민적 요구와 '가정내 훈육'으로 치부되던 아동학대를 중대한 범죄로 인식하고 국가가 적극적으로 개입하기 위해 「아동학대범죄의 처벌 등에 관한 특례법」이 2014년 1월 28일 제정되어 2014년 9월 29일부터 시행되고 있다.

2019년 발표된 포용국가 아동정책으로 아동학대 대응체계의 공공성이 강화되었다.

1. 아동학대의 개념 및 유형

1) 아동학대의 개념

기존의 의료, 법률 및 사회복지계에서는 아동학대를 적극적 학대 행위뿐 아니라 소극적 방임을 포함하여 신체적 학대, 정서적 학대, 성학대, 방임 및 영양실조, 유기 등으로 아동발달 전 영역에 걸친 개념으로 광의적으로 규정하고 있다. 미국 아동학대예방법에서는 아동학대란 “아동의 정상적 발달을 위하여 아동이 당연히 누려야 할 생활환경과 아동이 처한 실제 환경 간에 발생하는 격차와 결함”으로 정의하고 있다.

최근 개정된 「아동복지법」에서 “아동학대란 보호자를 포함한 성인이 아동의 건강·복지를 해치거나 정상적 발달을 저해할 수 있는 신체적·정신적·성적 폭력이나 가혹 행위를 하는 것과 아동의 보호자가 아동을 유기하거나 방임하는 것”으로 정의되고 있다. 「아동복지법」상에서 아동은 만 18세 미만의 자이며, 보호자란 “친권자, 후견인, 아동을 보호 양육·교육하거나 그 의무가 있는 자 또는 업무·고용 등의 관계로 사실상 아동을 보호·감독하는 자”로 아동의 부모를 포함하여 18세 미만의 아동을 보호하는 모든 사람으로 포괄적으로 규정되어 있다.

2) 아동학대의 유형

(1) 신체적 학대

- 보호자를 포함한 성인이 아동에게 우발적 사고가 아닌 상황에서 의도적으로 신체손상을 입히거나 또는 신체손상을 입도록 한 모든 행위
- 물건을 사용하여 때리거나 던지는 행위, 떠밀고 움켜잡는 행위, 발로 차거나 물어뜯고 주먹으로 치는 행위, 칼 등의 흉기로 위협을 하거나 저해하는 행위, 12개월 이하의 영아에게 가해진 체벌 등

(2) 정서적 학대

- 보호자나 양육자가 아동에게 행하는 언어적 모욕, 정서적 위협, 감금이나 억제, 기타 가학적 행위
- 아동의 인격이나 감정·기분을 심하게 무시하거나 모욕하는 행위, 좁은 공간에 장시간 혼자 가두어 놓는 행위, 원망적·거부적·적대적 또는 경멸적 언어폭력 등

(3) 성적 학대

- 성인이 자신의 성적 충족을 목적으로 미성숙한 아동과 함께 하는 모든 성적 행위
- 성적 유희, 성기 및 자위행위 장면의 노출, 포르노비디오를 아동에게 보여 주는 행위, 성기 삽입, 성적 접촉, 강간 등과 같은 접촉 행위, 아동 매춘이나 매매 등의 행위

(4) 방 임

- 보호자가 아동에게 고의적, 반복적으로 아동양육 및 보호를 소홀히 함으로써 아동의 정상적 발달을 저해할 수 있는 모든 행위
- 기본적 의식주를 제공하지 않거나 불결한 환경 및 위험한 상태에 아동을 방치하는 물리적 방임, 아동을 학교에 보내지 않거나 아동의 교육적 욕구를 소홀히 하는 교육적 방임, 아동에게 필요한 의료적 처치 및 예방접종 등을 실시하지 않는 의료적 방임 등

신체적 방임이란 아동의 신체적 건강과 안전을 저해할 수 있는 상황으로 아동을 장시간 위험에 방치하거나 비위생적 상태로 내버려 두거나 적절한 음식과 의복 등을 제대로 주지 않는 경우를 포함한다. 정서적 방임은 아동이 보호자의 적절한 관심과 사랑을 받지 못하는 상태로서 아동에게 격려와 칭찬, 조언을 주지 않는 것뿐만 아니라 부부 간의 싸움이 반복되어 심리적 보살핌을 소홀히 하는 경우를 포함한다. 교육적 방임은 보호자가 아동의 교육에 필요한 경제적·정서적 지원을 제대로 하지 못하는 경우를 말하며, 의료적 방임은 아동의 건강유지에 필수적 의료서비스를 제공하지 않는 상태를 말한다. 성적 방임이란 아동에게 성인의 성관계나 성 관련 시청각자료에 노출되게 하는 상태를 포함한다. 방임의 극단적인 경우로 유기를 포함할 수 있다.

(5) 유 기

- 성인의 보호감독을 받아야 하는 아동을 버리는 행위

2. 아동학대의 원인과 특성

아동학대의 원인으로 주양육자인 부모의 정신병리적 범주와 학대를 유발하는 아동 측의 요인도 고려되는 상호작용적 범주 및 사회문화적 측면을 고려하는 환경적·사회적·문화적 범주로 나누어 볼 수 있다. 아동학대의 특성으로 학대받은 아동의 징후와 후유증에 대하여 알아보고자 한다.

1) 아동학대의 원인

방임 및 아동학대는 가정, 학교, 사회 등의 곳곳에서 발생하지만, 그중에서도 가장 근원적이며 지속적인 학대는 아동 자신의 가정에서 주 양육자인 부모에 의해 발생하고 있다(주정일 외, 1998: 192-193).

(1) 정신병리적 원인

부모의 심리정신적 범주에서 아동학대의 원인을 찾을 수 있다.

① 심리역동적 모델

자녀와의 애착이나 유대감의 부족, 아동과의 신뢰관계가 형성되지 않거나 좌절에 대해 극복하는 능력의 어려움과 같은 부모의 특성을 들 수 있다. 알코올중독이나 빈곤과 같이 부모로서의 무능함이 원인이 될 수 있으며 특히 어린 시절 학대 경험 유무가 큰 영향을 미친다.

② 정신질환적 모델

아동학대는 학대자가 정서적·정신병리적 문제나 성격장애를 가지고 있으며 이러한 부모의 정신질환적 문제로 인해 아동학대가 발생한다는 모델이다. 그러나 연구결과에 의하면 전체 아동학대 사례 중 정신질환 부모에 의한 아동학대는 5% 미만이라고 한다.

③ 성격기질적 모델

아동학대는 부모의 특정 기질에서 기인한다는 모델이다. 즉, 아동을 학대하는 부모는 다음과 같이 네 가지로 범주화할 수 있다. 세상에 대한 적대감을 가지고 작은 분노를 참지 못하는 경우, 자신이 믿고 있는 것에 대한 강박적 행동, 냉정하고 수동·의존적 기질, 부모로서 무능하고 미성숙하며 충동적인 경우가 그것이다.

(2) 상호작용적 범주

아동학대는 부모 요인뿐 아니라 학대를 유발하는 아동 측의 요인도 있다는 근거에서 출발하고 있다.

① 아동의 역할

비정상적이며 독특한 아동의 기질, 건강, 장애 및 발달지체, 문제행동이나 과잉행동, 수동·공격적 행동, 다루기 힘든 충동성, 잦은 울음이나 심한 투정 등으로 부모가 양육하기에 힘든 아동의 특수한 기질이 학대를 유발하는 요인이 될 수 있다.

② 학대를 유발하는 사건

원하지 않는 임신에 의한 아동(unwanted baby), 출산 시의 어려움, 아동의 역량을 무시한 채 아동에게 거는 기대감은 부모가 아동과의 애착 형성에 부정적 사건이 될 수 있으며 이는 부모의 애정표현을 방해하는 요인이 될 수 있다.

③ 가족구조적 모델

가족 간의 개별적 경계가 무시된 채 심한 속박이나 구속, 아동이 가족체계 유지를 위한 속죄양이 되는 경우와 같이 역기능적 가족 유형이 학대의 주 요인이 될 수 있다는 것이다.

(3) 환경적 · 사회적 · 문화적 범주

① 환경적 스트레스 모델

부모의 낮은 교육 수준, 빈곤, 실직, 직업적 스트레스와 같은 환경적 스트레스는 부모의 통제력을 약화시켜 학대행동을 유발하는 요인이 될 수 있다는 것이다.

② 사회학습 모델

부모 자신이 어린 시절에 받았던 훈육 양상을 자녀에게 그대로 적용하는 것이다. 실제로 학대부모의 경우 효과적이고 바람직한 훈육 방법을 배우지 못하고, 아동의 발달과정상의 특성에 대한 이해를 하지 못했으며, 부모라는 직무 자체에 대한 인식과 만족도가 낮은 경우가 많다.

③ 사회심리적 모델

부부 간의 불화 및 실직 등으로 인한 사회적 고립, 원하지 않는 아동이거나 너무 많은 자녀 및 이로 인한 좌절과 스트레스와 같은 사회적 요인이 부모의 어린 시절 아동학대 경험과 같은 심리적 요인에 더해져 학대가 유발될 수 있다는 것이다.

④ 심리사회적 체계 모델

가족의 역기능적 체계와 환경적 스트레스, 그리고 사회문화적 측면 모두에서 그 요인을 찾고 있다. 부모, 아동, 환경, 사회관계체계 간의 상호작용 속에서 학대의 가능성을 찾을 수 있으며 체벌이 훈육의 한 형태로 인정된 문화에서는 학대 가능성이 보다 높아진다고 볼 수 있다.

2) 학대받은 아동의 특성

(1) 신체적 징후

피부에 멍든 상처, 할퀴거나 물린 자국, 회초리나 구두주걱에 의한 자국, 목 졸린

흔적, 신체 일부의 변형(cauliflower ear) 및 절단, 화상, 담뱃불로 지진 상처, 치아 · 사지골절 및 안구출혈, 고막파열, 내부장기파열, 두뇌손상 등 다양한 경우를 들 수 있다. 학대받은 아동은 키와 몸무게가 평균에 미달되는 경우가 많으며 영양상태가 불량하고 빈혈 등의 증세를 보인다. 또한 신체화 증상뿐 아니라 머리가 아프다, 팔다리가 쑤신다, 숨이 차다, 소변이 자주 마렵다, 입맛이 없다, 배가 아프다와 같은 증상을 자주 호소하곤 한다.

다리 후면, 팔 윗부분, 가슴, 목, 머리, 생식기에 난 타박상은 학대의 징후가 될 수 있으며, 옷으로 가려진 부분의 타박상, 손자국, 벨트 자국, 눌린 자국과 멍든 부위의 색깔이 서로 다르면 여러 차례 학대가 이루어진 것으로 짐작할 수 있다. 12세 미만의 영아의 골절, 3세 이하의 아동에게 나타나는 나선형 골절은 아동학대의 징후로 볼 수 있다.

(2) 행동적 징후

공격적 행동, 과잉행동, 주의산만, 충동성, 인내심의 결여, 퇴행행동, 우울, 공포증상 등을 보인다. 등교거부, 학습부진, 식욕부진, 섭식장애, 호흡곤란, 말더듬, 자살행동의 시도를 보이기도 하며 성인에 대한 불신으로 인해 대인관계 기피 증상을 나타내기도 한다. 눈치를 살피고 항상 뭔가 더 필요하고 부족한 듯하며 관심과 사랑을 더 원하는 것처럼 행동하거나 아예 무관심한 듯 행동하기도 한다. 소극적으로 경계하거나 애착을 보이지 않는 행동, 실패를 몹시 두려워하며 빈약한 또래관계를 보인다.

(3) 정서적 징후

외상 후 스트레스 장애(Post Traumatic Stress Disorde, PTSD), 불안정한 애착, 낮은 자존감을 공통적 특성으로 보인다. 자아기능의 손상으로 전반적 인지기능의 결함을 보이며 급성 불안반응으로 인한 손상반응과 불안 상태를 보이기도 한다. 어린 시절의 폭력과 거부에 노출되는 경험은 '기본적 신뢰감' 형성에 결함을 가지게 하여 부모나 그 외의 대인관계에서 사랑과 적대적인 면을 통합하는 능력이 부족함을 보인다. 학대받는 아동은 자신의 행동으로 인해 벌을 받게 되는 것으로 생각하게 되고, 결국 부정적 자아개념을 형성하게 되며 이는 자기파괴적 행동이나 자해행동, 공격적 행동으로 이어지기도 한다.

(4) 성학대 결과

아동기 성학대 경험은 심한 후유증을 나타낸다. 공포와 불안, 악몽, 무력감, 퇴행, 공격적 행동을 포함한 외상 후 스트레스 장애를 보이며 성적 이상행동과 같은 징후를 보이기도 한다.

성에 대해 감당할 수 없는 노출로 인해 낮은 자존감, 또래관계에서의 어려움, 친구와의 친밀감 형성의 어려움, 무분별한 성관계나 성에 대한 집착을 보이기도 하며 분노, 배신감을 표출하기도 한다.

성학대 경험이 있는 아동은 청소년으로 자라면서 폭식을 하거나 약물중독, 가출, 심한 자위, 자해행동 등을 보일 가능성이 크며 성적 행동상의 문제를 보일 가능성이 더 많을 수 있다.

(5) 방임의 결과

방임 상태에 있는 아동은 아동기를 보내고 나면 심술궂고 이기적인 아동이 되거나 도벽 증세를 보이기도 한다. 반항적이고 적대적인 행동을 보이기도 하며 저학년 때부터 학업과 행동에 많은 문제를 보일 수 있다. 계절이 지난 옷을 입고 있거나 목욕을 하지 않아 청결하지 못하고, 적절한 옷을 갖춰 입지 않아 용모가 지나치게 흐트러져 있는 등 기본적으로 필요한 의식주를 제공받지 못해, 아동의 신체 보호, 영양 공급, 건강보호가 이루어지지 않아 아동에게 치명적 손상을 초래하기도 한다. 거의 대부분의 방임은 지속적이고 천천히 아동에게 피해를 주기 때문에 아동에게 세상에 대한 탐색과 다른 사람과의 관계를 맺고자 하는 의지를 상실하게 한다.

3. 우리나라의 아동보호체계

아동학대와 관련한 기관들과 아동학대사건 처리 절차 및 아동학대 관련 통계 현황을 알아보고, 아동학대 사례의 신고접수, 조사 조치의 개입과 과정을 살펴본다.

1) 아동보호전문기관 및 학대피해아동쉼터

(1) 아동보호전문기관

아동보호전문기관은 아동학대 신고접수 및 현장조사를 수행한다. 직원은 아동학대범죄가 행하여지고 있는 것으로 신고된 현장에 출입하여 아동 또는 아동학대 행위자 등 관계인에 대하여 조사를 하거나 질문을 한다. 또한, 아동 격리나 보호 등의 응급조치와 행위자를 아동으로부터 격리하는 등 임시조치를 한다. 이 과정에서 폭행 또는 협박하거나 위계 또는 위력으로써 업무 수행을 방해한 사람은 5년 이하의 징역 또는 1천 500만 원 이하의 벌금에 처한다(아동학대처벌법).

아동학대범죄 행위 제지 및 아동학대 행위자를 격리하는 응급조치를 취하며, 피해아동을 보호시설 및 의료기관으로 인도하는 응급조치 및 상담·치료 등의 서비스를 제공한다. 응급조치는 72시간을 넘길 수 없으며, 다만 검사가 임시조치를 법원에 청구한 경우, 법원의 임시조치 결정 시까지 연장된다. 사법경찰에게 아동학대 행위자에 대한 임시조치를 청구 요청하며, 임시조치 · 조건부 기소유예 · 보호처분 등을 받은 학대행위자에 대한 상담 · 교육을 위탁 수행한다. 피해아동 및 학대행위자 · 가족에 대한 상담 · 교육 등의 서비스를 제공하며, 행위자 접근금지 등 긴급 임시조치 신청, 피해아동보호명령 청구 등을 실시하고, 시설 내 학대의 경우는 필요 시 지자체에 현장조사 동행을 요청한다.

피해아동 가정의 사후관리를 실시하고, 아동학대사례 전문위원회를 운영한다. 국가 아동학대정보시스템에 아동학대 업무수행 결과를 입력 및 보존하며, 아동학대 예방 교육 및 홍보를 실시하고, 지역사회 자원 개발 및 관련기관 협력체계를 구축한다. 시장 · 군수 · 구청장에게 피해아동의 기초생활 보장급여 또는 의료급여 등 필요한 보호 및 양육조치를 의뢰하고, 친권행사 제한 또는 친권행사 상실 청구를 요청한다.

(2) 학대피해아동쉼터

학대피해아동쉼터는 2015년도부터 설치되었다. 아동보호전문기관 설치 · 운영에 대하여 국비지원이 시작되면서, 기존 공동생활가정의 전환 또는 신규 공동생활가정 설치를 통하여 아동학대 피해아동만 입소하도록 한 특수공동생활가정이다. 주요 기능은 피해아동의 보호 및 숙식, 생활지원, 상담 및 치료, 교육 및 정서지원을 한다. 설치기준은 전용면적 85m^2 이상의 기존 공동생활가정과 달리 100m^2 이상의 주택형 숙사로서 방 4개 이상으로, 방 하나를 심리치료실로 활용하도록 하고, 심리치료 전문인력도 종사자로 배치하고 있다. 보육사(1명 원장 직무수행)는 3명 이상이 기본 배치된다.

아동학대 가해자로부터 분리 조치된 피해아동을 분리 조치 즉시 신속하고 안전하게 보호하게 된다. 일시보호 성격의 시설로서 3개월~9개월간 집중 심리치료 또는 몇 년간의 생활지도를 받고 원가정복귀 · 가정위탁 · 일반 공동생활가정으로 전원하게 된다. 기타 시설 설치 · 운영 등에 관하여는 일반 공동생활가정 운영지침을 따른다. 2016년에는 전국 53개소가 운영되었고, 1,030명의 아동이 보호되었다. 2016년 한 해 이 중 782명이 퇴소하였으며, 향후 계속 증가될 것으로 예상된다.

2) 행정기관 및 학대사건 처리기관

(1) 행정기관

아동학대예방사업을 다루고 있는 행정기관으로는 보건복지부, 법무부, 여성가족부, 교육부와 시·도 및 시·군·구를 들 수 있다.

보건복지부에서는 아동학대 예방을 위한 정책 수립, 아동보호전문기관·학대피해아동쉼터 설치 및 운영 지원, 아동보호전문기관의 업무실적 평가 등을 실시하며, 법무부에서는 아동학대 범죄의 처벌 및 피해아동 보호에 관련한 법 마련, 아동학대 행위자 교정·교화 지원체계 마련 등을 실시하고, 여성가족부에서는 가정폭력예방과 아동학대예방 교육 및 홍보, 가정폭력피해자 보호시설 내 피해아동 보호 지원 등을 실시하며, 교육부에서는 아동학대 예방교육 프로그램 개발 등 교육 지원, 피해아동의 입학, 전학 등의 조치를 실시한다.

시·도에서는 시·군·구의 피해아동 보호조치 및 아동학대예방사업에 대한 관리·감독, 시정조치, 지역 아동보호전문기관 및 학대피해 아동쉼터 설치 및 운영 지원, 업무 지도와 감독, 아동보호전문기관 아동학대조사원증 교부, 아동 입소시설 결정, 아동학대예방 홍보 실시, 지역주민 인식개선을 위한 교육 등을 실시한다.

시·군·구에서는 보호조치를 의뢰받은 때에는 적절한 보호조치 및 긴급 생계지원 실시, 국민기초생활수급자 우선 선정, 아동 입소시설 결정, 응급조치로 보호시설로 인도된 피해아동에 대한 행정적인 조치, 어린이집 등 집단시설에서 아동학대 발생 시 아동보호전문기관의 현장조사 및 개입 협조·행정조치, 법원에 아동학대 행위자인 친권자에 대한 친권행사의 제한 또는 친권상실 청구, 사회복지시설 등에서의 아동학대예방을 위한 지도·감독, 아동학대 신고의무 불이행 및 긴급 임시조치 불이행, 보호처분 불이행, 보호처분에 대한 보고서 또는 의견서 제출 요구 거부에 대한 과태료 부과, 아동학대예방 홍보, 지역주민 인식개선을 위한 교육 등을 실시한다.

읍·면·동에서는 관할 지역 내 학대가 의심되는 아동에 대해 112 신고, 학대피해

아동 조기발견을 위해 지역 내 복지서비스 제공기관, 보건소, 통·반장 등을 통한 아동학대 신고 협조체계 구축, 아동보호 전문기관이 피해아동 및 보호자·학대행위자의 신분조회를 요청할 경우 적극 협조(주민등록표 등·초본 열람·발급, 외국인등록 사실증명 열람·발급, 국민기초생활 수급자 여부, 장애인등록증의 열람·발급 등) 및 수수료 면제, 현장조사 시 동행 요청에 협조하는 등 아동보호 전문기관의 피해아동 보호조치가 원활히 진행될 수 있도록 협조 등을 실시한다.

(2) 경찰

경찰은 고소·고발이 진행되고 있는 경우 진행과정 정보 공유에 대한 지역아동보호전문기관 요청에 협조, 아동학대 신고접수(112) 및 직무상 아동학대 의심사례를 알게 된 경우, 반드시 아동보호전문기관에 통보 및 사례내용 공유, 아동보호전문기관에 접수된 신고사례에 대해 현장조사 시 동행 협조, 수사과정에서 학대행위자의 위협으로부터 피해아동 및 아동보호전문기관 상담원 신변안전 확보, 응급조치를 요하는 아동학대 사례를 일시보호시설 또는 의료기관에 조치 의뢰, 아동학대행위자에 대한 긴급임시조치 결정·집행 및 임시조치 신청, 아동학대사건송치, 신고의무자의 신고의무 준수 여부를 조사하고 지방자치단체에 과태료 부과 요청, 단독으로 조사한 사례에 대한 현장조사 결과를 국가 아동학대정보시스템에 입력 등을 실시한다.

(3) 검찰

검찰은 아동학대행위자에 대한 임시조치 청구 및 수사·처분 방향 결정, '친권상실의 선고 또는 후견인의 변경 심판' 청구, 아동보호전문기관 등에 상담·치료·교육 명령, 성폭력·아동학대 전담검사제도, 진술조력인제도 및 피해자 국선변호사 제도를 활용하여, 피해아동 보호, 아동학대행위자의 위협으로부터 피해아동 및 아동보호전문기관 상담원 등의 신변안전 확보 등의 조치 등을 실시한다.

(4) 보육 및 교육기관

교육기관 등에서는 아동학대의심사례 조기 발견 및 경찰 또는 아동보호전문기관에 신고(신고전화 112), 아동학대 신고의무자 교육 실시, 아동보호전문기관 상담원 및 경찰이 학교를 방문하여 현장조사(아동상담)를 실시할 경우 협조, 피해아동과 부모에 대한 치료적 개입 및 협조, 피해아동의 학교생활, 가족력 등 관련 자료 제공, 피해아동에 대한 학교사회사업 서비스 제공, 아동, 부모 및 교사 대상의 아동학대예방 홍보 및 아동의 권리와 학대 예방 등에 관한 교육 실시, 피해아동의 입학, 전학 등의 신속한 조치와 편의도모 등을 실시한다.

(5) 법원

'아동의 최선의 이익 우선 원칙'에 따른 사법적 소송 진행, 피해아동에 대한 임시보호명령 및 피해아동 보호명령 결정, 아동학대행위자에 대한 임시조치 결정, 아동보호전문기관으로의 상담·교육 위탁 시 이행사항 확인 및 수행기관의 의견 청취를 통한 성행교정 상황 모니터링, 아동학대행위자에 대한 보호처분 결정 및 그 이행상황 모니터링, 피해아동의 법률적 보호 및 학대행위자에 대한 보호처분 등에 대해 아동보호전문기관과의 긴밀한 협조, 아동학대행위자에 대한 형사판결, 보호처분 결정, 친권의 상실 선고·후견인 변경 심판, 후견인의 지정 등을 실시한다.

3) 아동학대 통계 현황

아동학대 현황은 보건복지부와 중앙아동보호전문기관에서 2019년에 발행한 '2018 전국아동학대현황보고서' 분석 자료를 살펴본다. 신고접수, 신고자 유형, 사례판단 현황, 피해아동 가족유형, 학대행위자와 피해아동과의 관계, 아동학대 발생장소, 아동학대사례 유형, 유형별 피해아동 연령, 피해아동 상황, 학대행위자 고소·고발 등 사건처리 결과로 나누어 알아본다. 피해아동 발견율은 1,000명당 2.98‰로 나타났으며,

1개 아동보호전문기관이 담당하는 아동 수는 133,153명으로 나타났다.

(1) 신고접수

2018년 아동보호전문기관에서 집계된 전체 신고접수 건수는 총 36,417건으로 전년* 대비 약 6.6% 증가했다. 이 중 응급 아동학대의심사례는 1,187건, 아동학대의심사례는 32,345건으로 총 아동학대의심사례는 전체 신고접수의 92.1%로 나타났다. 이외 동일신고는 420건(1.2%), 일반상담은 2,464건(6.8%)이었다.

표 8-1 신고접수 건수

(단위: 건, %)

아동학대의심사례			동일신고	일반상담	해외발생 사례	계
응급아동학대 의심사례	아동학대 의심사례	소계				
1,187	32,345	33,532	420	2,464	1	36,417
(3.3)	(88.8)	(92.1)	(1.2)	(6.8)	(0.0)	(100.0)

출처: 보건복지부, 중앙아동보호전문기관(2019). 2018 전국 아동학대 현황 보고서.

(2) 신고자 유형

응급아동학대의심사례 및 아동학대의심사례로 신고접수된 33,532건에 대한 신고자 유형을 살펴보았다. 아동학대 신고의무자에 의한 신고는 9,151건(27.3%)으로 나타났으며, 세부적으로는 초·중·고교 직원이 6,406건(19.1%), 아동복지시설종사자 411건(1.2%), 의료인·의료기사 325건(1.0%) 순으로 높게 보고되었다.

비신고의무자에 의한 신고접수 건수는 24,381건(72.7%)이었으며, 아동보호전문기관 종사자 7,756건(23.1%), 부모가 6,089건(18.2%), 아동본인 4,512건(13.5%), 이웃·친구 1,859건(5.5%) 순으로 나타났다.

표 8-2 신고자 유형

(단위: 건, %)

신고의무자			비신고의무자		
초·중·고교 직원	6,406	(19.1)	아동본인	4,512	(13.5)
의료인·의료기사	325	(1.0)	부모	6,089	(18.2)
아동복지시설종사자	411	(1.2)	형제,자매	403	(1.2)
장애인복지시설종사자	56	(0.2)	친인척	607	(1.8)
보육교직원	213	(0.6)	이웃·친구	1,859	(5.5)
유치원교직원,강사	115	(0.3)	경찰	406	(1.2)
학원강사	18	(0.1)	종교인	18	(0.1)
소방구급대원	24	(0.1)	사회복지관련 종사자*	933	(2.8)
성매매피해시설상담소종사자	8	(0.0)	아동보호전문기관장과 종사자	7,756	(23.1)
한부모가족복지시설종사자	14	(0.0)	의료사회복지사	66	(0.2)
가정폭력상담소보호시설종사자	283	(0.8)	낯선사람	443	(1.3)
사회복지시설종사자	211	(0.6)	익명	228	(0.7)
가정위탁지원센터종사자	25	(0.1)	기타	1,027	(3.1)
아동복지전담공무원	72	(0.2)	법원	34	(0.1)
건강가정지원센터종사자	31	(0.1)			
다문화가족지원센터종사자	52	(0.2)			
정신건강복지센터종사자	48	(0.1)			
성폭력피해자보호시설종사자·성폭력피해자통합지원센터종사자	168	(0.5)			
응급구조사	0	(0.0)			
청소년시설,단체종사자	276	(0.8)			
청소년보호센터,청소년재활센터종사자	121	(0.4)			
아이돌보미	11	(0.0)			
취약계층아동 통합서비스 지원인력	255	(0.8)			
육아종합지원센터종사자	4	(0.0)			
입양기관종사자	4	(0.0)			
소계	9,151	(27.3)	소계	24,381	(72.7)
계			33,532(100.0)		

※ 기존 아동학대처벌법 제10조(아동학대범죄 신고의무와 절차) 제7항에 규정된 사회복지전담공무원의 경우 사회복지사업법 제14조 삭제로 인해 기존 신고의무자 중 사회복지전담공무원 항목을 삭제하고 비신고의무자의 사회복지관련종사자 항목에 통합하였음.

출처: 보건복지부, 중앙아동보호전문기관(2019). 2018 전국 아동학대 현황 보고서.

(3) 사례판단 결과

2018년 아동보호전문기관을 통해 이루어진 사례판단의 경우, 총 아동학대의심사례인 33,532건 중 아동학대 사례는 24,604건(73.4%), 조기지원사례 2,392건(7.1%), 일반사례 6,368건(19.0%)으로 나타났다.

표 8-3 사례판단 결과 (단위: 건, %)

아동학대사례	조기지원사례	일반사례	조사진행중사례*	계
24,604	2,392	6,368	168	33,532
(73.4)	(7.1)	(19.0)	(0.5)	(100.0)

출처: 보건복지부, 중앙아동보호전문기관(2019). 2018 전국 아동학대 현황 보고서.

(4) 피해아동 가족유형

아동학대사례로 판단된 피해아동의 가족유형의 경우, 친부모가족이 13,546건(55.1%), 친부모가족 외 형태는 8,682건(35.3%), 대리양육형태는 258건(1.0%), 기타는 2,118건(8.6%)순으로 나타났다.

표 8-4 피해아동 가족유형 (단위: 건, %)

친부모가족	친부모가족 외 형태								대리양육형태				기타*	계
	부자가정	모자가정	미혼 부·모 가정	재혼가정	친인척보호	동거(사실혼 포함)	소년소녀가정	소계	가정위탁	입양가정	시설보호	소계		
13,546	2,997	2,865	404	1,435	483	490	8	8,682	27	44	187	258	2,118	24,604
(55.1)	(12.2)	(11.6)	(1.6)	(5.8)	(2.0)	(2.0)	(0.0)	(35.3)	(0.1)	(0.2)	(0.8)	(1.0)	(8.6)	(100.0)

출처: 보건복지부, 중앙아동보호전문기관(2019). 2018 전국 아동학대 현황 보고서.

(5) 학대행위자와 피해아동과의 관계

2018년에 아동학대로 판단된 24,604건을 바탕으로 학대행위자와 피해아동과의 관계를 살펴본 결과, 부모 18,919건(76.9%), 대리양육자 3,906건(15.9%), 친인척 1,114건

(4.5%), 기타 665건(2.7%) 등의 순으로 나타났다. 부모에 의해 발생 한 사례 중 친부에 의해 발생한 사례가 10,747건(43.7%), 친모는 7,337건(29.8%), 계부 480건(2.0%), 계모 297건(1.2%) 순으로 높게 나타났다. 대리양육자 중에서는 초·중·고교 직원이 2,060건(8.4%)으로 가장 높았다.

표 8–5 학대행위자와 피해아동과의 관계 (단위: 건, %)

관계		건수(비율)	
부모	친부	10,747	(43.7)
	친모	7,337	(29.8)
	계부	480	(2.0)
	계모	297	(1.2)
	양부	36	(0.1)
	양모	22	(0.1)
	소계	18,919	(76.9)
친인척	친조부	147	(0.6)
	친조모	229	(0.9)
	외조부	74	(0.3)
	외조모	118	(0.5)
	친인척	352	(1.4)
	형제, 자매	194	(0.8)
	소계	1,114	(4.5)
대리양육자*	부,모의 동거인	270	(1.1)
	유치원교직원	189	(0.8)
	초·중·고교 직원	2,060	(8.4)
	학원 및 교습소 종사자	176	(0.7)
	보육 교직원	818	(3.3)

관계		건수(비율)	
	아동복지시설 종사자	313	(1.3)
	기타시설 종사자	27	(0.1)
	청소년관련시설 종사자	33	(0.1)
	위탁부	7	(0.0)
	위탁모	2	(0.0)
	베이비시터	11	(0.0)
	소계	3,906	(15.9)
타인	이웃	145	(0.6)
	낯선 사람	215	(0.9)
	소계	360	(1.5)
기타**		305	(1.2)
계		24,604	(100.0)

출처: 보건복지부, 중앙아동보호전문기관(2019). 2018 전국 아동학대 현황 보고서.

(6) 아동학대 발생장소

아동학대 발생장소의 경우, 전체 아동학대사례 중 가정 내에서 발생한 사례가 19,748건(80.3%)으로 가장 높게 나타났고, 이 중 아동의 가정 내에서 발생한 사례는 19,365건(78.7%)이었다.

어린이집, 유치원, 학교와 같이 아동을 돌보고 교육하는 기관에서 발생한 아동학대는 각각 811건(3.3%), 187건(0.8%), 2,086건(8.5%)으로 파악되었다. 또한 복지시설의 경우, 아동복지시설이 357건(1.5%), 기타복지시설이 60건(0.2%)으로 전체 사례 중 1.7%이었다.

표 8-6 아동학대 발생장소 (단위: 건, %)

발생장소		건수(비율)	
가정 내	아동 가정 내	19,365	(78.7)
	학대행위자 가정 내	383	(1.6)
소계		19,748	(80.3)
집근처 또는 길가		352	(1.4)
친척집		143	(0.6)
이웃집		30	(0.1)
어린이집		811	(3.3)
유치원		187	(0.8)
학교		2,086	(8.5)
학원		154	(0.6)
병원		58	(0.2)
복지시설	아동복지시설	357	(1.5)
	기타복지시설	60	(0.2)
소계		417	(1.7)
숙박업소		94	(0.4)
종교시설		31	(0.1)
기타		493	(2.0)
계		24,604	(100.0)

출처: 보건복지부, 중앙아동보호전문기관(2019). 2018 전국 아동학대 현황 보고서.

(7) 아동학대사례 유형

중복학대를 별도로 분류하여 아동학대의 유형을 살펴본 결과, 중복학대가 11,792건(47.9%)으로 가장 높았다. 정서학대 5,862건(23.8%), 신체학대 3,436건(14.0%), 방임 2,604건(10.6%), 성학대 910건(3.7%) 순으로 높게 나타났다. 중복학대 중 신체학대·정서학대가 9,376(38.1%)으로 가장 높았고, 정서학대·방임이 779건(3.2%), 신체학대·정서학대·방임이 683건(2.8%), 모든 학대 유형이 함께 발생한 신체학대·정서학대 · 성학대 · 방임은 11건(0.0%)이었다.

표 8-7 아동학대사례 유형(중복학대 별도 분류) (단위: 건, %)

유형		건수(비율)	
신체학대		3,436	(14.0)
정서학대		5,862	(23.8)
성학대		910	(3.7)
방임		2,604	(10.6)
중복학대	신체학대 · 정서학대	9,376	(38.1)
	신체학대 · 성학대	63	(0.3)
	신체학대 · 방임	254	(1.0)
	신체학대 · 정서학대 · 성학대	199	(0.8)
	신체학대 · 정서학대 · 방임	683	(2.8)
	신체학대 · 성학대 · 방임	1	(0.0)
	신체학대 · 정서학대 · 성학대 · 방임	11	(0.0)
	정서학대 · 성학대	422	(1.7)
	정서학대 · 방임	779	(3.2)
	정서학대 · 성학대 · 방임	3	(0.0)
	성학대 · 방임	1	(0.0)
	소계	11,792	(47.9)
계		24,604	(100.0)

출처: 보건복지부, 중앙아동보호전문기관(2019). 2018 전국 아동학대 현황 보고서.

(8) 아동학대사례 유형별 피해아동 연령

아동학대 유형별 피해아동의 연령을 살펴본 결과, 1세 미만을 제외한 전반적으로 모든 연령대에서 신체학대와 정서학대가 높게 나타났다.

표 8-8 아동학대사례 유형별 피해아동 연령 (단위: 건, %)

학대유형 연령(만)	신체학대		정서학대		성학대		방임		계	
1세 미만	133	(0.9)	177	(1.0)	2	(0.1)	313	(7.2)	625	(1.7)
1~3세	930	(6.6)	1,433	(8.3)	8	(0.5)	770	(17.8)	3,141	(8.4)
4~6세	1,400	(10.0)	1,938	(11.2)	42	(2.6)	807	(18.6)	4,187	(11.2)
7~9세	2,430	(17.3)	3,052	(17.6)	134	(8.3)	847	(19.5)	6,463	(17.3)
10~12세	3,067	(21.9)	4,035	(23.3)	452	(28.1)	782	(18.0)	8,336	(22.3)
13~15세	4,042	(28.8)	4,408	(25.4)	575	(35.7)	581	(13.4)	9,606	(25.8)
16~17세	2,021	(14.4)	2,291	(13.2)	397	(24.7)	236	(5.4)	4,945	(13.3)
계	14,023	(100.0)	17,334	(100.0)	1,610	(100.0)	4,336	(100.0)	37,303	(100.0)

출처: 보건복지부, 중앙아동보호전문기관(2019). 2018 전국 아동학대 현황 보고서.

(9) 피해아동 상황

피해아동의 상황은 원가정보호, 분리보호, 가정복귀, 사망, 기타로 나누어 살펴볼 수 있다.

2018년에 발생한 아동학대사례 24,604건을 바탕으로 피해아동의 상황을 살펴보았다. 피해아동의 상황은 아동의 초기조치와 최종조치를 포함한 전체 상황을 의미한다. 원가정보호가 지속된 경우가 20,164건(82.0%)으로 가장 많았고, 분리조치된 경우 3,287건(13.4%), 가정복귀된 경우는 1,020건(4.1%)으로 나타났다.

표 8-9 피해아동 상황 (단위: 건, %)

피해아동 상황		2018	
원가정보호 지속		20,164	(82.0)
가정복귀	원가정보호~가정복귀	101	(0.4)
	분리조치~가정복귀	888	(3.6)
가정복귀	기타~가정복귀	31	(0.1)
	소계	1,020	(4.1)

피해아동 상황		2018	
분리조치	분리조치 지속	2,841	(11.5)
	원가정보호~분리조치	394	(1.6)
	분리조치~분리조치	46	(0.2)
	기타~분리조치	6	(0.0)
	소계	3,287	(13.4)
기타		101	(0.4)
사망		32	(0.1)
계		24,604	(100.0)

출처: 보건복지부, 중앙아동보호전문기관(2019). 2018 전국 아동학대 현황 보고서.

(10) 학대행위자 고소·고발 등 사건처리 결과

경찰수사만 이루어진 사례는 3,038건(38.0%)이었다. 그중 현재까지 수사가 진행 중인 사례는 2,475건(31.0%), 내사종결된 사례는 379건(4.7%)이었다. 검찰수사가 이루어진 사례 1,807건 중 수사 진행 중인 사례는 856건(10.7%), 불기소된 사례는 521건(6.5%), 아동보호송치사건은 277건(3.5%), 가정보호송치사건은 51건(0.6%), 형사기소는 21건(0.3%)이었다. 재판이 진행 중인 사례 737건 중 1심이 진행 중인 사례는 348건(4.4%), 항소심(2심)이 진행 중인 사례는 71건(0.9%), 상고심(최종)이 진행 중인 사례는 30건(0.4%)이었다.

법원 판결을 받은 사례는 총 1,705건(21.3%)이었다. 이 중 보호처분 사례는 1,081건(13.5%), 형사처벌 사례가 266건(3.3%) 등으로 집계되었다.

표 8-10 학대행위자 고소·고발 등 사건처리 결과 (단위: 건, %)

구분		건수(비율)	
경찰수사	수사중	2,475	(31.0)
	내사종결	379	(4.7)
	파악불가	184	(2.3)

구분		건수(비율)	
	소계	3,038	(38.0)
검찰수사	수사중	856	(10.7)
	불기소	521	(6.5)
	아동보호송치사건	277	(3.5)
	가정보호송치사건	51	(0.6)
	형사기소	21	(0.3)
	파악불가	81	(1.0)
	소계	1,807	(22.6)
재판진행중	1심 진행	348	(4.4)
	항소심 진행	71	(0.9)
	상고심 진행	30	(0.4)
	파악불가	288	(3.6)
	소계	737	(9.2)

출처: 보건복지부, 중앙아동보호전문기관(2019). 2018 전국 아동학대 현황 보고서.

4) 아동학대 사례개입과 과정

(1) 사례 접수(intake)

사례의 위급성을 판단하고 개입과정을 진행시킬 것인지 여부를 결정하기 위한 기초자료를 수집한다. 아동학대 사례로서의 적합성 여부를 판단하고 위급한 사례로 판단될 경우 경찰에 협조를 요구할 수 있다. 사례 접수는 '아동학대신고접수서'에 따라 작성해야 하며 담당 상담원은 사례의 위급성, 개입시점, 개입 여부를 판단할 수 있다. 이때 신고자의 신분은 보호되어야 하며 신고자가 원하는 경우 신고한 사례에 대한 결과를 제공할 수 있다.

(2) 현장조사 및 위기사정

충분한 자료와 정보의 수집 · 분석과 학대사실 및 위급성 여부의 확인, 그리고 사례개입 및 프로그램 제공을 계획하기 위해 필수적인 과정이다. '해당 사례는 당해 아동복지법령이 정의 · 규정하는 아동학대에 대한 충분한 내용적 근거를 가지고 있는가? 아동학대 증거 유무, 아동의 학대 위험에 노출 여부, 아동의 안전 여부, 아동 이외의 다른 피해자는 없는가? 아동이 안전하지 않다면, 아동의 안전보장을 위해 어떤 조치와 서비스 제공 또는 지역사회의 공동대처방안이 필요한가? 가정 내에서 아동의 안전이 보장될 수 없다면, 아동을 보호하기 위하여 시설 또는 위탁가정에 격리해도 될 것인가?'와 같은 주요 사항을 '현장조사서' 양식에 의거하여 조사하여야 한다.

또한 아동이 해를 입히게 될 가능성 여부를 확인하고, 해를 입힐 심각성 정도를 파악하며, 학대 재발 가능성과 응급 아동학대사례인지 단순 아동학대사례인지를 결정한다.

(3) 사례의 판별

사례의 성격에 따라 적절한 개입을 결정하는 단계로 사례의 판별은 상담원의 전문성에 준거하되 의료인, 법조인 등과 같은 분야별 전문가로 이루어진 사례전문위원회를 활용할 수 있다. 사례는 무혐의 사례(학대보다는 단순히 아동양육에 대한 이해 부족에 기인한 것으로 판단될 경우)인지 부적절한 사례(특수한 상황에 있는 사례의 욕구를 충족시키기 위해서 다른 기관이 더 효과적이라고 판단될 경우)인지를 판단한다. 경우에 따라서는 형사사건, 아동학대사건, 가정보호사건으로 처리하여 검찰에 의뢰할 수 있다.

(4) 아동 · 가족사정

초기 현장조사 및 위기사정단계에서 밝혀진 위험요인에 대한 특성, 정도, 원인 및 학대로 인한 영향을 포괄적으로 조사하여 아동과 가족에 대한 구체적 개입 및 치료

계획 수립의 기초를 마련한다. 밝혀진 위험요소의 원인 및 특성과 그 범주와 아동과 가족구성원이 가지고 있는 개인적 · 가족적 장점을 파악한다.

(5) 사례개입계획

학대를 유발하는 조건을 변화시키기 위한 전략을 수립하며 학대가 일어날 수 있는 상황을 변화시키도록 가족 전체를 위한 세부적이고 명확한 지침을 제공한다. 또한 학대받은 아동의 위기가 제거되었거나 감소되었는지 파악할 수 있는 측정도구를 제공한다.

(6) 프로그램 및 서비스

사례개입계획에 따라 프로그램과 서비스를 제공할 때에는 사용 가능한 서비스 종류와 서비스를 전달하는 방식이 우선 고려되어야 한다. 아동보호사업의 프로그램은 응급조치 프로그램, 가족보존 프로그램(개별 · 집단상담, 재가복지서비스, 부모교육, 지역사회자원과의 연계 등), 가정복귀 프로그램, 장기보호조치 프로그램(입양, 가정위탁 및 시설 입소)을 제공한다.

피학대아동의 부모 및 가정을 대상으로 부부상담, 가족상담, 집단상담, 부모교육, 병원 연계, 알코올 · 약물남용 문제에 대한 상담 및 기타 포괄적 사회복지서비스를 제공할 수 있다. 학대받은 아동을 위해서는 개별상담, 집단상담, 미술치료, 놀이치료와 같은 학대후유증 경감을 위한 서비스를 제공한다.

(7) 사례관리 및 평가·종결, 사후관리

신고 접수된 사례는 학대 가능성 유무에 따라 지속적 사례관리를 실시해야 하며 아동의 안정성, 사례개입의 목표달성 여부, 학대 위험성의 감소, 아동과 그 가족의 욕구충족 여부 등을 평가하여 종결과 사후관리를 실시한다.

학대아동보호 사업 추진체계

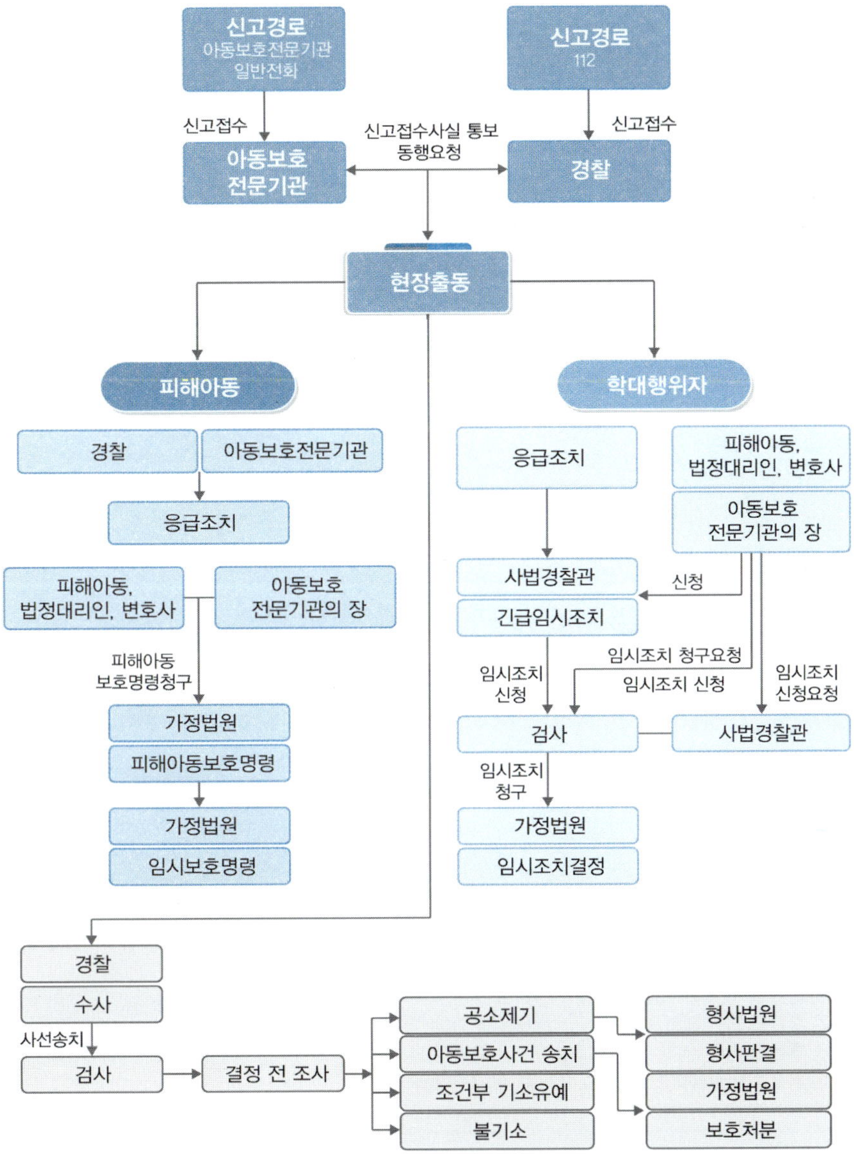

그림 8-1 아동학대 사건 업무 처리 흐름도

출처: 보건복지부(2017c). 아동분야 사업안내.

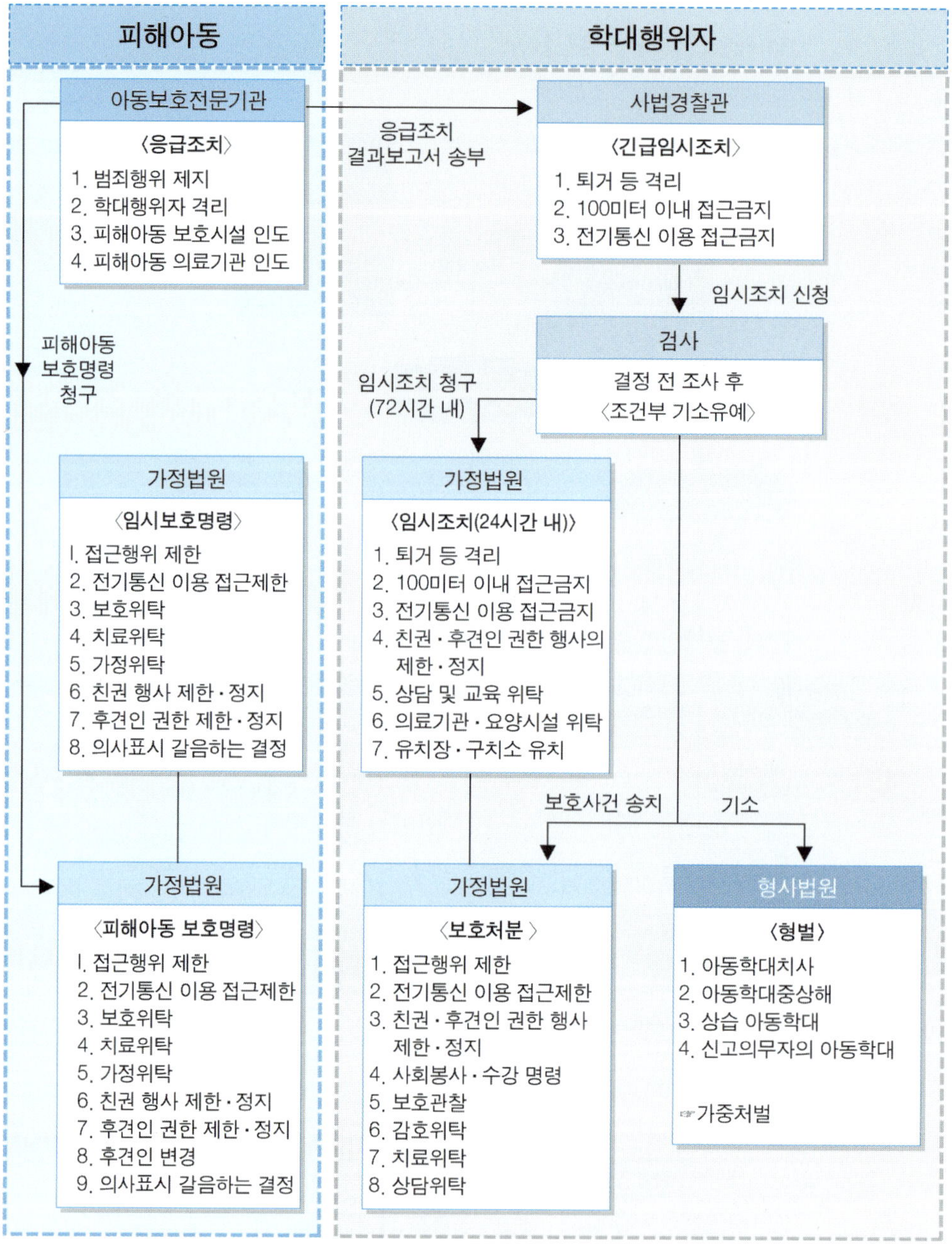

그림 8-2 아동학대범죄 업무 전달체계

종사자 기준

가) 인력 배치기준(아동복지법 시행령 제42조 별표 8)

– 직원의 배치

- 아동보호전문기관의 장 1명(다만, 아동보호전문기관의 장이 상담원의 자격을 갖춘 경우에는 상담원을 겸할 수 있음)
- 임상심리치료 전문인력 1명 이상
- 상담원 6명 이상
- 사무원 1명 이상

※ 시 · 도 또는 시 · 군 · 구는 지역 면적, 아동 수, 전년도 아동학대의심사례 수 등을 감안하여 아동보호 전문기관 별 인원 배지 기준을 결정

※ 직원채용 관련하여 아동복지법령 또는 관련지침에서 별도로 정한 부분은 법령 또는 지침을 우선적용하고, 그 외에 운영법인 또는 기관 별도의 내부규정(인력기준)에 따름

– 상담경력이 있는 직원을 우선으로 배치하고, 관할 시 · 도 또는 시 · 군 · 구에 이력서 및 범죄경력, 성범죄자 전력, 아동학대 관련범죄 전력조회 사항 등을 첨부하여 보고해야 함

나) 상담원 등 자격기준(아동복지법 시행령 제43조 별표 10)

– 관장: 다음 중 어느 하나에 해당하는 사람

- 아동보호전문기관에서 3년 이상 상담원으로 근무한 경력이 있는 사람
- 사회복지사업법에 따른 사회복지사 1급 이상의 자격 취득 후 아동과 관련된 사회복지 업무에 5년 이상 또는 사회복지사업에 7년 이상 종사한 경력이 있는 사람
- 국가나 지방자치단체에서 아동복지사업에 관한 행정업무에 7급 이상 공무원으로 5년 이상 종사한 경력이 있는 사람

– 상담원: 다음 중 어느 하나에 해당하는 사람으로서 고등교육법 제2조에 따

른 학교, 평생교육법 제32조 또는 제33조에 따라 교육부장관의 인가를 받아 전문대학 또는 대학졸업자와 동등한 학력・학위가 인정되는 평생교육시설(이하 "대학등"이라 한다) 또는 보건복지부장관이 인정하는 비영리법인 중 아동복지 또는 사회복지 관련 업무를 수행하는 비영리법인에서 개설・운영하는 아동복지법 시행령 별표 18의 교육과정을 수료한 사람(이 경우 고등교육법, 평생교육법, 학점인정 등에 관한 법률 또는 독학에 의한 학위취득에 관한 법률에 따라 아동복지법 시행령 별표 18의 교육과목 중 일부 과목을 이수한 사람에 대해서는 해당 이수과목에 대한 교육을 면제함)

- 사회복지사업법에 따른 사회복지사 1급 자격이 있는 사람
- 대학 등에서 심리학과(복지심리학과 포함)를 졸업한 사람 또는 보건복지부령으로 정하는 아동복지 또는 사회복지 관련 교과목을 이수하고 졸업한 사람

※ 다음 중 어느 하나에 해당하는 경우에는 위 상담원의 자격기준을 갖추지 않았더라도 채용 가능. 다만, 자격기준을 갖추기 전까지는 현장출동 및 동행조사 등의 업무만 수행할 수 있으며 아동학대 사례담당자로는 지정 불가

- 아동학대 전문상담원 교육과정(아동복지법 시행령 별표 18)이 개설되기 전 결원 보충 등을 위하여 상담원을 사전에 배치해야 할 필요성이 있는 경우
- 대학 졸업예정자 등 상담원 자격 취득이 예정되어 있는 경우

– 임상심리치료 전문인력

- 임상심리사 자격이 있거나 놀이치료, 미술치료, 음악치료, 심리상담 등 전문적인 치료를 할 수 있는 등 피해아동의 심리치료를 할 수 있는 사람

다) 운영시간: 24시간 연중 무휴

– 단, 평일 근무시간(오전 9시~ 오후 6시)을 제외한 당직 근무는 전화당직으로 실시

학대피해아동쉼터의 운영

가. 종사자 기준

1) 인력 배치기준

● 직원의 배치

- 원장 1명
- 보육사 3명
- 임상심리치료 전문인력 1명

※ 직원채용 관련하여 아동복지법령 또는 관련지침에서 별도로 정한 부분은 법령 또는 지침을 우선적용 하고, 그 외에 운영법인 또는 기관 별도의 내부규정(인력기준)에 따름

※ 원장 및 보육사 등의 직원은 공개모집을 원칙으로 하되, 법인 간 인사이동의 경우 예외

2) 종사자 자격기준 (아동복지법 시행령 제52조 별표 15)

● 원장

- 다음 중 어느 하나에 해당하는 사람
  - 「사회복지사업법」에 따른 사회복지사 2급 이상의 자격 취득 후 아동과 관련된 사회복지사업에 3년 이상 또는 사회복지사업에 5년 이상 종사한 경력이 있는 사람
  - 학대아동보호사업과 관련된 기관에서 3년 이상 근무한 경력이 있는 사람
  - 7급 이상 공무원으로서 국가나 지방자치단체에서 사회복지사업에 관한 행정업무에 5년 이상 종사한 경력이 있는 사람
  - 「의료법」에 따른 의사·한의사 또는 치과의사 면허 취득 후 3년 이상 진료 경력이 있는 사람

- 「정신보건법」에 따른 정신보건전문요원 자격 취득 후 사회복지사업에 5년 이상 종사한 경력이 있는 사람
- 「영유아보육법」에 따른 보육교사 1급 자격 취득 후 사회복지사업에 5년 이상 종사한 경력이 있는 사람
- 유치원, 초등학교 또는 중등학교 교사 자격증 취득 후 사회복지사업에 5년 이상 종사한 경력이 있는 사람
- 직업훈련교사, 간호사, 영양사 자격 취득 후 사회복지사업에 5년 이상 종사한 경력이 있는 사람

보육사

– 다음 중 어느 하나에 해당하는 사람

- 「사회복지사업법」에 따른 사회복지사 3급 이상 자격이 있는 사람
- 「영유아보육법」에 따른 보육교사 자격이 있는 사람
- 유치원, 초등학교 또는 중등학교 교사 자격이 있는 사람

임상심리치료 전문인력

– 다음 중 어느 하나에 해당하는 사람

- 「고등교육법」제2조에 따른 학교, 「평생교육법」제32조 또는 제33조에 따라 교육부장관의 인가를 받아 전문대학 또는 대학졸업자와 동등한 학력·학위가 인정되는 평생교육시설의 심리관련 학과를 졸업한 사람
- 「국가기술자격법 시행령」제12조의2제1항 및 별표 1에 따른 임상심리사 2급 이상의 자격이 있는 사람

※ 임상심리치료 전문인력 종류와 세부자격 기준표 별지 1호 참조

3) 결격사유

● **학대피해아동쉼터 설치·운영 상의 결격사유**

– 「사회복지사업법」제40조에 따른 폐쇄처분을 받은 후 3년이 경과하지 않은 개인 또는 법인

● **원장의 결격사유(사회복지사업법 제35조제2항)**

– 다음 중 어느 하나에 해당하는 사람

- 「사회복지사업법」제19조제1항제1호, 제1호의2부터 제1호의8까지 및 제2호의 2부터 제2호의4까지의 어느 하나에 해당하는 사람
- 「사회복지사업법」제22조에 따른 해임명령에 따라 해임된 날부터 5년이 지나지 아니한 사람
- 사회복지분야의 6급 이상 공무원으로 재직하다 퇴직한지 3년이 경과하지 아니한 사람 중에서 퇴직 전 5년 동안 소속하였던 기초자치단체가 관할하는 시설의 장이 되고자 하는 사람

출처: 보건복지부(2020). 아동분야 사업안내.

Chapter

09

보육아동과 아동복지

아동복지사업의 일환으로 시작된 탁아사업이 영유아보육법 제정을 통해 사회복지사업 중 보육사업으로 분야를 차지하게 되었다. 그 간의 발달과정을 보면, 1921년 서울 태화기독교사회관이 탁아 프로그램을 개발함으로써 시작되어, 그 후 일부 기관이나 복지관에서 아동복지사업의 일환으로 탁아소를 설치 · 운영하였다. 1961년 아동복리법이 제정 · 공포됨으로써 탁아사업은 종래의 구빈사업적 성격을 벗어나 아동의 복리를 증진하고 아동을 보호하기 위한 사업으로 그 성격이 변화 · 발전되었다. 1982년 유아교육진흥법이 제정되어 기존의 어린이집, 새마을 협동유아원 및 농번기 탁아소를 새마을 유아원으로 흡수 · 통합하여 운영해 오다가, 1989년 9월 보건복지부에서 아동복지법에 의한 보육사업을 실시하였다. 1991년 1월 「영유아보육법」을 제정 · 공포함으로써 여러 부처에서 관리 운영되던 영유아보육 관련 사업을 체계적이고 효율적으로 실시할 수 있게 되었다. 여기서는 보육과 보육사업의 개념 및 보육의 필요성을 살펴보고, 보육사업 서비스에 대하여 구체적으로 알아보고자 한다.

1. 보육의 개념 및 필요성

1) 보육의 개념

(1) 보육의 개념

보육의 역사를 외국의 사례로 들어보면 대부분의 나라에서 18~19세기 자본주의 사회에서부터 시작되었다. 1767년 스위스의 오버린(Oberlin)목사가 근로여성의 어린이를 보호하기 위하여 편물학교 또는 탁아소를 설립하였는데 이것이 탁아사업의 효시가 되었다. 영국에서는 1816년 사회운동가인 오웬(Owen)이 산업혁명의 사회적 혼란기에 자기 회사의 직공자녀를 보호할 필요성에 의해 탁아사업을 실시하였다. 프랑스에서는 1837년 모성적 보호와 연령에 의한 조기교육시설로서 법령으로 보육소가 인가되었고, 미국에서는 1854년 뉴욕에 주간보육소가 개설되었다. 그리고 1930년 경제공황 후 근로 여성의 아동보호를 위한 탁아시설을 많이 세웠고, 1960년대에는 탁아사업의 공적 책임성을 강조하였다(표갑수, 2002).

이와 같이 과거 보육의 개념은 탁아의 의미로 보호의 기능이 중시되었다. 가정에서 정상적으로 아동을 양육하기 어려운 경우에 하루 중 일정시간 동안만 타인에 의해 제공되는 보호의 개념이었다. 이러한 보호의 개념은 낮 동안만 이루어졌기 때문에 'day care'라는 영어로 표기되었고, 아동을 탁아시설에 맡긴다는 의미가 강했기 때문에 '탁아'(託兒)로 국문표기 되었던 것이었다(이소희, 2005).

「영유아보육법」에는 "보육이란 영유아를 건강하고 안전하게 보호·양육하고 영유아의 발달 특성에 맞는 교육을 제공하는 어린이집 및 가정양육 지원에 관한 사회복지서비스를 말한다"(영유아보육법 제2조)라고 규정하고 있다.

(2) 보육사업의 개념

기혼여성의 취업 증가, 노동시간의 증가, 가사노동시간의 감소, 맞벌이부부 및 가족해체의 증가는 전통적 가족의 양육기능을 변형시켜 왔다. 아동의 양육기능이 가정에서 사회로 이관되고 있음에 따라, 빈곤가정 자녀를 대상으로 했던 탁아사업이 일반아동까지도 포함하는 보편적 보육사업으로 변화되었다.

카두신과 마틴(Kadushin & Matin, 1988)은 보육사업을 "가정의 아동양육기능을 보완하기 위해 제공되는 서비스"라고 정의하고 있다. 우리나라의 보육사업은 1991년 제정·공포된 「영유아보육법」에 의하여 복지사업의 일환으로 실시되고 있다. 우리나라 보육사업은 핵가족화와 여성 취업인구의 증가 등에 따른 보육수요에 부응하기 위해 종전의 단순 '탁아'에서 보호와 보육을 통합한 '보육사업', 보호(복지)와 교육을 동시에 이행한다고 볼 수 있다.

보육사업의 목적은 보호자가 근로 또는 질병 기타 사정으로 인하여 보호하기 어려운 영아 및 유아를 심신의 보호와 건전한 교육을 통하여 건강한 사회성원으로 육성함과 아울러 보호자의 경제적·사회적 활동을 원활하게 하여 가정복지증진에 기여하는 것이라고 보고 있다(박정문, 2000: 65-66).

2) 보육사업의 필요성

보육보호가 필요한 상황은 학령 전 아동의 어머니가 취업해야 하는 경우, 아동이 장애를 가진 경우, 빈곤가정의 아동으로서 아동의 양육에 필요한 기본적 욕구충족의 기회를 박탈당할 위험에 처해 있는 경우를 포함한다. 이와 함께 이혼과 같은 가족해체가 증가하는 것도 보육사업의 필요성을 가속화시키고 있다. 오늘날 미국에서는 결혼한 부부의 1/3이 이혼을 한다고 하며 우리나라도 예외는 아니다. 또한 결혼을 하지 않으면서 자녀를 낳고 키우는 여성의 수도 증가되고 있다. 이들 역시 부모역할의 어려움은 물론 양육과 취업을 병행해야 하는 어려움을 안고 있다.

핵가족화의 보편화와 지역 간 이동의 증가로 예전처럼 조부모나 형제자매, 기타 아동양육에 도움을 줄 수 있는 친·인척들과의 관계성이 이전보다 훨씬 줄어든 것도 보육사업의 필요성이 증가하는 요인이다.

아래의 표는 여성의 경제활동의 증가를 보여 준다.

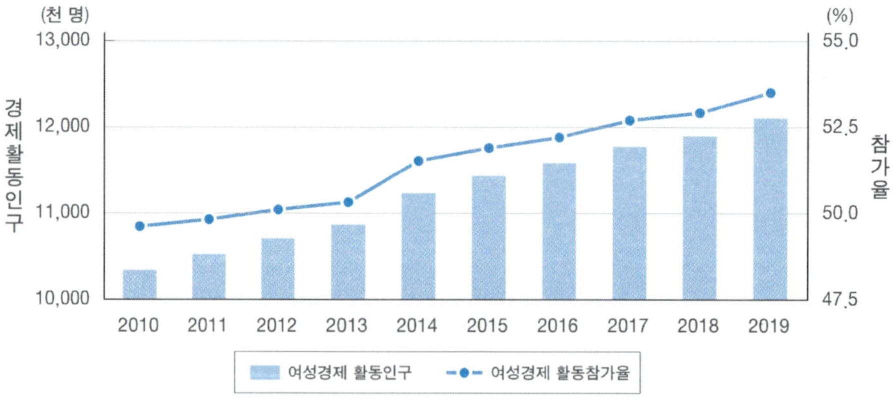

그림 9-1 여성경제활동인구 및 참가율

출처: 통계청. 경제활동인구조사.

표 9-1 여성경제활동인구 및 참가율 (단위: 천명, %)

	2010	2011	2012	2013	2014	2015	2016	2017	2018	2019
15세이상 여성인구	20,846	21,119	21,356	21,576	21,806	22,018	22,205	22,357	22,484	22,618
여성경제 활동인구	10,335	10,520	10,704	10,862	11,229	11,426	11,583	11,773	11,893	12,097
여성경제 활동참가율	49.6	49.8	50.1	50.3	51.5	51.9	52.2	52.7	52.9	53.5

출처: 통계청. 경제활동인구조사.

2. 보육사업의 유형 및 현황

영유아보육법 제10조에 의하면 어린이집을 설립주체에 따라 유형별로 7가지로 분류하고 있다. 각 유형별 정의와 규모, 명칭, 설치 기준 및 절차 등을 살펴보고자 한다. 또한 보육사업 현황으로서는 2020 보육사업안내 자료를 기준으로 유형별 어린이집 수, 보육아동 수, 보육교직원 수와 영아 전담 등 특수보육 어린이집에 대하여 알아본다.

1) 보육사업의 유형

보육사업은 설립주체의 유형별로 국·공립어린이집, 사회복지법인어린이집, 법인·단체 등 어린이집, 직장어린이집, 가정어린이집, 부모협동어린이집, 민간어린이집의 7가지로 나누어진다. 특수보육 유형으로는 영아전담보육, 장애아보육, 다문화아동보육, 방과 후 보육, 시간연장형보육, 휴일보육, 24시간보육 등으로 나눌 수 있다. 어린이집의 종류에 따른 정의와 규모, 설치절차, 배치기준 등은 〈표 9-2〉와 같다.

표 9-2 어린이집의 종류

구분	국공립	사회복지법인	법인·단체 등	민간	가정	협동	직장
정의	국가와 지자체가 설치 운영하는 어린이집 중에서 직장보육을 제외한 어린이집	사회복지법인이 설치하는 어린이집	사회복지법인을 제외한 각종 법인이나 단체 등이 설치하는 어린이집	국공립·사회복지법인·법인단체 등·직장·가정·부모협동 어린이집이 아닌 어린이집	개인이 가정 또는 그에 준하는 곳에 설치 운영하는 어린이집	보호자 15인 이상 조합을 결성하여 설치 운영하는 어린이집	사업주가 근로자를 위하여 단독 또는 공동으로 설치하는 어린이집
규모	상시 영유아 11인 이상 (47m² 이상)	상시 영유아 21인 이상 (91m² 이상)	상시 영유아 21인 이상 (91m² 이상)	상시 영유아 21인 이상 (91m² 이상)	상시 영유아 5~20인 이하 (18~86m² 이하)	상시 영유아 11인 이상 (47m² 이상)	상시 영유아 5인 이상 (18m² 이상)
설치 절차	국가 및 지자체가 인가 절차 없이 설치, 보육정책위원회 심의	시장·구청장·군수 인가	시장·구청장·군수 인가	시장·구청장·군수 인가	시장·구청장·군수 인가	시장·구청장·군수 인가	시장·구청장·군수 인가
배치 기준	지역 내 보육수요를 감안하여 저소득층 등에 우선 배치	지역 내 보육수요 감안 인가	지역 내 보육수요 감안 인가	지역 내 보육수요 감안 인가	지역 내 보육수요 감안 인가	지역 내 보육수요 제한 없음(조합원 자녀 교육 목적)	지역 내 보육수요 제한 없음(조합원 자녀 교육 목적)
기타 사항	비영리법인, 개인 등에 위탁 운영	매년 보육정책위원회의 심의로 설치 지역별 제한	매년 보육정책위원회의 심의로 설치 지역별 제한	매년 보육정책위원회의 심의로 설치 지역별 제한	매년 보육정책위원회의 심의로 설치 지역별 제한	보육아동을 둔 보호자와 보육교직원 11인 이상이 상호 출자하여 공동 설립	–

출처: 보건복지부(2020). 보육사업안내.

2) 보육사업의 현황

(1) 보육사업의 방법

보육사업의 대상이 다양한 것과 같이 보육의 방법도 대상에 따라 다양하고 적절히 조정되어 사용되어야 한다. 보육사업은 아동에게 직접 제공되기도 하고, 아동을 지원할 수 있는 부모나 가족의 역할을 지지, 보충해서 간접적으로 제공되기도 한다(주정일 외, 1998: 226-229).

보육사업은 아동의 일상적 보호와 함께 전인적 발달을 도모하는 경험이 제공되어야 하며, 이러한 측면에서 기본적으로 고려할 사항은 아동의 발달단계와 가정환경이다. 우리나라의 영유아보육법에는 교육, 영양, 건강, 안전, 부모에 대한 서비스, 지역사회와의 교류 등을 중심으로 실시되어야 한다고 규정되어 있다. 이와 같이 보육은 아동의 보호와 교육이 일정 기간 동안 타인에 의해 이루어지며, 또한 저소득층의 자녀를 위한 보육비의 보조가 지급되는 만큼 법적 조치가 필요하며, 우리나라에서는 영유아보육법을 관련법으로 한다.

어린이집의 이용대상자는 보육이 필요한 영유아를 원칙으로 하되, 필요한 경우 어린이집의 원장은 만 12세까지 연장할 수 있다. 그리고 국공립어린이집에서는 저소득층의 자녀를, 사업장에서는 근로자의 자녀를 우선 취원시켜야 하며, 영유아의 신체적 · 지적 · 정서적 · 인지적 · 사회적 발달을 도모하는 것으로 표준보육과정 및 5세누리과정에 따라 일간 · 주간 · 월간 및 연간 보육계획표를 작성하고 운영하여야 한다. 특히 간식과 중식의 제공에 있어서는 양질의 영양식을 위생적으로 조리해야 하며, 신체검사와 정기검진을 실시하여 건강한 생활을 할 수 있도록 배려하고 안전사고 방지 등에도 유의하여 지도하여야 한다.

(2) 어린이집 설치 운영

1990년 1,919개소이던 어린이집은 2016년 말 현재 41,084개소가 설치 운영되고 있다. 법인어린이집이나 민간어린이집 중 법인과 민간개인으로 구분한 통계 처리는 1992년부터 시작되었다. 부모협동어린이집의 통계는 2005년부터 구분하여 집계하고 있다.

표 9-3 어린이집 설치 운영 현황

(단위: 개소)

구분	계	국·공립 어린이집	사회복지법인 어린이집	법인·단체 등 어린이집	민간 어린이집	가정 어린이집	협동 어린이집	직장 어린이집
2019	37,371	4,324	1,343	707	12,568	17,117	159	1,153
2018	39,171	3,602	1,377	748	13,518	18,651	164	1,111
2017	40,238	3,157	1,392	771	14,045	19,656	164	1,053
2016	41,084	2,859	1,402	804	14,316	20,598	157	948
2015	42,517	2,629	1,414	834	14,626	22,074	155	785
2010	38,021	2,034	1,468	888	13,789	19,367	74	401

출처: 보건복지부(2019). 보육통계.

① 어린이집 설치 기준

어린이집의 설치는 영유아보육법령상 설치 기준을 모두 갖추어야 한다. 영유아보육법시행령 별표1에는 어린이집 설치 기준을 규정하고 있다. 그 요건을 보면, 입지조건, 재산요건, 규모, 구조 및 설비 기준, 조리실, 목욕실, 화장실, 놀이터, 급배수시설, 비상재해 대비시설, 폐쇄회로 텔레비전 등에 대하여 언급하고 있다. 시설은 기본적으로 건축법에 따른 노유자시설이어야 한다.

② 어린이집의 명칭과 인가

명칭은 00어린이집으로 하여야 하며, 국가 및 지방자치단체의 직접 설치 또는 사전에 관할 시·군·구청장에게 신청하여 인가 받아야 한다. '어린이집 인가신청서'는 1장으로서 내용은 신청인 인적사항, 어린이집의 명칭, 소재지 등 개요, 보육정원, 시설설비, 직종별 직원 수, 년 간 수입 지출액 등을 기재하도록 하고 있으며, 첨부서류를 구비하여 제출한다. 첨부서류로는 법인은 정관과 출연금, 단체는 회칙 또는 규약, 임대의 경우 임대차계약서, 어린이집의 평면도, 설비 목록, 원장의 자격증명서 및 직원 채용계획서, 시설운영계획서, 놀이터 이용계획서, 기타 안전 및 소방관련 자료 등을 지정하고 있다. 그 외 건축물 대장 및 건물 등기사항 등은 공무원이 직접 확인한다.

③ 어린이집 운영시간

어린이집의 운영시간은 07 : 30~19 : 30까지 운영함을 원칙으로 하되, 보호자의 근로시간 등을 참작하여 조정 운영할 수 있다[월~금요일 : 12시간(07 : 30~19 : 30), 토요일 : 8시간(07 : 30~15 : 30)]. 어린이집은 공휴일을 제외하고 연중 계속 운영하여야 하며, 지역 및 시설 여건에 따라 보호자와 어린이집 원장의 협의에 의하여 야간연장 보육 및 휴일보육을 운영할 수 있다. 토요일에도 어린이집을 운영하여야 하나 토요 휴무제 확대에 따라 보육아동 수가 감소할 경우에는 보육에 지장을 주지 않는 범위 내에서 교사배치를 달리할 수 있다(교사의 토요일 교대 휴무 가능).

〈보육시간〉

- 기본보육: 09 : 00~16 : 00(7시간)
  단, 지역별 · 어린이집별 사정에 따라 보호자와 협의하여 9시~16시 전 · 후 30분 범위내에서 보육시간 탄력조정가능, 07 : 30~09 : 00±30분 등의 등원지도 시간과 16 : 00~17 : 00±30분의 하원지도 시간은 기본보육으로 간주함.
- 연장보육: 16 : 00~19 : 30
- 그 밖의 연장 보육 중 야간연장보육: 19 : 30~24 : 00, 야간 12시간보육: 19 : 30~익일 07 : 30, 24시간 보육: 07 : 30~익일 07 : 30, 휴일보육: 일요일, 공휴일 09 : 00~16 : 00.

④ 어린이집의 보육료

어린이집의 보육료와 관련하여, 어린이집 소재지 관할 시 · 도지사가 정하는 범위에서 보육료와 그 필요경비를 받을 수 있다(영유아보육법 제38조). 단, 보건복지부

지침으로 수납한도액 결정 원칙을 정하고 있는데, 시 · 도지사는 매년 1월 말까지 수납한도액을 결정하여야 하며, 영아반과 장애아 보육료의 경우 정부 보육료 지원단가 범위 내에서 결정하고, 기타 방과 후 · 시간연장형(시간연장, 야간보육) · 24시간 · 휴일 · 시간제 보육료 등에 대하여도 수납액 또는 수납한도액을 정하고 있다.

⑤ 특수보육어린이집

어린이집 운영에 있어서 시 · 군 · 구의 지정 승인을 받아 특수보육을 할 수 있다. 특수보육의 종류는 영아전담, 장애아전문, 장애아통합, 방과 후, 시간연장, 휴일, 24시간 보육 등으로 나누어진다. 영아는 보육 나이가 0, 1, 2세인 아동이다. 장애아는 아동자격이 장애아인 아동이다. 방과 후는 방과 후 전담과 방과 후 통합 어린이집으로 나누어진다. 휴일은 휴일반 보육, 시간연장은 시간연장반 보육 등을 의미한다.

표 9-4 특수보육어린이집 일반현황

(단위: 개소, 명)

구분	계	국·공립	사회복지 법인	법인·단체 등	민간	가정	부모협동	직장
영아전담	405	55	76	13	218	43	0	0
장애아전문	176	45	101	5	24	1	0	0
장애아통합	1,100	876	37	32	134	11	2	8
방과 후	229	52	46	47	74	7	1	2
시간연장	8,015	2,438	334	150	2,118	2,814	8	153
휴일	312	162	43	15	53	31	0	8
24시간	153	44	11	2	47	46	0	3

출처: 보건복지부(2019). 보육통계.

(3) 보육교직원

보육교사의 근무시간은 1일 8시간을 원칙으로 하고, 어린이집의 운영시간(07 : 30~19 : 30)을 고려하여 출퇴근 시간은 탄력적으로 조정할 수 있다. 기준 시간을 초과하여 근무하는 경우에는 근로기준법 등 관련 법령 규정에 따라 시간외수당을 지급하여야 한다. 보육교사의 배치 인원은 연령별 이용 영유아 수로 결정된다. 장의 마지막에 배치 기준을 제시한다.

표 9-5 어린이집 연도별 보육교직원 현황 (단위: 명)

연도별	계	국·공립	사회복지 법인	법인·단체 등	민간	가정	협동	직장
2019	331,444	50,436	18,835	8,062	139,344	95,763	1,043	17,961
2018	333,420	41,122	19,139	8,259	146,386	100,987	1,051	16,476
2017	330,217	36,098	18,845	8,254	146,920	104,176	1,066	14,858
2016	321,766	32,937	18,920	8,436	145,609	101,891	979	12,994
2015	321,067	30,823	18,933	8,637	145,724	105,124	970	10,856

출처: 보건복지부(2019). 보육통계.

(4) 보육아동

어린이집의 보육대상은 0세~만 5세의 취학 전 아동을 원칙으로 한다. 필요한 경우 어린이집 원장은 만 12세까지 연장할 수 있다. 입소 우선순위는 다음과 같다.

① 1순위(법 제28조, 시행령 제21조의4, 시행규칙 제29조)

- 국민기초생활보장법에 따른 수급자
- 한부모가족지원법 제5조의 규정에 의한 보호대상자의 자녀
- 국민기초생활보장법 제24조의 규정에 의한 차상위계층의 자녀
- 「장애인복지법」 제2조에 따른 장애인 중 장애의 정도가 심한 장애인의 자녀 또는 형제자매

  * 장애인복지법 시행규칙 별표 1의 장애정도 중 장애의 정도가 심한 장애인
- 아동복지시설에서 생활중인 영유아

- 부모가 모두 취업 중이거나 취업을 준비 중인 영유아
- 「다문화가족지원법」 제2조제1호에 따른 다문화가족*의 영유아

  ※ 「재한외국인 처우 기본법」 제2조제3호의 결혼이민자와 「국적법」 제2조부터 제4조까지의 규정에 따라 대한민국 국적을 취득한 자로 이루어진 가족

  ※ 「국적법」 제3조 및 제4조에 따라 대한민국 국적을 취득한 자와 같은 법 제2조부터 제4조까지의 규정에 따라 대한민국 국적을 취득한 자로 이루어진 가족
- 「국가유공자 등 예우 및 지원에 관한 법률」 제4조제1항에 따른 국가유공자 중 전몰자(제3호), 순직자(제5호 · 제14호 · 제16호), 상이자(제4호 · 제6호 · 제12호 · 제15호 · 제17호)로서 보건복지부령으로 정하는 자*의 자녀

  ※ 「국가유공자 등 예우 및 지원에 관한 법률 시행령」 별표3의 1급 내지 3급까지의 상이등급에 해당하는 사람
- 자녀가 3명 이상인 가구 또는 영유아가 2자녀 가구의 영유아

  ※ 영유아 2자녀 가구의 경우, 3월 신학기 입소 시 첫째 자녀가 초등학교 취학연령에 도달하거나 조기 입학할 경우 해당하지 않음

  ※ 태아는 자녀에 포함되지 않으므로 태아에 대한 입소대기신청은 불가. 다만 둘째 자녀 이하를 임신중으로 입소일 전에 출산예정인 경우 임신중인 태아를 자녀수에 포함 가능(출산예정일이 명시된 진단서 등 제출)
- 제1형 당뇨를 가진 경우로서 의학적 조치가 용이하고 일상 생활이 가능하여 보육에 지장이 없는 영유아
- 산업단지 입주기업체 및 지원기관 근로자의 자녀로서 산업단지에 설치된 어린이집을 이용하는 영유아

② 2 순위: 한부모·조손가정, 입양된 영유아

- 기타 「한부모가족지원법」에 따른 한부모 가족 및 조손 가족
- 가정위탁 보호아동 및 입양된 영유아

  ※ 위탁가정의 경우에 위탁아동을 친자녀로 포함하여 입소우선순위 모든 요건 적용

- 동일 어린이집 재원 중(신학기 입소 확정 포함)인 아동의 형제 · 자매
  ※ 단, 재원아동 형제·자매의 경우, 3월 신학기 입소 시 첫째 자녀가 초등학교에 입학할 경우 해당하지 않음

표 9-6 어린이집 보육아동 현황

(단위: 명)

연도별	계	국·공립	사회복지 법인	법인·단체 등	민간	가정	부모협동	직장
2019	1,365,085	232,123	86,775	38,538	664,106	273,339	4,121	66,023
2018	1,415,742	200,783	92,787	41,298	711,209	302,674	4,360	62,631
2017	1,450,243	186,916	96,794	43,404	738,559	321,608	4,508	58,454
2016	1,451,215	175,929	99,113	45,374	745,663	328,594	4,240	52,302
2015	1,452,813	165,743	99,715	46,858	747,598	344,007	4,127	44,765

출처: 보건복지부(2019). 보육통계.

3. 보육사업의 과제

보육사업의 정책과제를 비용 지원 부분, 수요자 중심의 맞춤형 지원 부분, 보육서비스의 질, 보육교사 전문성 강화의 부분으로 나누어 알아보고자 한다.

먼저 비용 지원 부분과 관련하여 살펴보면 현재 보육료는 모든 아동에게 지원되고 있으나 연장보육의 도입으로 어린이집 운영시간이 의무적으로 늘어난 부분이 있다.

2016년 7월부터 2년여간 잠시 실시된 맞춤형 보육은 이용유아와 학부모의 불편, 어린이집 운영상의 어려움으로 폐지되고 2020년도부터 기본보육과 연장보육으로 바뀌어 실시되고 있다.

기본보육은 어린이집 운영시간에 맞춰 기본이용하고 연장보육을 신청한 아동에 한해 7시 30분까지 이용할 수 있는 연장보육을 실시하고 있다.

현재 연장보육을 신청한 아동이 연장보육료를 지원받아 운영되고 있으나 신청한 아동의 숫자와 관계없이 인건비를 지원하는 방향을 검토해 보는 것이 필요하다. 신청아동이 1명일 경우라도 운영비에 지장없이 운영될 수 있는 제도가 절실히 필요한 실정이다.

바뀌는 보육제도에 의해 연장보육과 긴급보육이 점점 늘어나고 있는 실정에 배치된 보육교직원에 대한 인건비는 반영되지 않고 있다. 현재 이용아동의 수에 따라 보육료로 지원하는 것을 시간에 따른 인건비로 지원하는 방향이 요구된다.

둘째.수요자 중심의 맞춤형 지원부분과 관련된 과제를 살펴보면 시간제 보육,연장보육 등 다양한 서비스가 제공되고 있으나 전염병이나 재난상황, 보호자의 상황에 따른 긴급돌봄 서비스는 부족한 실정이다.

맞벌이 가정이 늘어가고 재난상황의 장기화, 전염병 등으로 인한 격리에 따른 부모의 부담을 줄이기 위해서는 긴급상황 시 아이돌봄 서비스를 누구나 이용할 수 있도록 편리하게 접근성을 가질 수 있는 제도가 필요하다.

셋째, 보육서비스의 질 부분은 누리과정의 보편화로 보육시설의 프로그램 향상과 평가인증의 의무화, 정보공개로 인한 운영의 투명화로 보육서비스의 질은 날로 향상되고 있다.

또한 아동학대에 대한 사회적인 관심으로 CCTV가 의무화 되어 보육의 질을 한층 향상시킨 점은 긍정적이지만 개인정보 유출이나 그에 대한 교사들의 사생활 보호가 힘든 점, 개인정보에 대한 전문적인 지식부족으로 인한 어린이집의 피해는 날로 늘어가는 실정이다.

보육교직원에 대한 아동학대 예방교육, 영상정보처리에 관한 전문적인 교육과 학부모교육 등 해마다 바뀌는 법령에 대한 정보와 교육이 필수적으로 실시되어야 한다.

점차 강화되어가는 영유아의 안전과 학대에 대한 부분은 아무리 강조해도 지나치지 않다. 영유아뿐 아니라 어린이집 종사자 대상의 아동권리교육, 학대예방교육, 급식교육 등 안전교육을 더욱 강화하여 안전한 보육환경을 조성하는 것이 보육의 질을 한층 높이는 방법이 될 것이다.

넷째. 보육교사 전문성 강화부분은 보육교사의 자격체계를 개편하고 급여수준을 조정할 것이 요구된다. 보육교사 자격기준을 기존의 법규에서 상향 조정하고 주임교사제를 신설하여 수당을 지원하는 등 장기근무자 우대를 통한 전문성 강화의 필요성이 있다. 또한 민간 어린이집 보육교사들의 자격과 경력관리, 늘어가는 보육시간에 맞춘 근무시간제 관리와 보육교직원 휴식시간 확보, 종일제 인력지원 등 보육교사들의 근무환경을 개선한다면 더욱 전문성을 갖춘 보육인력이 우리 아이들을 돌보게 될 것이다.

보육사업 추진체계

표 9-7 어린이집 보육교직원 배치 기준

시설장	보육교사	간호사	영양사	조리원
1명 (단, 20인 이하 보육어린이집은 원장이 보육교사 겸임 가능)	• 1세 미만 : 영아 3명 당 1명 • 1~2세 미만 : 영아 5명 당 1명 • 2세~만 3세 미만 : 영아 7명 당 1명 • 3~4세 미만 : 유아 15명 당 1명 • 만 4세 이상 : 유아 20명 당 1명 • 영유아 40명 당 보육교사 1급 1명	영유아 100인 이상을 보육하는 어린이집 (현원 기준) 1명	영유아 100인 이상을 보육하는 어린이집 (현원 기준) 1명	영유아 40인 이상을 보육하는 어린이집 (현원 기준 : 40~80명 시 1명, 매 80명 초과마다 1명 증원)

* 원장이 간호사 또는 영양사 자격이 있는 경우 겸직할 수 있다.
출처: 법제처(2017c). 영유아보육법.

표 9-8 어린이집 종사자 자격 기준

직종별	자격 기준
원장	다음 가~라목의 어린이집 원장 자격기준에 해당하는 사람으로서 보건복지부장관이 검정·수여하는 국가자격증을 받은 자이어야 함(법 제21조) 가. [일반기준] 1. 보육교사 1급 자격을 취득한 후 3년 이상의 보육 등 아동복지업무 경력이 있는 사람 2. 「유아교육법」에 따른 유치원 정교사 1급 자격 또는 같은 법에 따른 특수학교(유치원 과정을 말한다)의 정교사 자격을 취득한 후 3년 이상의 보육 등 아동복지업무 경력이 있는 사람 3. 유치원 원장의 자격을 가진 사람 4. 「초·중등교육법」에 따른 초등학교 정교사 자격 또는 같은 법에 따른 특수학교(초등학교 과정을 말한다)의 정교사 자격을 취득한 후 5년 이상의 보육 등 아동복지업무 경력이 있는 사람 5. 「사회복지사업법」에 따른 사회복지사 1급 자격을 취득한 후 5년 이상의 보육 등 아동복지업무 경력이 있는 사람 6. 「의료법」에 따른 간호사 면허를 취득한 후 7년 이상의 보육 등 아동복지업무 경력이 있는 사람 7. 국가 또는 지방자치단체에서 7급 이상의 공무원으로 보육 등 아동복지업무에 5년 이상 근무한 경력이 있는 사람 나. [가정어린이집] 1. 일반기준에서 정한 자격을 갖춘 사람 2. 보육교사 1급 이상의 자격 취득 후 1년 이상 보육업무 경력이 있는 사람 다. [영아전담어린이집] 1. 일반기준에서 정한 자격을 갖춘 사람 2. 간호사 면허 취득 후 5년 이상 아동간호업무 경력이 있는 사람 라. [장애아전문어린이집] 일반기준에서 정한 자격을 갖춘 사람으로서 다음 어느 하나에 해당하는 사람 1. 대학에서 장애인복지 및 재활관련학과를 전공한 사람 2. 장애영유아 어린이집에서 2년 이상 보육업무 경력이 있는 사람 [「고등교육법」에 따른 대학(전문대학을 포함한다) 또는 법 제21조제2항제2호에 따른 규정에 의한 교육훈련시설이 운영(위탁 또는 부설운영을 말한다)하는 어린이집] 1. 일반기준에서 정한 자격을 갖춘 사람 2. 어린이집을 운영하는 대학의 조교수 또는 교육훈련시설의 전임교수 이상으로서 보육 관련 교과목에 대하여 3년 이상의 교육경력이 있는 사람 ※ 조건부 어린이집 원장 자격을 부여받을 수 있으나, 겸임제한 규정에 따라 어린이집 원장을 겸임할 수 없음

	가)~라)까지의 어느 하나에 해당하는 사람은 보건복지부령으로 정하는 사전직무교육을 받아야 함 ※ '14. 3. 1. 이후 원장 자격증 신청자는 사전직무교육 이수가 원칙(단, 「영유아보육법」 부칙〈법률 제7153호, 2004. 1. 29.〉에 따라 자격이 인정되는 자는 예외) ※ 1회 사전직무교육을 이수한 경우, 시행령 [별표1] 제1호의 타 원장 자격 취득을 위한 사전직무교육 중복이수 불필요
보육교사 1급	다음 보육교사 자격기준에 해당하는 사람으로서 보건복지부 장관이 정하는 승급교육을 받은 사람 1. 보육교사 2급 자격 취득 후 3년 이상 보육업무 경력이 있는 사람 2. 보육교사 2급 자격 취득 후 보육관련 대학원에서 석사학위 이상 취득하고 1년 이상 보육업무 경력이 있는 사람
보육교사 2급	1. 전문대학 또는 이와 같은 수준 이상의 학교에서 보건복지부령으로 정하는 보육관련 교과목 및 학점을 이수하고 졸업한 사람 2. 보육교사 3급 자격 취득 후 2년 이상 보육업무 경력이 있는 사람으로서 보건복지부장관이 정하는 승급교육을 받은 사람
보육교사 3급	고등학교 또는 이와 같은 수준 이상의 학교를 졸업한 사람으로서 보건복지부령으로 정하는 교육훈련 시설에서 정해진 교육과정을 수료한 사람

출처: 보건복지부(2020). 보육사업안내.

육아종합지원센터 사업 추진체계

〈육아종합지원센터〉

- 보육 및 양육에 관한 정보의 수집·제공 및 보육교직원·부모상담 등을 제공하기 위하여 보건복지부장관과 지방자치단체의 장이 설치·운영 하는 육아지원 기관(법 제7조)
- 지역사회 내 어린이집 지원·관리 및 보호자의 가정양육지원을 위한 육아지원서비스 제공
  - 교직원 교육 및 상담, 보육정보 제공, 보육컨설팅 등 어린이집 지원 기능과 부모교육 및 상담, 영유아 체험프로그램, 대여 및 시간제보육 서비스 등 가정양육 지원 기능

(어린이집 지원) 종전과 같음

보육컨설팅, 보육 관련 정보수집·제공, 교재·교구대여, 보육교직원 상담, 어린이집 설치·운영 등에 관한 상담 및 컨설팅, 영유아학대예방교육, 보육교직원 교육 등

(가정양육 지원)

부모교육·상담, 영유아의 체험·놀이공간 제공, 시간제보육 등

육아종합지원센터의 역할(법 제7조, 시행령 제13조 참조)

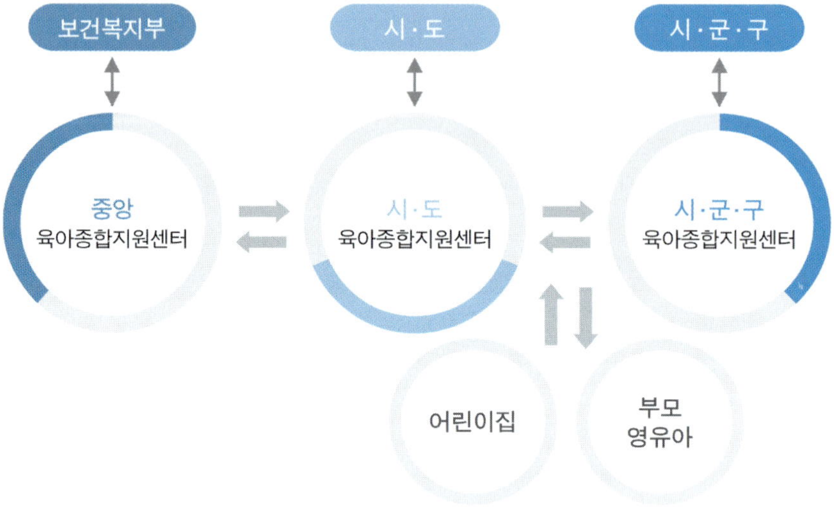

그림 9-2 육아종합지원센터 전달체계

출처: 보건복지부(2020). 보육사업안내.

표 9-9 직종별 직원의 자격기준

<table>
<tr><th colspan="3">구분</th><th colspan="2">자격요건</th></tr>
<tr><td colspan="3">센터장</td><td colspan="2">보육전문요원의 자격을 취득한 이후 보육업무에 5년 이상 종사한 경력이 있는 사람
* '17. 6. 20. 이후 육아종합지원센터 위탁 신청을 하거나, 육아종합지원센터장 변경을 위해 위탁사항 변경신청을 하는 경우부터 적용('17. 6. 20. 현재 재직 중인 육아종합지원센터의 장에 대해서는 그 직위에 계속 재직할 때까지는 종전의 규정에 따름)</td></tr>
<tr><td rowspan="3">사업
전담
인력</td><td rowspan="3">보육전문
요원</td><td rowspan="2">보육교사
1급 자격을
가진 사람</td><td colspan="2">보육교사 2급 자격을 취득한 이후 3년 이상의 보육업무 경력과 보건복지부장관이 정하는 승급교육을 받은 사람</td></tr>
<tr><td colspan="2">보육교사 2급 자격과 보육관련 대학원에서 석사학위를 취득한 자로서 1년 이상 보육업무 경력과 보건복지부장관이 정하는 승급교육을 받은 사람</td></tr>
<tr><td colspan="3">사회복지사업법에 의한 사회복지사 1급 자격을 취득한 이후 보육업무에 3년 이상 종사한 경력이 있는 사람</td></tr>
</table>

	상담전문요원	국가기술자격법에 따른 임상심리사 2급이상 자격을 가진 사람 또는 상담, 심리분야의 학사학위 이상을 취득하고 상담 업무와 관련하여 3년 이상의 실무경력이 있는 사람
	전산원	공무원임용시험령의 전산직 8급 공무원 상당의 경력경쟁채용자격 요건 기준에 적합한 사람
	영양사	영양사 면허증을 취득한 자로서 1년 이상 영양사 업무에 종사한 경력이 있는 사람
	간호사	간호사 면허증을 취득한 자로서 1년 이상 간호사 업무에 종사한 경력이 있는 사람
	특수교사(치료사)	초중등교육법 제21조제2항에 의한 교사자격기준 중 특수학교 정교사 1급 및 2급, 준교사 자격증을 취득한 자로서 보육관련 업무경력이 3년 이상인 사람
		초중등교육법 제21조제2항에 의한 교사자격기준 중 치료교육 과목의 특수학교 실기교사 자격증을 취득한 자로서 보육관련업무경력이 3년 이상인 사람
		대학(전문대학 및 대학원을 포함한다)에서 특수교육 또는 재활관련학과를 전공하고 졸업한 자로서 어린이집에서 3년 이상 종사한 경력이 있는 사람
	컨설턴트	보육교사 1급 자격을 취득한 자로써 보육업무경력 5년 이상인 사람
	행정원	공무원임용시험령의 일반직 8급 공무원 상당의 경력경쟁채용자격 요건 기준에 적합한 사람
	운영요원	보육교사 자격을 취득한 사람
		보육교사 자격을 취득하지는 않았으나 운영요원의 업무에 적합하다고 판단되는 사람

※ 구법('05. 1. 30. 이전) 또는 "2003~2004년도 보육사업안내" 지침에 따른 자격요건으로 근무하고 있는 모든 직원은 개정법('05. 1. 30.) 또는 "2005년도 보육사업안내" 지침시행이후 퇴직한 후 육아종합지원센터에 재취업을 신청할 경우에는 개정법('05. 1. 30.) 또는 "2005년도 보육사업안내" 지침에 따른 자격요건을 갖춰야 함

※ 개정 영유아보육법('05. 1. 30.) 또는 "2005년도 보육사업안내" 지침 시행당시 종전 규정 등으로 계속 근무한 때에는 개정법 또는 "2005년도 보육사업안내"에 따른 센터장 보육전문요원, 전산원, 영양사, 간호사 등으로 봄. 전산원은 2014년 이후 채용자에 한해 위의 자격기준을 적용하고, 운영요원은 2016년 이후 채용자에 한해 위의 자격기준을 적용함

※ '보육관련 업무경력'이라 함은 특수교육지원센터, 장애인종합복지관, 교육청 소속의 순회지원교사 등으로서 영유아를 대상으로 한 장애아 업무경력을 말함

※ '특수교육 또는 재활관련학과를 전공하고 졸업한 자'라 함은 "2020년도 보육사업안내" Ⅲ. 보육교직원 자격에 제시된 보육교직원 자격기준에서 특수교사 자격기준을 갖춘 자를 말함

출처: 보건복지부(2020). 보육사업안내.

Chapter

10

장애아동 복지지원

1. 장애아동의 개념과 유형

1) 장애인의 개념과 장애아동의 복지

(1) 장애인의 개념

장애 및 장애인의 정의는 그 나라의 문화적·사회적·경제적·정치적 여건 및 수준에 따라 변화한다(한국보건사회연구원, 1994: 156). 사회가 변화함에 따라 장애인복지에 대한 관심이 생존권의 문제에서 생활권의 문제로 옮겨져 장애인에 대한 정의는 단순한 기능 상실보다는 사회적 장애의 문제에 초점을 두게 되는 경향을 띠고 있다. 세계보건기구는 1980년 국제장애분류(ICIDH)라는 장애에 관한 개념적 틀을 정립·발표하면서 장애를 기능상실(impairment), 능력장애(disability), 사회적 불리(handicap)로 분류하고 있고(박경일 외, 2001), 유엔의 '장애인 권리선언'(1975) 제1조에는 장애인이란 "선천적이든 후천적이든 간에 신체적·정신적 능력의 불완전으로 인하여 일상의 개인 혹은 사회생활에 필요한 것을 자기 스스로 완전히 혹은 부분적으로 수행할 수 없는 사람"이라 규정되어 있다.

우리나라의 경우 「장애인복지법」, 「장애인 등에 관한 특수교육법」에 의해 규정되어 있으며, 「장애인복지법」 제2조에 의하면 "장애인"이란 신체적·정신적 장애로 오랫동안 일상생활이나 사회생활에서 상당한 제약을 받는 자를 말한다고 규정하고, 장애의 종류를 15가지로 구분하고 있다. 여기서 신체적·정신적 장애란 지체부자유, 뇌병변장애, 시각장애, 청각장애, 언어장애, 지적장애, 자폐성장애, 정신장애, 신장장애, 심장장애, 호흡기장애, 간장애, 안면장애, 장루·요루장애, 뇌전증장애를 들고 있다. 「장애인 등에 관한 특수교육법」 제15조에는 특수교육대상자를 규정하고 있다. 여기서는 시각장애, 청각장애, 정신지체, 지체장애, 정서·행동장애, 자폐성장애(이와 관련된 장애를 포함한다), 의사소통장애, 학습장애, 건강장애, 발달지체 등을 특수교육대상자로 규정하고 있다.

(2) 장애아동과 복지

장애아동은 장애를 가진 아동이며, 그러므로 이들은 장애인과 아동의 특성을 모두 고려한 복지서비스를 제공받을 수 있어야 한다. 주정일(1998) 등은 "장애아동을 특수아동으로 간주하고, 그들이 가지고 있는 잠재능력과 잔존능력을 최대한 발휘하여 발달의 신장과 함께 정상적 생활이 가능하도록 원조하는 제반 사회적 활동"을 장애아동복지라 하였다. 그리고 사업의 범주를 특수교육과 재활사업으로 대별하고 이를 지원하기 위한 각종 법적 조치와 제반 시설의 설치 및 특수전문인력의 양성과 부모교육 등을 포함하고 있다.

「장애아동복지지원법」은 2011년 8월 4일 제정되었다. 이 법에서 "장애아동"이란 18세 미만의 사람 중 「장애인복지법」 제32조에 따라 등록한 장애인을 말한다. 다만, 6세 미만의 아동으로서 장애가 있다고 보건복지부장관이 별도로 인정하는 사람을 포함한다고 규정하고 있다.

"장애아동 복지지원"이란 국가와 지방자치단체가 장애아동의 특별한 복지적 욕구에 따라 의료비 지원, 보육 지원, 가족 지원 및 장애아동의 발달에 필요한 지원 등 다양한 인적·물적 자원을 제공하는 것을 말한다. 복지 지원의 내용을 8가지로 분류하고 있는데, 의료비 지원, 보조기구 지원, 발달재활서비스 지원, 보육 지원, 가족 지원, 돌봄 및 일시적 휴식지원서비스 지원, 지역사회전환서비스 지원, 문화예술 등 복지지원 등이며, 취약가정에 대한 복지 지원을 우선하도록 하고 있다.

2019년 12월 31일 기준 등록장애인은 2,618,918명이며, 이 중 만 18세 미만의 등록된 장애아동은 90,768명이다.

표 10-1 18세 미만 등록장애인 장애종류별 현황 (단위: 명)

년도	계	지체	시각	청각	언어	지적	뇌병변	자폐성	심장	간	기타
2019	90,768	4,240	2,979	4,701	3,986	44,705	12,041	16,488	378	469	781

출처: 보건복지부〉정책〉장애인〉알림마당(장애인등록현황 2019년 12월말 기준).

2) 장애아동의 유형

「장애인복지법」에서 장애인의 종류로 15가지를 규정하고 있고, 「장애인 등에 관한 특수교육법」에는 시각장애, 청각장애, 정신지체, 지체장애, 정서 · 행동장애, 자폐성장애(이와 관련된 장애를 포함한다), 의사소통장애, 학습장애, 건강장애, 발달지체 등을 특수교육대상자로 규정하고 있음은 앞서 언급하였다. 교육인적자원부(2002)의 자료에서는 장애아동의 유형을 지체부자유, 시각장애, 청각장애, 정신지체로 구분하였고, 최근에는 위의 4가지 외에 정서장애, 학습장애, 언어장애를 추가하였다.

정서장애(Severely Emotional Disturbed, SED)는 일정기간 동안 다음의 문제를 가지고 있는 아동을 의미한다. ① 지적 · 신체적 또는 지각적인 면에서 이상이 없음에도 학업능력이 결핍된 아동, ② 또래 및 교사와 만족할 만한 대인관계를 형성할 수 있는 능력이 없는 아동, ③ 개인적 문제 혹은 학교문제와 관련하여 신체증상, 공포감 등이 있으며 행동 혹은 감정이 부적절한 것을 의미한다. 자폐증을 정서장애(emotional disturbance)에 포함시키고 있다.

학습장애(Learning Disability, LD)는 읽고, 쓰고, 말하고, 이해하고 산술하는 데 문제가 있는 아동을 의미하지만 정신지체나 운동기능의 문제, 문화적 · 환경적 · 경제적 요인으로 인한 학습문제는 제외된다. 학습장애에는 뇌상, 최소한의 뇌기능, 난독증, 실어증을 포함하고 있다.

언어장애는 일반적으로 생후 2년 6개월에 이르러서 언어발달이 충분하지 못할 경우 언어발달지체라 하며, 7세가 되어도 위와 같을 때 언어장애가 있다고 하며 개인의 의사소통이 방해되어 사회생활에서 정상적 적응이 불가할 때 언어장애를 진단할 수 있다.

2. 장애아동 복지지원 현황과 과제

1) 장애아동 복지지원의 내용

「장애아동복지지원법」에 따라 보건복지부에서 지원하고 있는 장애아동가족 지원사업은 발달재활서비스사업, 언어발달지원사업, 장애아가족 양육지원사업, 청소년 발달장애학생 방과후 활동서비스사업, 장애인활동지원서비스사업, 발달장애인 부모상담지원사업이다.

(1) 발달재활서비스사업

발달재활서비스사업의 목적은 성장기의 정신적 · 감각적 장애아동의 인지, 의사소통, 적응행동, 감각 · 운동 등의 기능향상과 행동발달을 위한 적절한 발달재활서비스 지원 및 정보를 제공함과 아울러 높은 발달재활서비스 비용으로 인한 장애아동 양육가족의 경제적 부담 경감을 위한 것이다.

서비스 대상자는 만 18세 미만의 「장애인복지법」상 등록장애아동으로서 시각 · 청각 · 언어 · 지적 · 자폐성 · 뇌병변 장애아동이며, 기준중위소득 180% 이하에 대하여 소득별 차등 지원하게 된다. 단, 대상아동이 「초 · 중등교육법」 제2조에 따른 학교에 재학 중인(휴학생 제외) 경우에는 만 20세가 되는 달까지 지원을 연장하되, 만 20세가 도래하기 전에 학교를 졸업하는 경우에는 졸업하는 달까지 재학증명서 첨부 시 인정한다.

서비스 내용은 언어 · 청능, 미술 · 음악 · 행동 · 놀이 · 심리운동 · 재활심리, 감각 · 운동 등 발달재활서비스를 제공하는 것과 장애 조기 발견 및 발달진단서비스, 중재를 위한 부모상담서비스를 제공하는 것이다. 의료행위인 물리치료와 작업치료 등 의료기관에서 행해지는 의료지원은 불가하다.

(2) 언어발달지원사업

언어발달지원사업의 목적은 감각적 장애 부모의 자녀에게 필요한 언어발달지원 서비스를 제공하여 아동의 건강한 성장 지원 및 장애가족의 자체 역량을 강화하는 것이다.

서비스 대상자는 만 12세 미만 비장애아동(한쪽 부모 및 조손가정의 한쪽 부모가 시각 · 청각 · 언어 · 지적 · 자폐성 · 뇌병변 등록장애인)으로 양쪽 부모가 시각 · 청각 · 언어 · 지적 · 자폐성 · 뇌병변 등록장애인인 경우 우선 지원하며, 기준 중위소득 120% 이하에 대하여 소득별 차등지원하게 된다.

서비스 내용은 언어발달진단서비스로 언어재활, 청능재활 등 언어재활서비스 및 독서 지도, 수화 지도이며, '논술 지도' · '학습 지도' 등 교과목 수업은 불가하며, 학습지를 사용한 지도도 불가하다.

(3) 장애아가족 양육지원사업

장애아가족 양육지원사업의 목적은 장애아동가족의 일상적인 양육부담을 경감하고 보호자의 정상적인 사회활동을 돕기 위하여 돌봄 및 일시적 휴식지원 서비스를 제공하는 것이다. 실제로 돌봄이 필요한 장애아동에게 적기에 돌봄서비스가 제공되도록 지원하고, 장애아 가정에 대해 실질적인 휴식 지원을 제공하게 된다.

사업 대상은 만 12세 미만 장애아동으로 장애인복지법상 장애의 정도가 심한 장애인이며 소득기준이 기준 중위소득 120% 이하에 대하여 소득별 차등지원하게 된다.

장애아가족 양육지원사업은 중증장애아동에 대해 양육자의 질병, 사회활동 등 일시적 돌봄서비스 필요시 일정한 교육과정을 수료한 돌보미를 파견하여 장애아동 보호 및 휴식지원을 하고 가족관계 회복 및 돌봄부담 경감을 위해 장애아가족 문화 · 교육프로그램, 휴식 박람회, 가족캠프 등 휴식지원 프로그램을 운영하는 것이다.

(4) 청소년 발달장애학생 방과후활동서비스사업

청소년 발달장애학생 방과후활동서비스사업의 목적은 발달장애학생에게 방과후활동서비스를 제공하여 의미 있는 여가활동 및 성인기 자립준비를 하도록 지원하고, 「발달장애인 권리보장 및 지원에 관한 법률」 제29조(거주시설 · 주간활동 · 돌봄지원) 근거에 따라 다양한 참여 프로그램으로 방과후 돌봄사각지대를 해소하고 부모의 원활한 사회 · 경제적 활동을 위해 지원하는 것이다.

사업 대상은 만 12세 이상 18세 미만의 「장애인복지법」 상 등록된 지적 및 자폐성 장애인으로, 일반 중 · 고등학교 및 특수학교(중 · 고등학교에 해당하는 학급) 재학 중인 학생이며, 다만 지역아동센터, 청소년 방과후 아카데미, 장애인거주시설 입소자 등 다른 복지서비스 이용자는 제외된다. 그리고 만 12세 이상으로 초등학교 재학 중인 경우에는 재학증명서 제출 시 이용가능하고 만 18세 이상 재학생의 경우에도 재학증명서 제출 시 이용가능하다.

서비스 내용으로 이용자는 수급자격(제공시간)을 받아 원하는 지역내 방과후활동 제공기관에 등록 후 소그룹을 구성하여 취미 · 여가, 자립준비, 관람 · 체험, 자조활동 등 이용자의 욕구 및 상황을 고려한 다양한 방과후활동서비스를 월 44시간 제공받는다.

(5) 장애인활동지원서비스사업

장애인활동지원서비스사업의 목적은 신체적 · 정신적 사유로 일상생활과 사회생활을 하기 어려운 장애인에게 활동지원서비스를 제공함으로써, 장애인의 자립생활을 지원하고 가족의 부담을 줄여 장애인의 삶의 질 향상하는 것이다.

사업 대상은 만 6세 이상 만 65세 미만의 장애인복지법 상 등록 장애인이며 활동지원등급에 따라 지원이 된다.

서비스 내용으로 신체활동지원(목욕도움, 세면도움, 식사도움, 실내이동 도움 등), 가사활동지원(청소 및 주변정돈, 세탁, 취사 등), 사회활동지원(등하교, 외출동행 등),

방문목욕(가정방문 목욕제공), 방문간호(간호, 진료, 구강위생 등)이 제공된다.

(6) 발달장애인 부모상담지원사업

발달장애인 부모상담지원사업의 목적은 과중한 돌봄부담을 가지고 있는 발달장애인 부모에게 집중적인 심리 · 정서적 상담 서비스를 제공하여 우울감 등 부정적 심리상태를 완화시켜 궁극적으로 발달장애인 가족의 기능향상을 도모하는 것이다.

사업 대상은 「장애인복지법」상 지적 · 자폐성 장애인으로 등록된 자녀의 부모 및 보호자이며, 지적장애 또는 자폐성장애를 부장애로 가진 경우도 포함된다. 또한 발달장애인 자녀의 부모 동시 지원 가능하며 다만, 자녀가 영유아(만 6세 미만)의 경우 장애등록이 되어있는 않은 경우 발달장애(지적 · 자폐성)가 의심된다는 발달재활서비스 의뢰서 또는 최근 6개월 이내 발행된 의사소견서(진단서)로 대체가능하다. 연령은 신청 일을 기준으로 판정하되 대상자로 선정된 호 사업기간 중 만 6세 도래 시에는 만 6세가 되는 달까지 지원한다.

2) 장애아동 복지증진을 위한 과제

① 장애아동복지서비스의 많은 부분이 보편적이기 보다 선별적 서비스를 기준으로 하고 있다. 장애라는 불리에 대한 지원이라는 점에서 장애아동의 경우 보편적 서비스로 나아가는 것이 바람직하다. ② 장애아동복지지원법의 지원 대상이 확대될 필요가 있다. 18~24세의 장애청소년 역시 비장애인에 대해 사회적응과 미래 대비에 충분한 대응을 할 수 없으므로 이들을 지원대상에 포함시킬 필요가 있다. ③ 장애아동복지지원 내용의 범주가 협소하다. 지원 대상이 제한적이며 서비스 내용도 기존 범주를 크게 벗어나지 못하고 있다. 장애아동이 성인 이후 노동시장에 참여할 수 있도록 교육과 일이 연계하는 제도가 포함되어야 한다. ④ 전달체계에 대한 지원방안이 마련되어야 한다. 농어촌 등 취약지역 장애아동이 장애인복지관이나 이동지원서비스센

터 등 시설에 쉽게 접근할 수 있는 방안이 마련되어야 한다. ⑤ 장애아동가정에 대한 지원이 강화되어야 한다. 특히 한부모가정의 경우 양부모가정에 비해 장애아동 양육 부담이 배가 된다. ⑥ 장애아동복지법에는 돌봄 및 일시적 휴식지원서비스 지원을 명시하고 있으나, 세부사항은 돌봄에 대한 내용만을 담고 있다. 일시적 휴식지원서비스는 이들 가정의 안정화를 위해 중요하며 지원 필요가 있다(한국보건사회연구원, 2015). ⑦ 가족휴식지원서비스의 경우 이 서비스를 이용한 지적·자폐성 장애인과 그 가족 수는 각각 2016년 2,816명, 4,592명, 2017년 3,308명, 4,360명, 2018년 2,979명, 6,025명이라고 한국장애인개발원의 2019 장애통계연보에 나와 있고, 이는 지적·자폐성 장애인 전체 수가 20여만 명임을 감안하면 극히 적은 수의 장애인과 그 가족만이 지원받은 것이다. 향후 가족휴식지원서비스의 효과를 증대하기 위한 예산확대와 꾸준하고 지속적인 모니터링이 필요하다. ⑧ 코로나 이후에는 감염을 우려한 나머지 사회에서 모든 장애아동·학생 교육, 재활, 사회서비스 등의 지원들이 멈춰버림으로 지적·자폐성 장애인은 코로나 이후 보육 사각지대에 놓여지게 되었다. 특수한 상황인 감염병 상황에서 장애인과 그 가족에 대한 대책은 법이나 제도 면에서 거의 없었기 때문에 향후에는 감염병 예방 및 관리에 관한 법률에서 장애특성을 고려한 장애인과 그 가족 관련 내용을 추가하고 이에 관련한 실효적인 대책을 수립하는 것이 요구된다.

장애아동지원 사업 추진체계

〈장애아동지원센터〉 *장애아동·발달장애인지원센터

정부에서는 '11년 장애아동복지지원법을 제정하고, '12년 발달장애인 지원계획을 발표하였고, 이에 근거하여 중앙장애아동 · 발달장애인지원센터(이하 중앙센터)가 '12년 10월 시범운영을 시작으로 '13년 1월부터 장애아동 및 발달장애인을 위한 복지서비스 증진 및 그들의 권리보장을 위한 사업을 지원하고 있다.
중앙센터는 '13년부터 현재까지 보건복지부로부터 한국장애인개발원이 위탁운영하고 있고, '14년에 발달장애인 권리보장 및 지원에 관한 법률이 제정('15년 시행)되면서 '16년부터 17개 광역시도에 지역발달장애인지원센터(이하 지역센터)가 설치되었으며, 발달장애인의 통합적, 맞춤형 서비스 지원과 그들의 권익옹호를 목표로 지역센터가 운영되고 있다.
현재 지역센터 18개소 중 17개 지역센터가 광역시도로부터 한국장애인개발원이 위탁운영 중에 있으며, 인천발달장애인지원센터는 '18년부터 인천광역시에서 직영운영하고 있다.

장애아동지원센터의 중점사업은

1. 발달장애인지원센터사업

1) 서비스
- 지역센터 설치 · 운영 지원
- 발달장애인 부모 심리상담 지원사업 관리
- 발달장애인 부모교육 지원사업 관리
- 장애아가족 양육지원사업 관리
- 발달재활서비스 제공인력 자격관리

2) 권익옹호
- 발달장애인지원사업
- 정보제공
- 발달장애인 공공후견 지원사업
- 발달장애인 권리구제 사업관리

3) 네트워크
- 홍보 및 인식 개선
- 협력네트워크 구축

2. 장애아가족 양육지원사업

장애아가족 양육지원사업은 장애아동복지지원법 제24조(돌봄 및 일시적 휴식지원 서비스지원) 제1항에 따라 장애아동 가족의 일상적인 양육부담을 경감하고 정상적인 사회활동을 돕기 위하여 「돌봄」 및 「휴식지원」서비스를 제공하는 것이다.

• 돌봄서비스

대상	만 18세 미만의 장애정도가 심한 장애아와 생계·주거를 같이하는 기준중위소득 120% 이하 가정
내용	전문교육을 받은 장애아돌보미가 장애아동가정으로 방문하여 돌봄 서비스를 제공 * 일상생활지원, 외출·산책지원, 학습 및 놀이지원 등
이용시간	아동 1인당 연 720시간 이내 (최대 월 120시간)
비용	무료
신청방법	시·군·구(읍면동) 행정복지센터에 신청(연중)

• 휴식지원프로그램

대상	만 18세 미만 장애아동 가족
	* 단, 돌봄 서비스를 이용하는 가정을 우선 지원
내용	가족휴식지원 및 역량강화 프로그램 제공
	*가족캠프, 자조모임, 가족상담, 문화체험, 부모교육, 정보제공 등
이용시간	사업시행기관 마다 상이
비용	무료
신청방법	거주지 양육지원사업 시행기관에 신청 (연중)

〈발달재활서비스〉

• 언어·청능(聽能), 미술·음악, 행동·놀이·심리, 감각·운동 등을 통하여 장애아동의 재활 및 발달에 도움을 주는 서비스

[2020발달장애인지원센터 사업안내]

• 발달장애인지원센터(중앙·지역) 예산지원 현황

－발달장애인지원센터(중앙): 국비 100%

－발달장애인지원센터(지역): 국비 50%, 지방비 50% 이상

* (광역자치단체 지역발달장애인지원센터(시·도)에 한하여 국비 지원)

• 설치현황

(2020년 기준 단위: 개소, 백만원)

구분	총 예산	국비지원	센터 수	비고
중앙	973	973	1	100% 국비지원
지역(광역)	11236	5618	17	국비 50%, 지방비 50% 이상
계	12209	6591	18	

* 총 예산은 국비, 지방비 포함이며, 지역(광역)센터 개소당 지원액은 상이할 수 있음

• 발달장애인지원센터 안내

–대표 홈페이지(비로소) : www.broso.or.kr

–발달장애인 범죄신고 및 권리구제 상담전화 (☎ 1522-2882)

구분	전화번호	주 소
중앙	02)3433-0743	서울특별시 영등포구 의사당대로 22 이룸센터 7층
서울특별시	02)2135-3635	서울특별시 중구 삼일대로 363 장교빌딩 13층
부산광역시	051)714-7360	부산광역시 동구 조방로 14, 동일타워 8층 808호
대구광역시	053)719-0340	대구광역시 국채보상로 648 호수빌딩 8층
인천광역시	032)715-4363	인천광역시 남동구 백범로 357, 한국교직원공제회 인천회관 7층
광주광역시	062)714-3352	광주광역시 서구 상무시민로 103 상무비즈센터 302호
대전광역시	042)719-1085	대전광역시 중구 중앙로118 대전도시공사 3층
울산광역시	052)710-3154	울산광역시 중구 번영로 470 중울산새마을금고 6층 B-4호
세종특별자치시	044)414-9172	세종특별자치시 새롬로14, 새롬종합복지센터 2층
경기도	031)548-1393	경기도 수원시 권선구 서수원로 130 누림센터 304호
강원도	033)817-2357	강원도 춘천시 옥산포길 17-8(사농동)
충청북도	043)716-2163	충청북도 청주시 흥덕구 공단로 134 세중테크노밸리 109,110호

구분	전화번호	주 소
충청남도	041)415-1215	충청남도 천안시 서북구 동서대로 163(충남타워)7층 704호
전라북도	063)714-2610	전라북도 전주시 완산구 홍산로 245 7층 702호
전라남도	061)802-1062	전라남도 무안군 삼향읍 후광대로 282 전문건설회관 4층
경상북도	054)805-7310	경상북도 안동시 풍천면 천년숲서로 7-19, 화인비즈니스타운 601호
경상남도	055)716-2390	경상남도 창원시 의창구 중앙대로 263 오피스 프라자 609호
제주특별자치도	064)803-3714	제주특별자치도 제주시 연북로33, KT&G 제주 본부 3층

표 10-2 발달장애인지원센터(지역) 종사자 수(예시)

아래는 예시 사항으로 관할 지역 내 발달장애인 수, 서비스 수요, 지리적 접근성 등 발달장애인지원센터(지역) 예산 범위를 고려하여 합리적으로 조정 가능

발달 장애인 수	5천명미만	5천명이상~ 1.5만명미만	1.5만명이상~ 3만명미만	3만명이상~ 4.5만명미만	4.5만명이상
팀 정원 1명당 발달장애인 수 (명)	1,000	1,500	3,000	3,500	3,500
개인별지원팀 인력규모(명)	5	6	7	10	14
지역발달장애인 지원센터 인력현황	세종특별자치시, 제주특별자치도, 울산광역시 (3개)	광주광역시, 대전광역시, 강원도, 대구광역시, 충청북도, 인천광역시, 충청남도, 전라남도, 천라북도, 부산광역시 (10개)	경상남도, 경상북도 (2개)	서울특별시 (1개)	경기도 (1개)

표 10-3 직원배치기준(지역센터)((발달장애인법 시행규칙 제23조 제3항 관련 별표 4)

구분	역할	인원
가. 센터장	• 지역발달장애인지원센터 업무 총괄 관리	1명
나. 개인별 지원	• 발달장애인 개인별지원계획 수립 • 발달장애인 가족 및 복지서비스 제공기관에 대한 교육 • 발달장애인과 그 가족 대상 방문·상담 및 조사 • 발달장애인 조기발견 및 서비스 조정 등 • 복지서비스 변경 신청 및 접수 • 서비스 제공기관 모니터링 및 평가 등	보건복지부 장관이 정함
다. 권리 구제	• 현장조사 및 보호 조치 등 발달장애인 권리구제 활동 및 지원 • 후견인 감독 및 지원 • 발달장애인 보호자 지원 및 감독 • 발달장애인 인권상담 및 옹호	4명 이상
라. 운영 지원	• 지역발달장애인지원센터 운영 업무(예산·결산, 시설관리, 기능보강 등) • 운영위원회 운영 및 지역발달장애인지원센터 직원 교육 • 지역주민 홍보 및 인식개선 • 서비스 제공기관 정보관리 및 대상자 전산·통계관리 등	2명 이상

● 업무종사자의 자격기준

1) 기준근거 : 발달장애인법 제34조제3항, 동법 시행령 제14조, 별표1

인력	발달장애인지원센터 인력의 자격기준 (지원직무 관련 국가기술/전문자격, 국가공인민간자격 기준)
1. 특수교사	「초·중등교육법」 제21조제2항 및 별표 2에 따른 특수학교 정교사 자격을 취득한 이후 보건복지부 장관이 정하는 교육을 수료한 사람
2. 사회복지사	「사회복지사업법」 제11조제3항에 따른 사회복지사 1급 자격을 취득한 이후 보건복지부 장관이 정하는 교육을 수료한 사람

인력	발달장애인지원센터 인력의 자격기준 (지원직무 관련 국가기술/전문자격, 국가공인민간자격 기준)
3. 변호사	「변호사법」제4조에 따른 변호사 자격을 취득한 이후 보건복지부 장관이 정하는 교육을 수료한 사람
4. 상담 전문인력	다음 각 목의 어느 하나에 해당하는 자격을 취득한 이후 보건복지부 장관이 정하는 교육을 수료한 사람 가. 「의료법」 제2조제2항제1호에 따른 의사(정신건강의학과전문의에 한정한다) 나. 「초·중등교육법」 제21조제2항에 따른 전문상담교사 다. 「국가기술자격법」 제9조제2호, 같은 법 시행령 제12조의2제1항 및 별표 1에 따른 임상심리사 라. 「정신건강증진 및 정신질환자 복지서비스 지원에 관한 법률」 제17조에 따른 정신건강전문요원 마. 「청소년 기본법」 제22조제1항에 따른 청소년상담사

2) 기준의 적용

- 설치주체(시·도지사)의 장은 아래의 내용을 기준으로 위탁업무 수행을 위한 전반적 상황을 고려하여 업무종사자 자격 요건을 결정

주의

- 「공공기관」 블라인드 채용 가이드라인 ☞ 참고 8 발달장애인지원센터 입사지원서(예시)에 준하여 직급별 채용 자격 요건을 제시함

3) 직급별 채용 자격 요건

<table>
<tr><th>구분</th><th>직급</th><th>자격 요건</th></tr>
<tr><td rowspan="3">발달
장애인
지원센터
(지역)</td><td>센터장</td><td>① 지원직무 관련 국가기술/전문자격, 국가공인민간자격 관련 발달장애인법 시행령 제14조 [별표1] 자격 기준 중 하나 이상을 갖춘 자
② 지원직무 관련 경험 혹은 경력사항을 가진 자 중 8년 이상의 실무경력자
③ 지원직무 관련 과목 및 교육과정을 이수하여 센터장으로 적정하다고 인정되는 학위를 보유한 자
④ 사회복지분야에서 5년이상 재직한 경력이 있는 6급 이상 국가 또는 지방직 공무원
- 위의 ①호 자격 요건(필수 요건)을 갖춘 자
- 위의 ②호, ③호, ④호 자격 요건 중 하나 이상을 갖춘 자
- 기타 위 각 호에 동등하다고 인정되는 자</td></tr>
<tr><td>팀장</td><td>① 지원직무 관련 국가기술/전문자격, 국가공인민간자격 관련 발달장애인법 시행령 제14조 [별표1] 자격 기준 중 하나 이상을 갖춘 자
② 지원직무 관련 경험 혹은 경력사항을 가진 자 중 5년 이상의 실무경력자
③ 지원직무 관련 과목 및 교육과정을 이수하여 팀장으로 적정하다고 인정되는 학위를 보유한 자
- 위의 ①호, ②호, ③호 자격 요건 중 하나 이상을 갖춘 자
- 위의 ①호, ②호, ③호 자격 요건을 모두 충족하는 경우 우선 채용
- 권익옹호팀장은 ①호 자격 기준 중 변호사 자격 취득자 또는 법학전문 석사학위 보유자 우대
- 운영지원팀장은 채용 자격요건 중 위 ①호 자격 요건은 해당되지 않음</td></tr>
<tr><td>팀원</td><td>① 지원직무 관련 국가기술/전문자격, 국가공인민간자격 관련 발달장애인법 시행령 제14조 [별표1] 자격 기준 중 하나 이상을 갖춘 자
② 지원직무 관련 경험 혹은 경력사항을 가진 자 중 2년 이상의 실무경력자
③ 지원직무 관련 과목 및 교육과정을 이수하여 팀원으로 적정하다고 인정되는 학위를 보유하고, 해당업무가 바로 가능한 자
- 위의 ①호, ②호, ③호 자격 요건 중 하나 이상을 갖춘 자
④ 운영지원 팀원은 채용자격 요건 중 위 ①호 자격요건은 해당되지 않음</td></tr>
</table>

표 10-4 발달장애인지원센터 업무종사자의 자격 요건 판단 기준

1. 자격기준(발달장애인법 제34조제3항, 동법 시행령 제14조 [별표1])

인력	발달장애인지원센터 인력의 자격기준 (지원직무 관련 국가기술/전문자격, 국가공인민간자격 기준)
1. 특수교사	「초·중등교육법」 제21조제2항 및 별표 2에 따른 특수학교 정교사 자격을 취득한 이후 보건복지부 장관이 정하는 교육을 수료한 사람
2. 사회복지사	「사회복지사업법」 제11조제3항에 따른 사회복지사 1급 자격을 취득한 이후 보건복지부 장관이 정하는 교육을 수료한 사람
3. 변호사	「변호사법」제4조에 따른 변호사 자격을 취득한 이후 보건복지부 장관이 정하는 교육을 수료한 사람
4. 상담 전문인력	다음 각 목의 어느 하나에 해당하는 자격을 취득한 이후 보건복지부 장관이 정하는 교육을 수료한 사람 가. 「의료법」 제2조제2항제1호에 따른 의사(정신건강의학과전문의에 한정한다) 나. 「초·중등교육법」 제21조제2항에 따른 전문상담교사 다. 「국가기술자격법」 제9조제2호, 같은 법 시행령 제12조의2제1항 및 별표 1에 따른 임상심리사 라. 「정신건강증진 및 정신질환자 복지서비스 지원에 관한 법률」 제17조에 따른 정신건강전문요원 마. 「청소년 기본법」 제22조제1항에 따른 청소년상담사

2. 지원직무 관련 경험 혹은 경력사항 판단 기준

직급 구분		유관 기관
센터장		개인별지원팀, 권익옹호팀, 운영지원팀에서 정한 유관기관
팀장	공통	가. 보건복지부 장관 및 지방자치단체의 장이 인가한 장애인단체 나. 「장애인등에 대한 특수교육법」 제2조제10호의 근거 특수교육기관 다. 「장애인복지법」 제58조 근거 장애인복지시설 라. 「발달장애인 권리보장 및 지원에 관한 법」 제31조 근거 상담서비스제공기관 마. 「사회복지사업법」 근거 사회복지법인, 사회복지관, 사회복지시설 바. 「공공기관의 운영에 관한 법률」 제4조 근거 공공기관, 행정기관
	개인별 지원팀	상동

직급 구분		유관 기관
	권익 옹호팀	사. 「변호사법」 제21조의2 제1항 근거 법률사무종사기관
	운영 지원팀	사. 기타 법률에 의해 설치된 법인, 기관, 시설 등 또는 일반기업체
팀원 (공통)		가. 보건복지부 장관 및 지방자치단체의 장이 인가한 장애인단체 나. 「장애인등에 대한 특수교육법」 제2조제10호의 특수교육기관 다. 「장애인복지법」 제58조 근거 장애인복지시설 라. 「발달장애인 권리보장 및 지원에 관한 법」 제31조 근거 상담서비스제공기관 마. 「사회복지사업법」 근거 사회복지법인, 사회복지관, 사회복지시설 바. 「공공기관의 운영에 관한 법률」 제4조 근거 공공기관, 행정기관 사. 「변호사법」 제21조의 2 제1항 근거 법률사무종사기관 아. 기타 법률에 의해 설치된 법인, 기관, 시설 등 또는 일반기업체

3. 지원직무 관련 과목 및 교육과정 판단 기준

직급 구분		유관 학문
센터장		개인별지원팀, 권익옹호팀, 운영지원팀에서 정한 유관 학문
팀장	공통	사회복지학, 특수교육학, 정신의학, 심리학, 재활학 및 유사계열 학과
	개인별 지원팀	상동
	권익 옹호팀	경영학, 경제학, 행정학, 법학, 사회학 및 유사계열 학과
	운영 지원팀	경영학, 경제학, 행정학, 법학, 사회학, 전산학, 회계학 및 유사계열 학과
팀원	공통	사회복지학, 특수교육학, 정신의학, 심리학, 재활학, 경영학, 경제학, 행정학, 법학, 사회학, 전산학, 회계학 및 유사계열 학과

4) 공통 자격 요건

- 국가공무원법 제33조(결격사유)에 해당하지 않는 자
- 해외여행에 결격사유가 없는 자

주의
- 단, 발달장애인지원센터 수탁운영시, 수탁기관의 인사 관리 규정을 따라 자격을 검증함

출처: 보건복지부(2020). 발달장애인지원센터 사업안내.

Chapter

11

입양아동과 아동복지

보호가 필요한 아동의 보호는 아동복지법과 입양특례법에 의해 보호하게 된다. 보호의 방법은 원가정복귀, 입양, 가정위탁, 그룹홈보호, 시설보호이다. 아동에게 영구적인 가정을 찾아주는 입양은 보호의 우선순위에 있다. 그러나 국내입양의 활성화 정책을 펼치고 있음에도 불구하고 아동인권과 관련하여 입양절차가 강화되는 등으로 입양아동은 그 수가 늘어나지 않고 있다. 입양의 개념과 유형, 입양절차 및 현황 등에 대하여 알아본다.

1. 입양의 개념과 유형

1) 입양의 개념과 의의

입양이란 대리보호의 한 형태로서 혈연관계가 아닌 사람과 사회적 또는 법적 관계에 의해서 부모–자녀관계를 형성하는 것을 말하는 것으로 생물학적 과정이 아닌 법적 그리고 사회적 과정을 통해 친권관계를 창조하는 행위를 말한다. 친부모가 아동을 돌볼 수 없거나 원치 않을 때 또는 법적으로 어떤 관계에서 벗어나게 될 때, 그 아동을 위한 영원한 대리적 보호를 마련해 주는 것을 의미하기도 한다. 입양이 되면 친부모가 지닌 현재나 미래의 권리, 의무가 종식되며 아동과 혈연관계를 갖지 않는 입양부모에게 이러한 권리와 의무를 행정적, 법적으로 이전하게 된다. 즉, 입양은 보호자가 없거나 보호자로부터 이탈된 아동에게 건전한 가정을 영구적으로 제공하여 신체적, 정신적, 사회적으로 건전하게 성장할 수 있도록 하기 위함을 목적으로 한다.

과거에는 가계 계승을 목적으로 일가친척 사이에서만 입양이 이루어져 특별한 조치가 필요하지 않았으나 오늘날에는 사회적 도움이 필요한 아동을 대상으로 한 입양이 늘어나면서 관계법의 제정과 정비에서부터 입양을 알선하고 성립시키는 기관의 활동(입양사업)까지 여러 단계의 조치가 필요하게 되었다(주정일 외, 1998: 242).

역사적 기록에 의한 입양의 사례를 볼 때 입양은 가계 혈통을 계승하거나 재산관리, 사후제사, 상속을 목적으로 하는 등 아동복지의 측면에서 이루어진 것이 아니었다. 근대에 들어와서 입양이 아동복지적 관점에서 이루어졌으며, 현대에 접어들어 1851년의 매사추세츠 주의 입양법을 비롯하여 프랑스(1923), 미국(1929), 이탈리아(1967), 영국(1969), 스위스(1972), 서독(1976) 등에서 입양법이 재정되면서, 고대의 입양과 달리 입양의 목적을 "자(子)의 이익 또는 자(子)의 복리를 위해서만 인정된다"고 명문화되어 자(子)를 보호하려는 경향이 뚜렷해졌다 하겠다(김건조, 1994; 김준수, 1985: 426 재인용).

우리나라에서의 입양사업의 추진은 1952년 '후생시설운영요령'을 시작으로 1961년 '보호시설에 있는 고아의 후견인 직무에 관한 법률'과 국외입양에 관한 근거를 마련한 '고아입양특례법' 시기(1961~1977년)와 국내입양 활성화와 국외입양의 관리감독 철저를 위해 제정된 「입양촉진 및 절차에 관한 특례법」 시기(1976~2011년, 김유정외, 2010), 입양절차가 아동의 복리를 중심으로 이루어질 수 있도록 국가의 관리감독을 강화하고, 최선의 아동보호는 출신 가정과 출신 국가 내에서 양육되어야 한다는 것을 입양의 새로운 패러다임으로 삼고 있는 「입양특례법」(2011년, 전면 재개정) 시기로 분류할 수 있다.

우리나라의 입양사업은 ① 국내외 입양 모두 법원의 허가를 받도록 하며, ② 친생부모에게 양육에 관한 충분한 상담 및 양육 정보를 제공하는 등 부모의 직접 양육을 지원하고, ③ 아동이 출생일로부터 1주일이 지나고 나서 입양동의가 이루어지도록 하는 한편, ④ 양자가 된 사람에게 자신에 대한 입양 정보 접근권을 부여하고, ⑤ 국내입양 우선추진 의무화 등을 규정함으로써 아동의 권익과 복지를 증진하려는 것이다.

2) 입양의 유형

입양의 유형은 적용 법규, 공개 여부, 혈연 유무에 따라 유형을 구분할 수 있다.

(1) 법에 따른 입양 유형

가. 입양특례법에 의한 입양

요보호아동의 입양을 목적으로 한다. 친생부모의 동의를 받아야 하며, 가정법원의 허가를 받아야 한다. 입양의 효력은 민법에 의한 친양자와 동일하다. 즉 입양아동은 입양한 부부의 혼인 중 출생자로 보며, 입양 전의 친족관계는 입양이 확정된 때에 종료되게 된다. 협의상 파양은 없으며, 양자, 양친, 검사가 가정법원에 파양을 신청할 수 있다.

나. 민법에 의한 양자입양

양자입양의 성립은 친생부모의 동의를 받아야 하며, 가정법원의 허가를 받아야 한다. 입양의 효력은 양자는 입양된 때부터 양부모의 친생자와 같은 지위를 가지며, 동시에 양자의 입양 전의 친족관계는 존속된다. 파양은 입양부모와 입양인, 친생부모가 합의하면 협의상 가능하며, 협의가 안되면 양친, 양자, 친생부모, 후견인, 검사가 가정법원에 재판상 파양을 청구하여야 한다.

다. 민법에 의한 친양자 입양

친양자입양의 성립은 친생부모의 동의를 받아야 하며, 가정법원의 허가를 받아야 한다. 입양의 효력은 친양자는 부부의 혼인 중 출생자로 보며, 친양자 입양 전의 친족관계는 친양자입양이 확정된 때에 종료된다. 파양은 양친, 양자, 친생부모의 부 또는 모, 검사가 가정법원에 친양자의 파양을 신청할 수 있다.

(2) 입양 공개 여부에 따른 입양 유형

입양의 공개 여부에 따라 비밀입양, 공개입양, 개방입양으로 나눌 수 있다. 비밀입양은 입양 사실을 입양아동은 물론 주변의 모든 사람들에게 비밀로 하며, 입양아동을 출산한 것처럼 가정하며 비밀을 계속 유지하는 것이다. 공개입양은 입양 사실을 입양아동은 물론이고 주변의 사람들에게 공개하지만 친생부모와는 접촉을 하지 않는 것이다. 개방입양은 입양 사실을 공개하며, 친생부모와도 편지, 사진 교환, 만남 등을 통하여 관계를 유지하는 것이다.

(3) 혈연 유무에 따른 입양 유형

혈연 유무에 따라 친족입양과 비친족입양으로 나누어진다. 친족입양은 확대가족 등 혈연관계 또는 부나 모의 재혼으로 인하여 입양이 성립된다. 비친족입양은 가족관계를 갖고 있지 않은 입양부모가 입양아동을 입양하는 것이다.

3) 입양의 특성과 동기

(1) 입양의 특성

아동은 가능한 한 가정이라는 건전하고 자연적인 환경 속에서 성장·발달하는 것이 가장 바람직하나 여러 가지 이유로 출생가정에서 보호받을 수 없을 때는 대리가정의 서비스로 가정위탁과 함께 입양이 고려될 수 있다. 입양은 ① 아동을 위한 비시설보호의 방법이며, ② 가족관계를 창출하며, 아동을 위해 항구적 가정을 제공하고, ③ 양부모와 양자가 공동적으로 인간적 욕구를 충족시키려는 노력이다. 또한 ④ 아동을 위해 일정한 법적 절차에 따라 이루어지며, ⑤ 양부모는 양자의 양육에 관해 장기간 무제한적인 책임을 지게 된다.

(2) 입양의 동기

입양부모의 입양 동기는 입양아에 대한 기대감과 직접적 연관이 있고, 국내·외적으로 입양부모는 대체로 다음과 같은 입양 동기를 가지고 있다(배태순, 1998). ① 부모가 되어서 가정을 꾸리며 만족스러운 가정생활을 갖고자 하는 욕구를 성취하고 싶으나 불임으로 인해 이러한 욕구가 입양이 아니면 성취될 수 없는 경우, ② 자신들이 낳을 수 있는 자녀보다 더 많은 수의 자녀를 원하는 경우, ③ 영구적 가정이 없어 아동복지시설 등에서 거주해야 할 아동에게 영구적 가정을 제공해 주고자 하는 경우, ④ 아이를 낳을 수는 없지만 가정을 이루어야 한다는 가족이나 사회의 압력에 반응하여야 하는 욕구가 있는 경우, ⑤ 사망으로 잃은 자녀를 다른 아이로 대신하려는 욕구가 있는 경우, ⑥ 자신들이 알고 있는 특정한 아동에 대한 관심과 책임감으로 인해 영구적이며 안정적인 보호를 제공하고자 하는 욕구가 있는 경우 등을 들 수 있다. 오늘날 입양동기는 '가계를 잇기 위해서' 혹은 '노후의 생활을 보장받기 위해서'와 같은 동기에서 '가정이 없는 아동에게 가정을 제공하고자' 하는 아동 중심적 입양 동기가 보다 지배적이다.

2. 입양의 절차 및 현황

1) 입양의 구성요소

입양은 가정을 필요로 하여 입양되는 입양아동과 입양아를 입양하는 입양부모, 그리고 아동에 대한 친권을 상실했거나, 포기한 입양아의 친생부모 등 3자 중심으로 이루어진다. 아울러 이들 세 주역 사이에 매개역할을 하면서 세 주역들 모두의 권익이 균형되게 이루어지도록 하며, 어느 한쪽으로만 권익이 치우치지 않도록 사회복지서비스를 제공해야 하는 입양기관이 있다. 이렇게 입양은 입양아동, 입양부모, 친생부모, 입양기관의 4요소로 구성된다.

입양아동은 입양을 통하여 자신이 태어난 친부모의 체계를 떠나야만 했기에 그의 건전한 신체적·정신적 성장·발달을 도와줄 수 있는 다른 영구가정을 보장받기를 원하며, 동시에 자신의 타고난 생물학적 혈통 및 뿌리에 대해 알고 싶어 한다. 이것은 개인의 기본적인 존재적 욕구인 지속성을 위한 욕구이자 권리이다.

입양부모란 혈통에 의하지 않고 법적 절차에 따라 부모가 된 자를 말한다. 즉, 생물학적 과정이 아닌 사회적·법적 과정을 통하여 부모가 된 것을 말하며, 새로운 가족구성원을 얻고 새로운 가족관계가 창조되는 동시에 혈연으로 맺어진 부모·자식 간에 갖는 동일한 권리와 의무가 주어진다. 현대적 의미의 입양제도는 가정이 필요한 입양대상 아동에게 건전하게 양육될 영구적 가정을 제공해 주는 사회복지서비스인 것에 중점을 두지만 자녀를 갖고 싶어 하는 양부모의 개인적 욕구를 충족시켜 주는 기능도 갖고 있다.

친부모는 자신이 낳은 아동을 개인적·사회적 이유로 직접 양육할 수 없게 되어 그 아동에 대한 부모로서의 양육보호권을 포기하여야만 하나 자신과 뗄 수 없는 혈연적 관계를 가진 아동의 생사 여부와 복지에 관해 알 수 있는 권리를 갖기를 원하기 마련이다.

입양기관은 상기한 입양의 세 구성요소 모두의 권익이 균형 있게 이루어지며 어느 한 팀의 권익에 치우치지 않을 때 그 발전이 기대될 수 있다. 이렇게 입양아, 입양부모, 친부모 삼자에게 사회복지서비스를 감당해야 하는 입양기관은 입양과정에 있어서 중요한 비중을 차지한다.

입양기관의 역할은 첫째, 친부모에 관한 부분으로서 친부모의 친권포기의 경우 그들 자신의 아동을 포기할 것인지, 포기하지 않을 것인지의 결정은 친부모 자신이 해야 하는 어려운 결단임을 이해하고 그들의 고통을 깊이 이해하여야 한다. 친권포기는 그들에게 너무도 사적인 것이며 고통스러운 것이다. 입양기관에서는 그들의 친권포기 여부에 대한 결정을 존중해야 하며, 상담원이 입양을 유도하는 쪽으로 아동포기를 강요하거나 권유해서는 안 된다.

둘째, 양부모에 대한 입양기관의 역할은 입양을 원하는 양부모가 입양을 결정하기까지 최선의 선택과 결정을 내릴 수 있도록 조력하는 것이다. 이는 정확한 입양에 대한 정보를 제공하고, 사전교육을 통하여 양부모의 입양에 대한 올바른 가치관을 정립하도록 도우며 왜곡된 입양이 되지 않도록 지속적이며 적극적으로 개입해야 하는 것을 포함한다.

셋째, 입양을 원하는 일반인에게 입양에 대한 올바른 인식을 고취시키고, 입양을 적극적이며 긍정적으로 수용할 수 있는 사회분위기를 조성하는 역할을 감당하여야 한다.

2) 입양의 요건과 절차

(1) 입양의 요건

가. 양자가 될 자의 요건(법 제9조)

- 보호자로부터 이탈된 자로서 시·도지사 또는 시장·군수·구청장이 부양의무자를 확인할 수 없어 국민기초생활 보장법에 따른 보장시설에 의뢰한 사람
- 부모(부모가 사망이나 그 밖의 기타 사유로 동의할 수 없는 경우에는 다른 직계존속) 또는 후견인이 입양을 동의하여 보장시설 또는 입양기관에 보호 의뢰한 사람
- 법원에 의하여 친권상실의 선고를 받은 사람의 자녀로서 시·도지사 또는 시장·군수·구청장이 보장시설에 보호 의뢰한 사람
- 그 밖에 기타 부양의무자를 알 수 없는 경우로서 시·도지사 또는 시장·군수·구청장이 보장시설에 보호 의뢰한 사람

나. 양부모될 자의 요건(법 제10조)

- **연령**: 입양부모의 연령은 25세 이상으로서 양자가 될 사람과의 나이 차이가 60세 이내여야 한다. 대한민국 국민이 아닌 경우에는 25세 이상 45세 미만인 자이어야 한다. 다만, 보건복지부장관이 양친이 될 사람의 가정환경이 양자를 양육하기에 적합하다고 인정하는 경우 상기 양친 나이의 범위가 달리 적용될 수 있다.

- 건강 : 아동학대, 가정폭력, 성폭력, 마약 등의 범죄나 알코올 등 약물중독의 경력이 없어야 한다. 가정법원에서 필요하다고 판단하는 경우, 양부모의 정신건강에 대한 판단을 위하여 정신병력 여부 등에 관한 심리검사 결과자료 등 추가 자료를 요청할 수 있다(입양특례법의 시행에 관한 대법원 규칙 제4조).
- 재산 : 아동을 양육할 수 있을 정도의 충분한 경제적 능력이 있어야 한다. 근로소득원천징수영수증, 소득금액증명원, 보험료납입증명서, 세목별 과세(납세)증명서, 예금잔액증명서, 등기부등본, 부가가치세 과세표준증명원, 원천징수영수증 등의 서류들을 통해 확인한다.
- 기타 : 양자의 종교의 자유를 인정하고, 사회 구성원으로서 그에 상응하는 양육과 교육을 할 수 있어야 한다.

위의 조건을 충족하고 입양을 결정한 입양부모라면 입양을 위한 준비과업으로서 입양의 특성을 고려해 보아야 할 것이다. 즉, 불임과 관련한 자신의 실패감, 상실감, 그리고 이것이 미치는 영향이나 입양부모로서 입양아에 대한 현실적 기대감은 무엇인지 등을 살펴보아야 할 것이다. 무엇보다도 적절한 입양가정으로서 승인받는 가정조사(home study) 과정 중에 겪게 될 갖가지 감정을 받아들이고, 입양부모로서의 과업에 대한 불안감이나 어려움에 대해 자조집단(self-help group)이나 가족, 전문가의 정서적 지원을 받는 노력을 할 수 있어야 한다.

이렇듯 입양하기에 적절한 가정은 우선, 아동이 경제적 안정의 보장을 받을 수 있는 가정으로, 부유해야 할 필요는 없으나 적어도 아동이 입양부모에게 짐이 되는 느낌을 갖지 않을 정도의 충분한 수입이 있어 아동의 능력에 따라 교육을 받을 수 있는 가정이라야 한다. 또한 좋은 환경을 가진 가정으로, 깨끗하고 안전한 거처, 야외활동의 기회 등을 제공할 수 있는 가정이어야 하며, 진정한 가정생활, 따뜻한 애정으로 아동을 하나의 인간으로서 이해와 동정으로 받아들일 수 있는 가정이어야 한다. 그리고 입양부모들이나 그 가족들의 정신적 기능, 기질, 퍼스낼리티 등이 아동과 유사한 가정이어야 하며 가능하면 지역적·종교적 배경이 유사한 가정이면 더욱 바람직할 것이다. 이와 같은 조건들이 만족된다면 입양이 가능한 가정으로서 안정적 조건을 우선 충족한다고 말할 수 있을 것이다.

(2) 입양의 절차

우리나라 입양의 절차를 일반 입양 관련기관의 경우를 예로 먼저 살펴보면, ① 보호가 필요한 아동을 발견하고 관련 기관에서 아동에 대한 초기 접촉이 시작된다. ② 그 후 친부모의 친권포기에 대한 친부모와의 상담을 통해, ③ 아동의 일시적 위탁보호가 이루어지고, ④ 입양을 희망하는 양부모와의 초기 접촉이 있으며, ⑤ 입양신청서를 제출하고, ⑥ 사회복지사의 입양부모 가정방문이 이루어지면, ⑦ 입양할 아동이 선정되고, ⑧ 양부모와의 면접 후 입양가정에의 배치가 이루어지며, ⑨ 다음 사후관리의 단계로 접어든다(박정문, 2000: 233).

2012년 8월 5일 이후부터는 가정법원의 판결을 받아야 한다. 여기서 "입양아동"이라 함은 18세 미만의 자를 말하며, "요보호아동"이라 함은 「아동복지법」 제3조 제4호의 규정에 의한 보호가 필요한 아동이다(입양특례법). 입양아동의 신고를 받거나 발견하면 사회복지사는 초기 접촉을 위한 면접을 하게 된다. 친부모와의 상담은 친부모의 친권포기 상담과 필요한 서류의 작성을 위해 필요하며 아동은 입양되기 전까지 입양기관에서 일시 보호를 받게 되며 이때 대부분의 기관은 위탁보호를 활용한다.

입양을 희망하는 양부모에게는 입양 업무에 필요한 서류를 제출하게 한다. 국내입양의 경우 필요한 서류는 가족관계증명서, 혼인관계증명서, 주민등록등본과 부부건강진단서(알코올 등 약물중독 진단 포함) 등이며, 그 외 법원 허가를 위해 건강(MMPI 검사 등 심리평가보고서), 재산(건물 등기부등본, 과세증명서 등)과 수입(재직증명서 등)을 증명하는 서류, 범죄경력조회서, 입양 전 교육 이수증명서 등이 필요하다. 국외입양의 경우 협력기관에서는 ① 신원증명서, ② 건강진단서, ③ 재정증명서, ④ 친지의 추천서는 물론 자신이 성장한 배경에 대한 소개, ⑤ 가정과 아동에 대한 철학, ⑥

입양한 아동의 양육계획, 부부관계에 대한 설명 등을 문서로 제출하게 된다.

가정조사서를 작성하기 위해 양부모 가정을 방문하게 되어 있다. 면접은 부부공동 면접, 개별면접을 실시하고 부부의 명확한 입양 태도와 가정의 안정도와 성숙도를 파악한다. 양부모는 입양아동을 양육하면서 겪게 될 어려움과 그에 대한 대처방안을 미리 생각해 볼 수 있는 기회를 갖게 된다.

이후 입양아동에 관한 모든 자료(신체적 조건, 건강 상태, 아동의 습관 및 관심, 친부모의 배경 및 포기 원인)와 사진을 제공하여 입양의 가부를 결정짓고, 입양을 시키며 신고를 필하도록 하며 이로써 아동의 입양이 이루어지게 된다. 이후 사후관리가 이루어지는 데 1년 동안 시행된다. 입양가정을 방문하여 아동의 적응 상태를 조사하고 입양아가 입적된 가족관계증명서를 제출받아 아동이 입양가정의 법적 자녀가 되었는지 확인한다. 입양은 가정법원의 판결을 받아 가족관계의 등록 등에 관한 법률이 정하는 바에 따라 신고를 통해 그 효력이 생긴다.

이러한 입양의 절차는 국내입양, 국내에서 국외입양, 국외에서의 국외입양의 여부에 따라 다소 차이가 날 수 있다.

가. 국내입양

수용보호 의뢰와 후견인 지정(입양기관 또는 보호시설의 장이 시 · 군 · 구청장에게 의뢰) 후 부양의무자 확인 공고(후견인으로 결정된 보호시설의 장이 당해 보호시설의 소재지를 관할하는 시장 · 군수 · 구청장에게 확인 공고 의뢰)를 거친다. 다만, 친권자(미혼모 포함) 또는 후견인이 입양 동의한 아동은 제외된다. 이후 기아인 경우는 먼저 성과 본을 창설하고 입양대상아동확인서 발급을 의뢰(양자로 될 자의 거주지를 관할하는 시 · 군 · 구청장이 확인)한 다음 양친될 자의 입양 알선 및 양친 가정 조사(거주지 관할 시 · 군 · 구청장, 입양기관 및 아동복지법에 의한 아동상담소의 장)를 거친 후 입양 동의(부모, 직계존속 또는 후견인)를 하게 된다. 다만, 부모 또는 후견인이 입양을 동의하여 시설 또는 입양기관에 보호 의뢰한 경우는 보호의뢰 시의 동의로 갈음한다. 그리고 양부모에게 입양대상 아동 및 소유물품을 인계하고 양부모는 법원의 판결과 가족관계의 등록에 관한 법률이 정하는 절차에 따라 신고한다.

나. 국내에서 국외입양(외국인이 국내에서 입양하는 경우)

국내입양절차와 동일하다. 다만, 아동의 등록 기준지 또는 주소지 관할 가정법원에서 입양인가를 받아야 한다.

다. 국외에서의 국외입양(외국인이 국외에서 입양하는 경우)

국내입양절차와 동일하다. 다만, 국외로 출국 전에 보건복지부장관으로부터 해외이주 허가를 받아야 한다.

3) 입양의 현황과 실태

(1) 입양의 현황과 실태

국내입양아동 수는 2011년도까지 증가하다가 2011년도 입양특례법 전면개정 이후 법원의 입양허가제 등 요건이 강화되면서 줄어들었다. 국외입양아동 수도 국내입양 우선 정책의 영향에 따라 줄게 되었다.

표 11-1 국내·외 입양 현황 (단위: 명)

구분	계	2009년 이전	2010	2011	2012	2013	2014	2015	2016	2017	2018	2019
계	248,728	235,630	2,475	2,464	1,880	922	1,172	1,057	880	863	681	704
국내	80,864 (32.5%)	72,947 (31.0%)	1,462 (59.1%)	1,548 (62.8%)	1,125 (59.8%)	686 (74.4%)	637 (54.4%)	683 (64.6%)	546 (62.0%)	465 (53.9%)	378 (55.5%)	387 (55.0%)
국외	167,864 (67.5%)	162,683 (69.0%)	1,013 (40.9%)	916 (37.2%)	755 (40.2%)	236 (25.6%)	535 (45.6%)	374 (35.4%)	334 (38.0%)	398 (46.1%)	303 (44.5%)	317 (45.0%)

출처: 국가통계포털(http://kosis.kr).

중앙입양원의의 자료에 따른 2016년도 입양 현황으로 성별, 연령별, 발생 유형별 현황을 표로서 알아본다. 국내입양은 여아가 남아보다 배 정도 많고, 국외입양은 남아가 월등히 더 많다. 연령에서는 3개월~1세 미만 아동이 대부분이다. 국내입양에 있어 아동의 유형은 미혼모아동이 대부분이며 기타 유기아동과 한부모가정아동, 빈곤가정아동이 있다. 보호 유형은 시설보호와 위탁보호아동이 있다.

표 11-2 입양아동의 성별 연령별 현황 (단위: 명)

연도	국내입양							국외입양					
	계	성별		연령				계	성별		연령		
		남	여	3월 미만	3월~1세 미만	1~3세 미만	3세 이상		남	여	1세 미만	1~3세 미만	3세 이상
2017	465	150 (32.3%)	315 (67.7%)	4 (0.9%)	281 (60.4%)	150 (32.2%)	30 (6.5%)	398	302 (75.9%)	96 (24.1%)	-	382 (96.0%)	16 (4.0%)
2018	378	110 (29.1%)	268 (70.9%)	3 (0.8%)	246 (65.1%)	88 (23.3%)	41 (10.8%)	303	221 (72.9%)	82 (27.1%)	-	294 (97.0%)	9 (3.0%)
2019	387	125 (32.3%)	262 (67.7%)	6 (1.6%)	270 (69.8%)	83 (21.4%)	28 (7.2%)	317	233 (73.5%)	84 (26.5%)	-	303 (95.6%)	14 (4.4%)

출처: 중앙입양원(http://www.kadoption.or.kr).

표 11-3 입양아동의 유형 (단위: 명)

연도	국내입양				국외입양			
	계	미혼모아동	유기아동	가족해체등	계	미혼모아동	기아등	가족해체
2017	465	417 (89.7%)	35 (7.5%)	13 (2.8%)	398	397 (99.7%)	-	1 (0.3%)
2018	378	315 (83.3%)	47 (12.5%)	16 (4.2%)	303	302 (99.7%)	1 (0.3%)	-
2019	387	329 (85.0%)	51 (13.2%)	7 (1.8%)	317	317 (100%)	-	-

출처: 중앙입양원(http://www.kadoption.or.kr).

표 11-4 나라별 입양아동 현황(2016년도) (단위: 명)

년도	계	미 국	스웨덴	캐나다	노르웨이	호주	룩셈부르크	덴마크	프랑스	이탈리아	영국	독일
2017	398	274 (68.8%)	25 (6.3%)	28 (7.0%)	20 (5.0%)	24 (6.0%)	5 (1.3%)	6 (1.5%)	5 (1.3%)	11 (2.8%)	-	-
2018	303	188 (62.0%)	28 (9.2%)	22 (7.3%)	19 (6.3%)	14 (4.6%)	5 (1.7%)	7 (2.3%)	7 (2.3%)	12 (4.0%)	-	1 (0.3%)
2019	317	232 (73.2%)	13 (4.1%)	23 (7.3%)	12 (3.8%)	10 (3.2%)	3 (0.9%)	3 (0.9%)	5 (1.6%)	15 (4.7%)	1 (0.3%)	-

출처: 중앙입양원(http://www.kadoption.or.kr).

3. 우리나라 입양의 과제

국내아동입양 현황과 정책과제(이은정, 2014)에서 제시한 국내입양 활성화 과제 5가지를 알아본다. ① 입양에 대한 인식 개선이다. 순혈주의 등 입양에 대한 사회적 고정관념과 편견을 감소시키도록 노력하여야 한다. ② 아동권리주의 이념 강화이다. 양부모 위주의 아동 선정으로부터 탈피하여 아동 위주의 입양정책이 이루어져야 한다. ③ 미혼모 자립 및 지원정책 강화이다. 입양대상 아동 부모의 90% 이상 차지하고 있는 미혼모 문제를 해결하지 않고서는 입양정책은 무의미할 수밖에 없다. ④ 법적·제도적 경제 지원 확대이다. 입양기피 요인 중 아동양육 시 경제적인 이유로 입양을 하고 싶지 않다는 답변이 높았다. ⑤ 전달체계 재정비이다. 입양정책은 보건복지부가, 미혼모 문제는 여성가족부가 담당한다. 입양에 관련된 행정절차·조례 등이 일관성을 유지하도록 행정 지도가 이루어져야 한다.

국내입양 현황과 개선방안(박미정, 2014)에서 제시한 국내입양 개선방안 및 제언 4가지를 알아본다. ① 교육을 통한 사고의 계몽이다. 초등학교부터 대학교에 이르기까지 교과과정을 통한 인식의 전환이 필요하다. ② 성공적인 입양사례를 발굴하고 홍보의 체계화를 구축함으로써 국민들의 입양아동에 대한 심리적 두려움을 감소시킬 수 있도록 해야 한다. ③ 입양부모의 양육 부담을 보다 더욱 감소시켜야 한다. 입양 양육수당은 18세 미만으로 확대되어야 하며, 정부의 지원책들 또한 많은 국민들에게 홍보될 필요가 있다. ④ 입양부모의 자격 강화, 입양숙려제, 입양허가제 등 입양아동의 인권 및 권리 옹호는 아동복지서비스의 세계적인 추세이고 방향이다. 정부를 비롯한 입양기관, 입양 실무자, 입양 관련 당사자들에게 각각의 입장에서 오는 어려움은 있겠지만 요보호아동들이 보다 많은 국내 입양가정에서 행복하게 성장할 수 있도록 다 함께 협력해야 할 것이다.

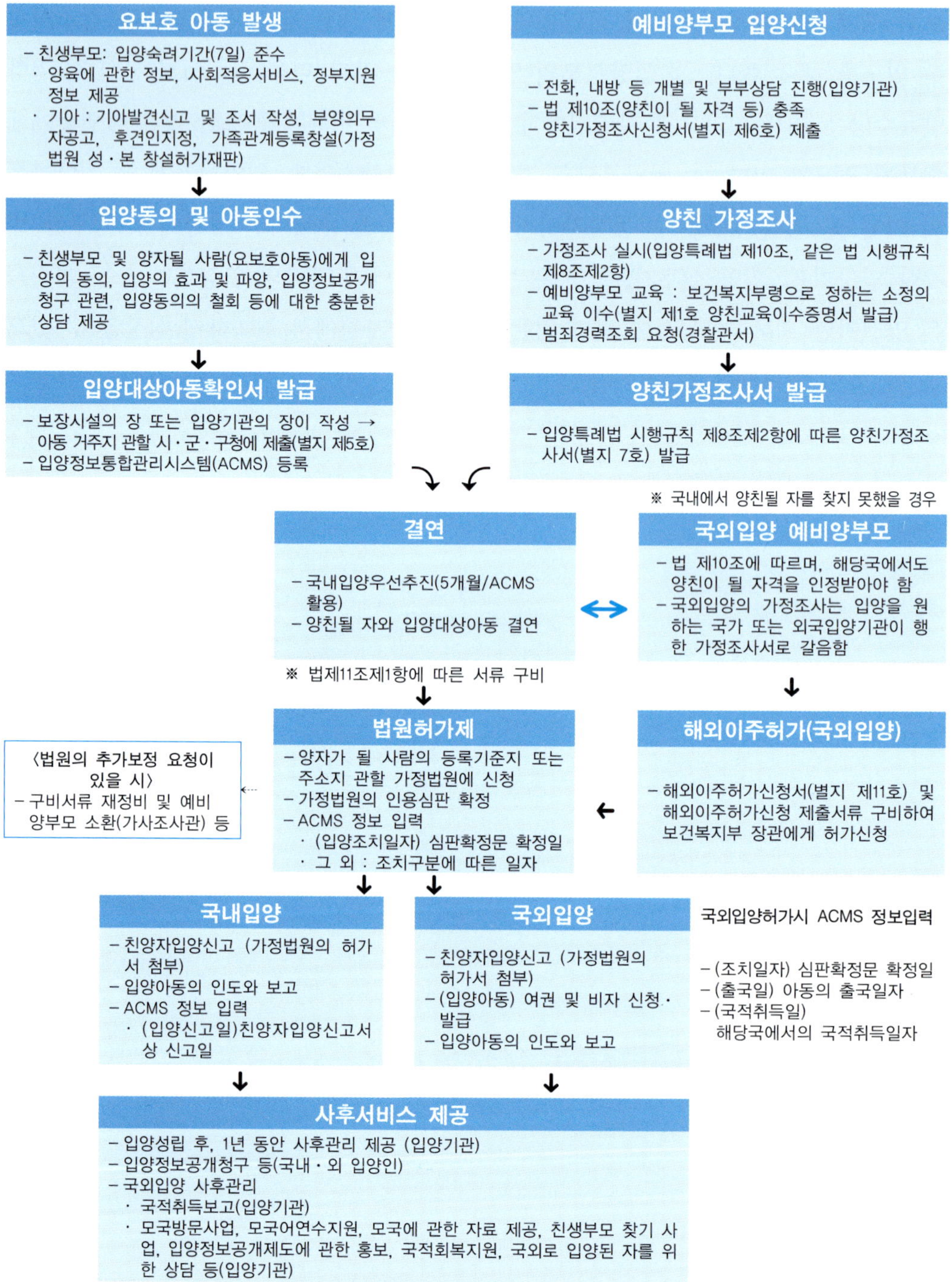

그림 11-1 국내외 입양 흐름도

출처: 보건복지부(2017c). 아동분야 사업안내.

표 11-5 입양기관 종사자 배치 기준

의사	간호사	사무직원	아동상담원
1명 이상 (촉탁의사 포함)	1명 이상	1명 이상	입양아동 50명 초과 당 1명 (1~50명 1인)

출처: 법제처(2017f). 입양특례법.

표 11-6 입양기관 종사자 자격 기준

직종별	자격 기준
상담원	1. 「고등교육법」 제2조제1호에 따른 대학졸업자(법령에서 이와 같은 수준 이상의 학력이 있다고 인정한 사람을 포함)로서 사회복지 또는 아동복지 관련 분야를 전공한 사람 2. 대학을 졸업하고 입양기관에서 2년 이상 입양 관련 업무에 종사한 경력이 있는 사람 3. 「아동복지법」 제13조에 따른 아동복지전담공무원으로 3년 이상 근무한 경력이 있는 사람

출처: 법제처(2017f). 입양특례법.

Chapter

12

가정위탁과 조손가정 아동 복지서비스

1. 가정위탁보호의 개념과 유형

가정위탁보호사업은 대리가정을 통해 아동에게 가정과 부모–자녀관계를 제공해 주고 입양으로 자연스레 이어질 수 있도록 지원한다. 미국의 경우 1960년대 시설보호의 부작용에 대한 탈시설운동(deinstitutionalization movement)의 대안으로 대두되었고, 우리나라의 경우 2000년도부터 본격적으로 추진되고 있다. 위탁가정의 유형으로는 대리가정양육, 친인척위탁가정, 일반위탁가정으로 나누어 볼 수 있다.

1) 가정위탁보호의 개념

(1) 개념과 의의

미국 CWLA(Child Welfare League of America)에 의하면 위탁보호란 “자기 가정에서 양육될 수 없을 때 또 입양이 바람직하지 않고 불가능할 경우 다른 가정에서 일정한 계획된 기간 동안 보호와 양육을 받는 대리보호”라고 정의되어 있다. 즉, 하루 24시간 내내 친부모가 아닌 다른 부모의 가정에 의해서 대리보호를 받는 여러 종류의 양육을 의미한다. 이러한 위탁보호는 현대사회에서 발생되는 다양한 사회문제로 인한 아동의 시설입소, 국외입양과 가족해체를 예방하고 친부모 상담 및 지원을 통해 본가정에 복귀하도록 하거나 대리가정에서 바르게 성장할 수 있도록 돕는 데 그 목적이 있다.

2) 가정위탁의 유형

(1) 위탁보호의 종류

위탁보호의 종류로는 무보수로 아동을 양육하는 무료위탁(free foster homes), 양육의 대가를 지불받는 유료위탁(boarding foster homes), 노동에 대한 대가로 숙식이나 임금이 제공되는 고용위탁(wage foster homes), 심신의 장애를 가진 아동이 주요 대상인 특수위탁(specialized foster homes), 돌발적 위급사태가 발생했을 때 관계기관의 의뢰에 의해 실시되는 의뢰위탁(receiving foster homes) 등으로 나누어 볼 수 있다.

우리나라의 경우 가정위탁보호 결정은 시·군·구에서 하며, 아동복지법에 의한 아동복지전담기관인 가정위탁지원센터에서는 위탁부모 선정과 위탁가정관리 업무 등을 수탁 받아 수행한다. 이에 따른 가정위탁의 유형은 대리양육 가정위탁, 친·인척 가정위탁, 일반 가정위탁으로 나누어 볼 수 있다. 각 유형별로 위탁가정에 대한 정부지원 서비스가 주어진다.

(2) 위탁가정에 따른 가정위탁의 유형

가. 대리양육 가정

부모가 아닌 부양의무자인 친조부모, 외조부모에 의한 아동양육 가정이다. 기존의 소년소녀가정아동을 조부모에게 위탁하여 보호하는 것이 주된 예이다.

나. 친·인척 가정

부양의무자인 친조부모, 외조부모를 제외한 친인척에 의한 양육가정이다. 민법에 의한 8촌 이내의 혈족에 의한 양육을 뜻한다.

다. 일반 가정

아동과 관련이 없는 일반인에 의한 양육가정이다.

(3) 위탁기간에 따른 가정위탁의 유형

가. 전문가정위탁

전문가정위탁 대상아동은 가정위탁보호 신청 아동 중 2세 이하 아동이나 전문적이고 특별한 보살핌이 필요하다고 인정하는 경우의 아동이다. 전문위탁부모의 자격은 가정위탁부모 경험이 3년 이상이거나, 사회복지사, 보육교사, 교사, 의료인, 청소년상담사, 대학에서 심리 관련학을 전공하고 심리치료경력 3년 이상인 자 등 각호의 요건을 갖추어야 한다. 아동이 2세를 초과하거나 목적을 달성하였다고 인정하는 경우 종료된다.

나. 일시가정위탁

일시가정위탁보호 기간은 최대 30일 이내로 하며, 2회에 한해 연장할 수 있다. 보호대상아동에 대한 긴급보호조치의 일환으로 실시된다.

다. 가정위탁

전문가정위탁이나 일시가정위탁을 제외한 대리양육, 친·인척, 일반 가정위탁을 의미한다.

3) 가정위탁아동의 발생원인과 원리

(1) 가정위탁아동의 발생원인

위탁 보호가 요구되는 상황은 모든 특별한 욕구나 도움이 필요한 아동이 대상이 될 수 있으나 15세 미만으로 부모의 질병, 가출, 수감 등으로 단기 보호가 필요한 아동, 유기나 학대로 인하여 격리 보호가 필요한 아동에게 특히 필요하며(보건복지부, 2000) 가족붕괴나 결손가정(이혼·사망·별거·질병·실업·투옥 등)으로 아동양육이 어려울 때, 부모의 문제(알코올중독, 약물중독, 정신질환 등)나 아동의 문제(정서상 문제, 행동상 문제)가 있을 때 등이다.

이와 같이 가정위탁은 아동의 부모가 가정에서 아동을 보호할 수 없거나 보호하지 않으려고 할 경우인데 구체적으로 두 가지 경우로 나눌 수 있다. 첫째는 아동의 신체장애, 지적장애, 사회적 일탈행위, 정서적 혼란 등과 같이 아동과 관련된 여러 가지 어려움이 있는 경우이며, 두 번째는 부모의 사망, 이혼, 별거, 신체적 혹은 정신적 질병, 유기, 학대, 적절한 재정적 자원의 결핍과 같은 부모의 문제가 발생한 경우이다. 또한 가정의 붕괴, 경제적 어려움도 가정위탁보호를 필요로 하게 되는 요인이 되고 있다. 전자와 같이 아동 자신의 문제로 인해 가정위탁보호를 필요로 하게 되는 상황은, 아동의 행동이나 문제가 가정의 기능을 마비시키고 정상적 가정생활이 불가할 경우 또는 원가정으로서는 아동에게 어떠한 도움도 제공할 수 없는 경우도 포함한다.

위탁보호의 본질은 정상적 가정생활에 참여할 수 있고, 또 그것에 기여할 수 있는 아동에게 제공되는데, 다음의 경우는 가정위탁보호가 어려운 경우가 될 수 있다. ① 아동이 지역사회에서 인정될 수 없는 행동상의 문제를 가지고 있을 경우나, 혹은 아동이 자신의 가족구성원의 삶에 위험이 될 수 있는 문제를 지니고 있을 경우이다. ② 아동의 장애가 그 가정이나 지역사회가 제공할 수 없는 특수한 보호나 훈련이 요구되는 경우이다. ③ 아동이 타 위탁가정에 파괴적 요인이 될 수 있다고 판단될 경우이다. ④ 위탁가정에서 생길 수 있는 부모에 대한 영상과 자기 본래의 부모에 대한 영상이 분리됨으로써 혼란이 일어날 위험이 있는 경우이다. ⑤ 매우 짧은 기간 동안 대리적 보호가 필요한 경우이다. 이때는 일시보호시설을 활용할 수 있다(성영혜 외, 1994).

(2) 가정위탁보호의 원리

일반적으로 위탁보호사업을 할 때는 다음의 원리들이 고려되어야 한다. ① 부모와 아동의 원만한 관계 형성과 적절한 부모역할수행은 아동에게 있어 대단히 중요한 문제이므로, 사회는 여러 보호사업과 사회보장서비스를 통해 우선적으로 가정을 보존시키도록 배려하는 것이다. ② 만일 최소한의 부모에 의한 양육이 어렵거나 불가능할 때에 가정 외에서 양육될 수 있는 대리가정이 제공되어야 한다. ③ 위탁보호의 종류에 따라 각각의 잠재적 효력이 다르므로 아동의 개별적 요구와 특성에 적절하도록 배치되어야 한다. ④ 위탁된 아동이 자신의 가정에 있을 때보다 더 나은 서비스를 받아야 하므로 위탁보호사업을 실시함에 있어서는 돌보는 사람의 능력이나 인품, 가정환경 등 복합적 요소가 반드시 고려되어야 한다. ⑤ 아동의 장래에 지대한 영향을 미칠 중대한 결정을 내림에 있어서 아동의 권리가 특별히 고려되는 동시에 아동과 부모, 기관, 위탁부모, 기타 보조원 등의 권리도 고려되고 이 모든 것이 서로 조화를 이루어야 한다.

위탁가정의 선정 기준은 위탁아동을 양육하기에 적합한 수준의 소득이 있어야 하며, 위탁부모의 나이가 25세 이상으로서 위탁아동과의 나이 차이가 60세 미만이어야 한다. 위탁가정의 아동 수는 자신의 자녀(18세 이상은 제외)를 포함하여 4명을 초과하지 않아야 하며, 가정에 성범죄·가정폭력·아동학대·정신질환 등의 전력이 있는 사람이 없어야 한다. 위탁아동에 대하여 종교의 자유를 인정하고 건전한 사회구성원으로 자랄 수 있도록 양육과 교육을 할 수 있어야 한다. 또한 결혼하였고 아이를 키워 본 경험이 있는 가정을 우선으로 하며, 위탁보호에 필요한 기본 교육을 이수하여야 한다. 위탁가정 선정 시 적합한지 여부를 공립아동상담기관 또는 이웃주민 추천 등 가정조사 시 이웃을 통해 확인하게 된다.

2. 가정위탁보호서비스의 현황과 과제

1) 가정위탁보호서비스 현황

가정위탁제도는 1960년대 초 입양기관에서 입양 전 대기기간 동안 가정위탁을 실시하면서부터 민간에서 실시되고 있었다. 정부에서는 1985년 5월 인천, 광주를 중심으로 가정위탁보호사업을 시범적으로 실시하였으나 활성화되지 못하였다. 1990년에는 한국복지재단(현, 어린이재단)에서 시범사업으로 3개 도시에서 시작하였으며, 1995년에는 수양부모협회에서 가정위탁사업을 시작하였다. 정부 지원의 가정위탁지원센터도 2003년 전국 16개 시도에 설치하여 민간위탁 운영하게 되었음에 따라 본 사업이 활발하게 추진되었다.

그러나 실질적으로 소년소녀가정에서 가정위탁으로 전환시킨 것이 사업의 대부분이다. 그 중에서도 소년소녀가정이 발생하여 이를 조부모나 친인척가정에 위탁한 것이 주를 이루고 실제로 일반가정위탁은 2016년도의 경우 7.5%에 불과하다. 2015년도까지 증가하던 일반가정위탁은 2016년도에는 오히려 감소하였다. 더하여 2016년 말 현재 총 12,896명의 아동이 가정에 위탁되어 있으나, 소년소녀가정이나 시설아동에서 전환한 아동 수는 855명에 불과하다. 따라서 일반가정위탁을 발굴하는 것이 과제이며, 가정위탁사업은 정체기에 들어갔다고 할 수 있다.

표 12-1 가정위탁아동의 성별 연령별 현황(2019. 12. 31. 기준) (단위: 명)

위탁 아동수	성별			연령별							
	계(D)	남	여	계(D)	1~3세 (2017~2019년생)	4~7세 (2013~2016년생)	8~10세 (2010~2012년생)	11~13세 (2007~2009년생)	14~16세 (2004~2006년생)	17~19세 (2001~2003년생)	20세 이상 (2000년생 이상)
10,384	10,384	5,300	5,084	10,384	98	573	893	1,378	1,955	3,236	2,251

출처: 보건복지부 내부자료(http://www.mohw.go.kr).

표 12-2 위탁가정 유형 (단위: 세대, 명)

구분	2018년 말 위탁가정 유형(A)				기말('19.12월 말)현재 위탁가정 유형(D)			
	계	대리양육 가정	친인척 위탁가정	일반 위탁가정	계	대리양육 가정	친인척 위탁가정	일반 위탁가정
세대수	8,955	5,831	2,357	767	8,359	5,442	2,167	750
아동수	11,141	7,426	2,801	914	10,384	6,905	2,572	907

출처: 보건복지부 내부자료(http://www.mohw.go.kr).

표 12-3 가정위탁보호아동 유형 (단위: 세대, 명)

구분	2018년 말 가정위탁보호아동 유형(A)				기말 ('19.12월 말)현재 가정위탁보호아동 유형(D) D=A+B-C			
	계	소년소녀 가정에서 전환	시설보호에서 전환	기타	계	소년소녀 가정에서 전환	시설보호에서 전환	기타
세대수	8,955	325	146	8,484	8,359	298	141	7,920
아동수	11,141	421	164	10,556	10,384	389	162	9,833

출처: 보건복지부 내부자료(http://www.mohw.go.kr).

2) 가정위탁 절차

위탁보호를 희망하는 가정은 다음과 같은 행정절차를 통해 아동의 위탁을 실시할 수 있다(보건복지부, 2017c).

(1) 대리양육 또는 친·인척 위탁 절차

① 가정위탁보호신청서를 작성하여 아동의 거주지 관할 읍 · 면 · 동에 제출한다.

② 읍 · 면 · 동 담당자는 신청인 가정조사서, 보호대상 아동조사서 및 아동 카드에 의하여 신청인의 가정과 대상아동에 관하여 조사하고 결과를 시 · 군 · 구에 제출하고 시 · 군 · 구는 범죄경력조회를 실시하고, 조사결과를 바탕으로 가정위탁보호를 결정하고 가정위탁지원센터에 통보한다.

(2) 일반가정위탁 절차

① 가정위탁보호신청서를 작성하여 읍 · 면 · 동 또는 가정위탁지원센터에 제출한다.

② 가정위탁지원센터는 가정위탁 보호의뢰된 아동에 적합한 위탁가정을 선정하여 신청인 가정조사서, 위탁부모추천서를 작성하여 시 · 군 · 구에 제출한다.

③ 읍 · 면 · 동 담당자는 보호대상아동이 발생하면 아동과 그 가정을 조사하여 대리양육, 친인척양육이 불가할 경우, 보호대상 아동조사서 및 아동 카드와 가족관계부를 첨부하여 시 · 군 · 구에 일반가정위탁을 의뢰한다.

④ 시 · 군 · 구는 범죄경력 조회를 실시하고, 조사결과를 바탕으로 가정위탁보호를 결정하고 가정위탁 지원센터에 통보한다.

- 위탁가정이 결정된 후에는 위탁아동에 대한 사후관리가 이루어지게 되며 가정방문을 통해 아동의 적응 상태나 양육 실태를 파악하여 필요한 자원(생계, 교육, 의료보호 등)을 지원하거나 위탁가정을 변경 조치할 수도 있다.

(3) 가정위탁의 과정

가정위탁보호사업은 친부모나 영유아시설과 장애아동 복지시설 및 가정법원 등의 의뢰에 의해 개시되며, 다음과 같은 절차를 통해 진행된다.

먼저 가정위탁보호사업에 대한 홍보를 통해 위탁보호(맡길 이)와 위탁가정(맡을 이)을 발견하고 접수를 받는다. 상담과 가정방문을 통해 본 가정에서의 양육을 저해하는 요인을 파악하고, 우선 그 문제를 해결하기 위한 경제적 · 정서적 · 의료적 서비스를 지원하게 된다. 그 다음 신청자 중 위탁가정의 선정이 이루어지고 가정위탁사업 세부사항에 대한 설명과 교육, 필요한 서류의 구비 이후 대상아동의 특성과 위탁가정의 욕구를 고려하여 배치가 이루어진다. 아동, 본 가정, 위탁가정에 대한 상담과 같은 관리와 종료 시까지 사후관리가 이루어진다. 이러한 과정을 세부적으로 살펴보면 아래와 같다.

① 위탁모의 모집과 교육

신문, 책자 및 각종의 방송매체를 통해 위탁모를 모집한다. 이때 지역사회의 관심과 협조는 위탁모의 모집에 영향을 미친다. 모집된 위탁모에 대한 교육은 주로 집단지도 방법을 사용하며 교육 내용은 아동복지, 아동발달, 유아교육 등의 이론과 함께 건강과 안전, 응급조치에 관한 내용이 중요하게 다루어진다.

프레드릭슨은 가정위탁을 담당하는 양친의 자격을 다음과 같이 열거하고 있다(장인협 외, 2000: 330-331 재인용).

첫째, 확고한 인생철학, 건전한 도덕적·윤리적 규준 및 정신적 가치평가를 갖고 있어야 한다. 둘째, 양친은 아동의 정서적 결함을 채워 줄 수 있을 정도로 민감해야 하며 이해력을 갖고 있어야 한다. 셋째, 그 아동의 수준과 과거의 기록을 살펴 이에 맞게 다룰 줄 알아야 한다. 넷째, 아동의 행동이나 퍼스낼리티의 결함을 다룸에 있어 기관(agency)의 도움을 받아 기꺼이 활용할 수 있어야 한다. 다섯째, 아동의 활동과 진전에 관심을 두고 있어야 하며, 필요할 때 언제나 도와주고 지지해 줄 용의를 갖추고 있어야 한다.

② 아동의 위탁

- 접수 : 위탁보호는 두 가지 경로에 의해 개시된다. 하나는 친부모로부터의 의뢰이고, 다음은 아동복지시설이나 기관으로부터의 의뢰이다.
- 위탁아동 및 가정의 파악 : 위탁이 의뢰된 아동과 그 친부모에 대한 심리적·환경적 특성을 파악한다. 이때 개별면접 및 집단면접 방법을 적용할 수 있으며, 가족 이외의 친척과 교육기관으로부터도 정보를 입수하여 활용하게 된다.
- 위탁 형태의 결정 및 위탁가정의 선정 : 파악된 위탁아동과 부모 및 가정환경적 특성을 고려하여 위탁의 형태를 결정한다. 이후 적절한 위탁가정을 선정하는데, 우선 위탁모의 자격을 심사한 후 위탁가정 구성원 모두의 동의를 받는다.
- 위탁가정에 배치 : 위탁가정이 선정되면 사회복지사가 위탁아동을 해당 가정에 배치한다. 위탁아동을 받아들인 가정에서는 아동이 건강하고 건전하게 성장할 수 있도록 최선의 노력을 다해 양육해야 한다.
- 사후관리 : 아동이 위탁되어 있는 동안 아동복지기관의 종사자는 위탁아동의 양육 실태를 조사하고 아동과 위탁모에 대한 적절한 지원을 해 준다. 동시에 친부

모에게도 당면한 문제를 해결할 수 있도록 적절한 도움을 준다.

- 위탁보호의 종결 : 설정한 위탁기간이 끝나면 위탁보호를 종결하고 아동을 친가정이나 입양가정으로 보낸다. 그러나 경우에 따라서 위탁기간이 축소되거나 연장될 수 있다.

3) 가정위탁보호사업의 과제

가정위탁보호사업과 관련한 과제는 다음과 같은 것을 들 수 있다.

① 아동보호에 있어 제1원칙은 친부모 양육을 우선으로 한다는 것이다. 가정위탁보호사업은 가정 해체를 예방하고 그 대안으로 활용하는 아동복지서비스이다. 위탁보호를 신청했다 하더라도 가능한 한 본 가정의 문제, 즉 경제적 문제, 탁아의 어려운 조건, 부모의 학대와 같은 문제가 생활비 지원, 24시간 놀이방 연결, 친·인척의 연계와 같은 여러 가지 지원으로 해결될 수 있다면 친부모가 양육하도록 원조하는 것이 바람직하다.

② '일시적 보호'가 문제시 된다. 즉, 일정 기간 내에 귀가나 입양조치 등과 같은 다음 단계가 취해져야 하나, 이 일시적이란 개념은 아동이 적응이 다른 서비스를 받을 수 있을 만큼 충분히 회복되고 발달했는지가 감안되는 상대적 기간으로 최소 6개월에서 1년, 혹은 그 이상의 기간을 의미한다. 위탁아동의 위탁기간이 평균 3~5개월이라면 아동에게 가정의 의미를 제공한다는 가정위탁서비스의 목적은 그 효과를 거두기가 힘들다.

미국 아동국의 한 통계에 의하면, 가정위탁보호를 받았던 아동 중 5년 반에서 7년이라는 장기간 동안 위탁가정에서 지내는 경우가 많았고, 반대로 위탁가정을 4~5번 옮기거나 많은 경우 22번이나 옮긴 적도 있는 것으로 나타났다. 이러한 경우 아동은 불안, 불신, 성인에 대한 배신감, 고독감 등의 가정위탁 후유증을 겪게 될 수 있다.

가정위탁은 아동이나 위탁가정 모두에게 큰 의미를 지닌다. 조건이 맞지 않아 도중에 다른 대상으로 교체되는 것은 아동에게는 스스로를 문제아로 낙인 시킬 수 있고 버림받았다는 생각을 갖게 할 수 있으며 위탁가정의 경우도 아동위탁에 대한 자신감의 상실이나 죄책감을 갖게 할 수 있다.

③ 위탁보호제도가 시설보호제도에 비해 경비 측면에서 다소 유리한 장점이 있기는 하나 이 제도를 효율적으로 운영하기 위해서는 유능한 사회복지사의 전문적 지도와 협조 아래 가정위탁서비스가 이루어져야 할 것이다.

가정위탁은 모집과 배치로 종결되는 것이 아니다. 아동, 부모, 위탁부모 각각의 욕구를 파악하여 서비스를 지속적으로 실시해야 하는 계속적인 관리가 반드시 요구된다. 또한 이 과정에서 발생할지 모르는 만약의 경우를 대비하여 각각의 대상을 명확하게 파악할 필요가 있고 계약서, 주민등록등본, 재산세증명서, 건강진단서, 의료보험카드와 같은 서류를 준비해 두는 것도 필요하다.

그뿐 아니라 위탁보호 및 위탁가정으로 신청하였으나 요구사항이나 조건이 맞지 않아 연결되지 않은 대상에 대해서도 본래의 문제가 해결될 수 있도록 원조하고 가정위탁 신청 동기가 사라지지 않도록 정기적으로 상담하는 것이 필요하다.

④ 기타 몇 가지를 살펴보면, 먼저 경제적 어려움으로 위탁하는 경우 경제적 문제 해결이 아동복지의 과제가 된다. 둘째, 조부모에게의 대리위탁의 경우 연로한 보호자의 사망 후 손자녀의 양육에 따른 문제가 있다. 셋째, 가정위탁아동에 대하여 수급비가 주어지고 그 가정에 정부지원 양육수당이 주어지고 있으나 충분하지 못하다. 즉 양육수당은 월 15만 원에 그치고 있다. 넷째, 가정위탁 상담원의 전문성 부족과 열악한 처우 문제가 있다. 가정위탁상담원은 가정위탁지원센터에서 근무하고 있으나 인건비가 타 직종에 비해 열악하여, 이직률이 높고 경력이 짧다 보니 전문가의 채용이 어렵다. 또한 담당 사례 수가 많아 직접 가정방문보다 전화로 업무를 보는 경우가 더 많다. 다섯째, 소년소녀가정을 가정위

탁으로 처리하는 문제이다. 이에 안주하여 사업이 실시되다 보니 대국민 인식 개선이나 일반위탁가정의 발굴에 소홀해지고 가정위탁사업이 활성화되지 못하는 면이 있다. 여섯째, 법적 근거의 미약이다. 위탁부모가 친부모로서의 위치에 있지 못하기 때문에 권한과 책임에 대한 근거가 부족한 실정이다.

현재 우리나라에서 이루어지고 있는 가정위탁보호는 입양 전에 일시적으로 이루어지는 경우와 학대받는 아동을 대상으로 한 장기간의 유료가정위탁보호가 주가 되고 있다. 이러한 가정위탁보호사업의 활성화를 위해서는 가정위탁서비스에 대한 지속적 홍보와 위탁기간을 장기화하고 위탁기간 동안 적절한 지원책을 강구하는 실질적인 정부지원책이 선행되어야 할 필요가 있다.

가정위탁사업 추진체계

〈가정위탁지원센터 업무〉

- 보호대상아동에 대한 가정위탁사업을 활성화하고 지역간 연계체계 구축을 위해 중앙 및 지역에 가정위탁지원센터를 설치(아동복지법)
- 가정위탁사업의 홍보, 위탁가정 발굴·조사, 아동상담, 위탁 부모교육, 위탁가정 사례 관리, 친가정 복귀 지원, 아동 자립계획·사례 관리, 위탁 정보 제공 등 추진

표 12-4 가정위탁 사업 전달체계

구분	읍·면·동	시·군·구	가정위탁지원센터
가정위탁보호신청	• 보호 아동의 발생 • 가정위탁보호의 신청·접수·상담 • 수급권 신청	• 가정위탁 보호의 신청·접수 • 위탁가정범죄경력 조회	• 가정위탁 아동 상담 • 위탁부모 발굴 및 교육
가정위탁보호결정	• 일반위탁 – 보호대상아동 조사서, 아동카드를 작성하여 시·군·구에 제출	• 일반위탁 – 가정위탁 보호 결정 – 가정위탁지원센터 위탁가정 연계 의뢰	• 일반위탁 – 위탁가정을 상담하여 적합한 가정 연계 후 가정위탁보호(대리양육)신청서,

	• 친 · 인척/대리 양육 – 가정위탁보호(대리양육) 신청서, 가정위탁보호(대리양육) 신청인 가정조사서, 보호대상아동 조사서, 아동카드를 작성하여 시 · 군 · 구청에 제출	– 수급자 책정 – 가정위탁지원센터에 책정 및 통보	가정위탁보호(대리양육) 신청인 가정조사서, 일반 위탁부모 추천서를 작성하여 시 · 군 · 구청 제출
		• 친 · 인척/대리양육 – 가정위탁 책정 및 통보 – 가정위탁 아동 지원	
사례관리	• 사례관리 및 복지 서비스 제공 등 업무 지원 • 위탁아동, 위탁가정, 친가정 상담	• 위탁 아동 지원	• 사례관리 – 위탁아동, 위탁가정, 친가정 관리 – 위탁 부모 교육 – 위탁아동 및 위탁가정 상담 지원
가정위탁보호 종결		• 위탁 종결 – 귀가조치(친가정 복귀 등) – 가정위탁 종결(해지), 가정위탁 지원센터 통보	• 재배치 사정 • 아동 귀가 신청서 제출 • 사후 관리

출처: 보건복지부(2017c). 아동분야 사업안내.

표 12-5 가정위탁지원센터 종사자 배치 기준

센터장	상담원	임상심리치료 전문인력	자립지원 전담요원	사무원	비고
1명	6명 이상	1명	1명	1명 이상	위탁아동 수 400명 초과 시 200명 초과마다 상담원 1명 추가

출처: 법제처(2017a). 아동복지법.

표 12-6 가정위탁지원센터 종사자 자격 기준

직종별	자격 기준
센터장	1. 「사회복지사업법」에 따른 사회복지사 1급 자격이 있는 사람 2. 학대아동보호사업과 관련된 기관에서 3년 이상 근무한 경력이 있는 사람 3. 7급 이상 공무원으로서 국가나 지방자치단체에서 사회복지사업에 관한 행정 업무에 5년 이상 종사한 경력이 있는 사람 4. 「의료법」에 따른 의사 · 한의사 또는 치과의사 면허 취득 후 3년 이상의 진료 경력이 있

	는 사람 5. 「정신보건법」에 따른 정신보건전문요원 자격 취득 후 사회복지 업무에 5년 이상 종사한 경력이 있는 사람 6. 「영유아보육법」에 따른 보육교사 1급 자격 취득 후 아동과 관련된 사회복지 업무에 5년 이상 종사한 경력이 있는 사람 7. 유치원, 초등학교 또는 중등학교 교사 자격증 취득 후 사회복지 사업에 5년 이상 종사한 경력이 있는 사람
상담원	1. 「사회복지사업법」에 따른 사회복지사 1급 자격이 있는 사람 2. 대학 또는 이와 같은 수준 이상의 학력이 있다고 교육부장관이 인정하는 학교에서 심리학과(복지심리학과를 포함한다) 또는 보건복지부령으로 정하는 아동복지 또는 사회복지 관련 교과목을 이수하고 졸업한 사람
임상심리치료전문인력	임상심리사 자격이 있거나 놀이치료, 미술치료, 음악치료, 심리상담 등 전문적인 치료를 수 있는 등 아동의 심리치료를 할 수 있는 사람
자립지원전담요원	1. 「근로자직업능력 개발법」에 따른 직업능력개발 훈련교사 자격이 있는 사람 2. 「사회복지사업법」에 따른 사회복지사 2급 이상의 자격이 있는 사람 3. 초등학교 또는 중등학교 교사 자격이 있는 사람 4. 대학 또는 이와 같은 수준 이상의 학력이 있다고 교육부장관이 인정하는 학교 졸업자로서 아동복지 또는 사회복지 관련 학과를 졸업하고 1년 이상 아동복지 업무에 종사한 경력이 있는 사람

출처: 법제처(2017a). 아동복지법.

3. 조손가족과 소년소녀가정

1) 조손가족아동의 개념과 실태

(1) 조손가족아동의 개념

한부모가족사업안내(여성가족부, 2018)에 따라 조손가족의 개념을 알아보면, 부모의 이혼, 유기, 행방불명, 실종, 사망, 경제적 사유 등으로 부모로부터 사실상 부양을 받지 못하는 아동을 (외)조부 또는 (외)조모가 양육하는 가족을 조손가족이라 하며,

(외)조부모와 함께 생활하고 있는 18세 미만의 손자녀를 조손가족아동이라고 규정한다.

(2) 조손가족의 실태

부부의 이혼과 부모의 실직 혹은 파산 등의 이유로 가족 해체를 경험하거나, 부모의 사망이나 가출 등으로 인해 부모 없이 남겨지는 자녀들을 양육하기 위해 형성된 조손가족들이 급격히 늘어나고 있다. 우리나라에서 조손가족을 별도의 가족 유형으로 분류하여 조사하기 시작한 것은 1995년에 이르러서였다. 인구주택총조사 시 동거자 통계를 통해 집계한 조손가구는 1995년 조사 시 35,194가구, 2000년 조사 시 45,224가구, 2005년 조사 시 58,101가구, 2010년 조사 시 69,175가구로, 10년 동안 23,951가구가 증가하였으며 계속 증가 추세에 있다.

18세 이하 손자녀와 조부모가 동거하는 전국의 조손가족 600가구를 대상으로 직접 대면 면접조사 한 2007년 여성가족부의 조손가족 실태조사 결과를 알아본다. 조사대상 600가구에서 손자녀는 총 880명이었으며, 13~18세까지가 48.1%, 7~12세가 40.1%, 6세 이하는 11.8%였다. 조부모에게 양육된 주된 이유는 친부모의 이혼과 재혼에 따른 가족 해체의 경우가 45%, 친부모의 사망이 20.2%, 친부모의 가출 및 실종의 경우가 18.3%였다. 양육 실태를 보면, 부부가 동거하며 손자녀를 양육하는 경우는 43.2%, 사별이나 별거 등등 배우자 없이 혼자 손자녀를 양육하는 경우는 56.8%였다. 조부가 배우자 없이 손자녀를 양육하는 경우는 19.8%, 조모가 배우자 없이 양육하는 경우는 64.5%였다. 손자녀 양육이 주로 조모의 부담으로 되고 있었다. 학력을 보면 조부모의 최종 학력은 국졸 이하인 경우가 79.5%, 중졸인 경우 13.8%, 고졸과 대졸은 6.8%였다.

월평균 소득은 70만 원 수준이었고, 정부의 지원금을 받고 있는 가족은 77.5%이고 평균 41만 원 정도였다. 월평균 생활비 지출액은 62만 원 정도로 산출되었다. 친부로부터 손자녀의 양육비를 지원받고 있는 가구는 37.4%이고, 정기적인 지원이 22.8%,

부정기적 지원가구는 14.6%였다. 자신들의 근로소득이 있는 경우는 32.3%였다. 조손가족의 주택 유형을 보면, 42.5%가 자택에서 생활하고 있었고, 장기(영구)임대주택에서 생활하는 경우는 22.3%이었으며, 전세로 생활하는 경우가 13.7%, 월세는 17.0%였다.

손자녀 양육에 따른 생활 변화로 아이의 양육비가 많이 들어 힘들다가 90.8%, 아이들이 뒷바라지를 끝까지 못해줄 것 같아 걱정이다가 87.8%, 아이를 돌보는 일이 힘에 부친다가 83.8%의 의견이었다. 친부모와의 교류에 대하여는, 자유롭게 전화하고 만날 수 있는 손자녀는 68.5%, 전화 통화만 가능한 경우는 15.2%, 전혀 교류하지 않는 경우는 16.2%였다. 친부와 다시 살고자 하는 의향을 가진 손자녀는 57.9%, 친부가 그런 의향을 가지고 있는 경우는 59.6%였다.

2) 조손가족아동의 복지서비스 현황 및 과제

(1) 조손가족아동의 복지서비스 현황

「한부모가족지원법」이 2007년도에 개정되면서 조손가족을 이 법에 의한 보호대상으로 포함시키게 되었고, 이에 따른 실태조사를 실시하며 한부모가족으로서 각종 지원을 받게 되었다. 2011년도부터 조손가족 통합지원 프로그램을 실시하게 되었고, 2012년도부터 기존 한부모가족 자녀양육비에 추가하여 조손가족에게 추가아동양육비를 지원하게 되었다.

그 밖의 조손가족아동 지원정책은 국민기초생활보장제도, 한부모가족지원제도, 대리양육가정위탁제도, 건강가정지원제도, 드림스타드 등에서 찾아볼 수 있다. 국민기초생활보장제도는 소득 기준 등에 의하여 수급자로 선정하여 생계·의료·주거·교육비 등을 지원하는 것이다. 한부모가족지원제도에 의한 조손가족아동지원은 한부모가족 지원에 통합하여 지원되고 있으며, 학습·정서 지원, 생활가사 지원, 교육·문화

지원, 주거환경 지원 등이다. 이 중에서 조손가족통합 지원서비스는 가족역량강화 지원사업의 일환으로 2011년에 시작하여 전국 16개 시·도의 건강가정지원센터에서 실시 중이다. 가정위탁제도에서 대리양육은 친조부모 또는 외조부에 의한 손자녀 양육에 해당한다. 조손가족의 아동에 대한 지원에 초점이 맞추어져 있고 양육수당 등을 지원한다. 건강가정지원제도는 건강가정센터를 통해 가족지원프로그램을 지원하는 것이다. 가족해체 위기의 가족 전체를 대상으로 한다. 드림스타트는 취약계층의 0(임산부 포함)세~12세 아동과 가족에 대하여 성장, 발달에 필요한 필수 서비스를 제공하고, 개별적 욕구와 상황에 맞추어 신체 및 건강서비스, 인지 및 언어서비스, 정서 및 행동서비스, 가족 및 통합지원서비스 등을 제공한다.

표 12-7 저소득 조손가족 현황 (단위: 세대, 명)

연도	저소득 한부모가족		조손가족		비고
	세대 수	세대원	세대	세대원	
2016	231,411	565,648	5,026	9,738	

출처: 여성가족부(2018). 한부모가족사업안내.

「한부모가족지원법」상 대상과 「국민기초생활보장법」상 대상을 합친 저소득 조손가족 현황은 2016년 말 현재 5,026세대 9,738명이다.

(2) 조손가족 지원 과제

① 조손가족으로서 가사를 포함하여 손자녀를 양육함으로 인해 육체적인 고통이 따르게 되고, 아동양육에 어려움이 발생하게 된다. 일상적인 가사에 대한 부담이 큰 실정이다. 가사도우미를 소득 수준에 따라 지원하는 방안이 필요할 것이다. 기존 아이돌보미 제도가 있으나 가사에 대한 지원은 하지 않는다. ② 급변하는 시대에 조부모에게 현실에 맞는 새로운 양육에 따른 지원서비스 개발과 제공이 필요하다. 조부

모용 육아지도서를 만들어 돌봄 지식과 방법을 쉽게 터득하도록 하여야 할 것이다. ③ 손자녀를 돌보는 조부모를 위한 특화된 육아교실의 운영도 양육 부담을 완화시킬 것이다. ④ 손자녀를 돌보는 조부모가 건강해야 아동을 잘 돌볼 것이다. 따라서 건강관리 프로그램의 실시가 요구된다(부산여성가족개발원, 2013a). 그 외, 조손가족 지원정책은 한부모가족복지에서 포함하여 지원하고 있으므로 한부모가족 복지지원의 과제와 함께 다루어지고 있는 실정이다.

3) 소년소녀가정아동

소년소녀가정지원사업의 시작은 1980년대 중반 미성년 세대주에 대한 관심이 매스컴에 자주 등장하면서부터이다. 1984년 당시 보건사회부에서 십대가장 실태 파악에 이어 지원 계획을 수립하고 1985년도부터 결연사업 실시 등 사업을 시작하였다.

소년소녀가장세대의 가정위탁 전환 추진은 1990년 국제아동권리협약을 비준한 것이 계기가 되었다. 1994년 1차 정부 보고서 제출에 이어, 1996년 UN의 심의가 있었으며, 심의 결과에 따라 UN아동권리위원회로부터 소년소녀가정제도의 불합리성과 대리가정 보호서비스 미비 등(14개 조항)에 대하여 시정을 권고 받게 되었다. 이후, 2000년도에 아동복지법을 개정하고 강원도에서 가정위탁지원센터 시범 운영을 시작하면서 소년소녀가정의 가정위탁으로의 전환을 추진하게 되었다.

소년소녀가정제도가 아동에게 과중한 책임과 외부 노출 등의 보호 형태를 취하고 있어서 UN 등에서도 폐지를 권고함에 따라, 2001년부터 아동복지사업안내 지침에 의해 소년소녀가정 지정을 제한하고 가정위탁 등으로 전환하도록 규정하였다.

매년 소년소녀가정 지정 제한과 가정위탁 전환을 유도함에도 아직까지 소년소녀가정세대가 존재하는 이유는 다음과 같이 생각할 수 있다. 첫째, 담당공무원이 후원금의 확보와 생활 근거지의 안정 등을 들어서 가정위탁보다 소년소녀가정 지정을 선호한다는 것이다. 둘째, 클라이언트의 자기결정권을 존중하여 혼자 생활할 수 있는 고교생 가정 등에 대해서는 가정위탁 전환을 하지 않는다는 것이다. 셋째, 위탁가정 발굴 어려움을 이유로 들고 있다. 친인척이라도 가정위탁을 통해 아동을 맡으려 하지 않는 경향을 얘기하는 것이다. 소년소녀가정제도와 가정위탁보호제도가 동시에 존재하고 있고, 가정위탁보다 소년소녀가정이 민간과 기업 등의 정서상 후원이 많기 때문으로 설명하기도 한다. 보건복지부의 소년소녀가정 신규 지정 제한 조치에 따라 향후 소년소녀가정세대 지정은 사라지게 될 것이다.

표 12-8 소년소녀가정 아동 현황 (단위: 명)

연도	성별			연령별			
	계	남	여	0~11세	12~14세	15~17세	18세 이상
2016	92	43	49	1	4	41	46
2015	183	88	95	6	13	84	80
2005	4,332	-	-	986	1,343	1,923	80
1995	15,118	-	-	3,038	5,261	4,392	2,427

출처: 국가통계포털(http://kosis.kr).

조손가정 지원 사업 추진체계

〈건강가정지원센터〉

- 가정문제의 예방·상담 및 치료, 건강가정의 유지를 위한 프로그램의 개발, 가족문화운동의 전개, 가정 관련 정보 및 자료 제공 등을 위하여 설치(건강가정기본법)
- 건강가정사업을 수행하기 위하여 관련 분야에 대한 학식과 경험을 가진 전문가(건강가정사)를 두어야 한다.
- 건강가정사는 대학 또는 이와 동등 이상의 학교에서 사회복지학·가정학·여성학 등 여성가족부령이 정하는 관련 교과목을 이수하고 졸업한 자이어야 한다.

표 12-9 건강가정지원센터 종사자 배치 기준

센터장	건강가정사	비고
1명	4명 이상	팀제를 두되 조례로 정하도록 함

출처: 법제처(2017g). 건강가정기본법.

표 12-10 건강가정지원센터 종사자 자격 기준

직종별	자격 기준
건강가정사	대학 또는 이와 동등 이상의 학교에서 사회복지학 · 가정학 · 여성학 등 여성가족부령이 정하는 관련 교과목을 이수하고 졸업한 자 * 관련 교과목 1. 핵심과목(5) : 건강가정론, (건강)가정(족)정책론, 가족상담(및 치료), 가정(족)생활교육, 가족복지론, 가족과 젠더, 가족(정)과 문화, 건강가정현장실습, 여성과 (현대)사회, 비영리기관 운영관리 중 5과목 이상 2. 기초이론(4) : 가족학, 가족관계(학), 가족법, 아동학, 보육학, 아동(청소년)복지론, 노년학, 노인복지론, 인간발달, 인간행동과 사회환경, 가족(정)(자원)관리, 가계경제, 가사노동론, 여가관리론, 주거학, 생애주기 영양학, 여성복지(론), 여성주의이론, 정신건강(정신보건사회복지)론, 장애인복지론, 가정생활복지론, 상담이론, 자원봉사론, 성과 사랑, 법여성학, 여성과 문화, 일과 가족(정), 사회복지(개)론 중 4과목 이상 3. 상담 · 교육 등 실제(3) : 생활설계상담, 아동상담, 영양상담 및 교육, 소비자 상담, 주거상담, 부모교육, 부부교육, 소비자교육, 가정생활과 정보, 가계재무관리, 주택관리, 의생활관리, 지역사회 영양학, 프로그램 개발과 평가, 사회복지실천기술론, 지역사회복지론, 연구(조사)방법론, 부부상담, 집단상담, 가족(정)과 지역사회, 여성과 교육, 여성과 리더십, 여성주의 상담, 사회복지실천론, 위기개입론, 사례관리론 중 3과목 이상

출처: 법제처(2015a). 건강가정기본법.

Chapter

13

양육시설과 공동생활가정 아동 보호지원

정부의 통계를 보면 아동복지법상 아동복지시설의 종류 중에서 양육시설, 일시보호시설, 보호치료시설, 자립지원시설을 묶어서 아동복지시설로 현황을 관리하고, 공동생활가정과 지역아동센터는 각각 따로 현황 관리를 한다. 이 장에서 아동복지시설이라 하면 좁은 의미는 위의 양육시설 등이고, 넓은 의미에서는 공동생활가정 등 전체를 포함한 것이라고 이해할 수 있다.

1. 시설보호의 개념 및 종류

1) 시설보호의 개념

시설보호사업은 아동 자신 및 부모의 문제로 인해 친가정에서 생활하기가 불가능할 때 제공되는 대리보호의 한 형태를 말한다. 이 사업은 다음과 같은 차원에서 실시된다. 즉, 시설이라는 일정한 공간에서 장기간 통원이나 이용이 아닌 수용보호의 형식으로 이루어진다. 따라서 보육시설(어린이집)과 같이 하루 중의 일정한 시간 동안만 이용하는 통원형 시설은 제외된다. 아동은 친부모와 함께 자신이 출생한 가정에서 성장하는 것이 바람직하지만, 아동과 가정 내의 여러 사정에 의해 그럴 수 없는 경우가 있다. 이때 아동은 시설에서 타인에 의한 보호를 받으며, 우리나라의 경우에는 18세까지를 시설보호의 대상아동으로 보며, 학업 등 연장 사유가 있을 시에는 연장이 가능하다.

아동의 복지보장에서 친가정이 제1차 방어선, 대리가정이 제2차 방어선의 역할을 한다고 볼 때, 시설보호사업은 제3차 방어선의 역할, 즉 아동의 생활권을 보장하는 마지막 역할을 수행하게 된다. 그러한 점에서 시설보호는 생존권의 보장이라는 점에서 의의가 있으나 성장기의 아동을 집단으로 수용 보호한다는 점에서 아동의 인권, 발달 및 복지상의 효과성에 대한 논의가 계속 제기되고 있다.

현대사회에서는 위탁이나 입양과 같이 대리보호를 시설보호에 비해 상대적으로 더 권장하고는 있으나, 부득이할 경우 아동은 시설보호를 통해 기본적 욕구의 충족과 사회화 및 교육과 같은 지도를 받고 나아가 자립을 도모할 수 있는 능력을 키울 수 있다.

2) 아동복지시설의 종류

우리나라 아동복지법 제52조 제1항에서는 아동복지시설의 종류를 다음과 같이 규정하고 있다.

① 아동양육시설

보호대상아동을 입소시켜 보호, 양육 및 취업훈련, 자립지원서비스 등을 제공하는 것을 목적으로 하는 시설

② 아동일시보호시설

보호대상아동을 일시 보호하고 아동에 대한 향후의 양육대책 수립 및 보호 조치를 행하는 것을 목적으로 하는 시설

③ 아동보호치료시설

아동에게 보호 및 치료 서비스를 제공하는 다음 각 목의 시설

- 불량 행위를 하거나 불량 행위를 할 우려가 있는 아동으로서 보호자가 없거나 친권자나 후견인이 입소를 신청한 아동 또는 가정법원, 지방법원소년부지원에서 보호위탁된 19세 미만인 사람을 입소시켜 치료와 선도를 통하여 건전한 사회인으로 육성하는 것을 목적으로 하는 시설
- 정서적·행동적 장애로 인하여 어려움을 겪고 있는 아동 또는 학대로 인하여 부모로부터 일시 격리하여 치료 받을 필요가 있는 아동을 보호·치료하는 시설

④ 공동생활가정

보호대상아동에게 가정과 같은 주거 여건과 보호, 양육, 자립지원서비스를 제공하는 것을 목적으로 하는 시설

⑤ 자립지원시설

아동복지시설에서 퇴소한 사람에게 취업준비기간 또는 취업 후 일정기간 보호함으로써 자립을 지원하는 것을 목적으로 하는 시설

⑥ 아동상담소

아동과 그 가족의 문제에 관한 상담, 치료, 예방 및 연구 등을 목적으로 하는 시설

⑦ 아동전용시설

어린이공원, 어린이놀이터, 아동회관, 체육, 연극, 영화, 과학실험전시시설, 아동휴게숙박시설, 야영장 등 아동에게 건전한 놀이·오락 기타 각종 편의를 제공하여 심신의 건강유지와 복지증진에 필요한 서비스를 제공하는 것을 목적으로 하는 시설

⑧ 지역아동센터

지역사회아동의 보호, 교육, 건전한 놀이와 오락의 제공, 보호자와 지역사회의 연계 등 아동의 건전육성을 위하여 종합적인 아동복지서비스를 제공하는 시설

2. 양육시설과 공동생활가정의 운영 현황

1) 시설보호대상아동 및 보호절차

(1) 시설보호사업의 대상아동

시설보호가 필요한 아동을 프리드릭슨(Frederickson)은 다음과 같이 설명하고 있다

(장인협 외, 1998: 348; 성영혜 외, 1994: 266 재인용).

① 부모의 질병이나 가족의 파탄 혹은 이혼 등의 이유로 부모로부터 격리되어야 하는 상황이지만 부모 외에 타인과 유대를 이루지 못할 여러 이유로 가정위탁 보호를 할 수 없는 아동
② 신체가 심하게 부자유스러워 부모가 양육하기 어려운 아동
③ 문화실조나 정서장애 치료과정에서 집단적 생활경험이 필요한 아동
④ 성장과정에서 장애를 일으킨 아동으로서, 특수학교교육도 불가능하여 시설에서의 보호와 수용이 필요한 아동
⑤ 사회 전체에 나쁘게 영향을 끼칠 비행아동이나 범죄아동
⑥ 이전에 같이 생활하던 위탁가정으로부터 크게 실망하였거나 매우 깊은 상처를 입어 가족생활이 적합하지 않은 아동
⑦ 원래의 가족이나 위탁가정으로부터 이탈한 아동

우리나라 「아동복지법」과 보건복지부 지침에서 보호대상아동과 시설입소대상자를 규정하고 있다. 아동양육시설 및 일시보호시설의 입소 대상은 보호자가 없거나 보호자로부터 이탈된 아동, 보호자로부터 학대받은 아동, 보호자의 학대로 아동보호전문기관에 신고되어 동 기관이 시·도지사 또는 시·군·구청장에게 보호 조치를 의뢰한 아동, 기초생활보장수급자로서 보호자의 질병, 가출 등으로 보호가 필요하다고 인정하는 아동 등이다. 자립지원시설의 지원 대상은 시설퇴소아동 중 취업 중인 아동을 우선하고, 시설퇴소아동 중 취업준비 중인 18세 이상 24세 이하인 사람, 아동복지시설, 가정위탁 등 보호종결자로서 24세 이하인 기초생활보장수급자이다. 공동생활가정의 입소대상은 아동양육시설의 입소대상과 동일하다.

(2) 보호대상아동 시설보호 절차

가. 입소절차

시·도지사 또는 시·군·구청장은 관할 구역에서 보호대상아동을 발견하거나 보호자의 의뢰를 받은 때에는 다음 절차에 의해 필요한 보호조치를 해야 한다. ① 아동 발견 또는 보호자 의뢰 → ② 아동과 보호자 상담·지도 → ③ 보호자 가정 복귀 또는 연고자 가정에 대리양육 → ④ 아동보호 희망가정에 위탁 → ⑤ 적합한 아동복지시설 입소, 전문치료기관 요양소 입원·입소, 아동과 보호자 상담·지도, 보호자 가정 복귀, 연고자 가정 대리양육, 가정위탁 등에 의한 가정보호가 어렵거나 적합하지 아니한 경우에 한해 시설보호를 실시한다.

기·미아 등 경찰을 통해 보호대상아동을 발견하거나 시설장이 보호자로부터 버려진 아동을 발견하는 등 긴급보호가 필요한 아동은, 우선 보호하고 24시간 이내에 관할 시·도 및 시·군·구에 보고하고 관할 지방자치단체장이 보호조치를 결정하게 된다. 또는 보호자에 의해 읍·면·동에서 보호 의뢰를 받으면, 가정조사를 거쳐서 시·군·구에 보고하고 관할 지방자치단체장이 보호조치를 결정하게 한다. 학대로 인하여 아동의 보호조치를 의뢰할 경우는, 아동보호전문기관에서 보호조치 상담소견서를 붙여서 입소의뢰를 한다. 입소의뢰된 아동 중 보호자가 불명확한 아동은 아동의 신상카드를 작성하여 인터넷을 활용하여 실종아동전문기관으로 송부하여야 한다.

나. 퇴소절차

시설장은 보호 중인 아동이 18세에 달하였거나 보호의 목적을 달성하였다고 인정된 경우 퇴소하게 하고 관할 시·군·구에 보고한다. 보호기간을 연장한 때도 동일하다. 보호기간의 연장은 대학 이하의 학교에 재학 중인 자, 직업 관련 교육·훈련 중인 자, 학원에서 교육 중인 20세 미만의 자, 질병·장애 등을 이유로 시·도지사 또는 시장·군수·구청장이 보호기간의 연장을 요청하는 자, 취업이나 취업 준비 등의 사유로 보호대상아동이 보호기간 연장을 요청하여 1년 이내의 범위에서 보호기간을 연장하는 경우 등에 대하여 실시된다. 일시보호시설은 3개월 이내 보호하고 1회에 한해 3개월 이내 연장이 가능하다. 자립지원시설은 24세 이하까지 이용 가능하고, 입소 후 보호기간은 1년 이내로 하며, 필요시 연장 가능하다.

보호자가 입소된 아동을 양육하고자 할 때는 관할 시·도지사 또는 시·군·구청장에게 귀가 신청을 하여야 한다. 아동보호전문기관으로부터 보호조치가 의뢰된 아동은 동 기관과 협의하여 재발 우려가 없다고 인정되는 경우 귀가시킨다.

2) 아동양육시설의 지원 및 운영

현행 아동복지법은 아동복지시설의 종류를 아동양육시설, 아동일시보호시설, 아동보호치료시설, 공동생활가정, 자립지원시설, 아동상담소, 아동전용시설, 지역아동센터로 분류하고 있다. 여기서 아동양육시설, 아동일시보호시설, 아동보호치료시설, 아동자립지원시설은 모두 집단 생활시설로 아동양육시설에서 분류되어 나왔으므로 모두 아동복지시설로 통칭하여 설명하고자 한다.

아동복지시설은 한국전쟁을 거치면서 전쟁 피해 아동을 위한 사업으로 휴전 당시 1953년 전국 440개소에 94,000여 명의 아동들이 수용 보호되었으며, 주로 응급구호와 외국의 원조에 의존하여 운영되었다(공계순외, 2008). 현재는 법에 의해 신고하지 않고는 시설 운영과 보호대상아동을 보호할 수 없으며, 정부에 의해 시설보호수급자로 생활을 지원받고 있다. 1990년대에는 시설입소 아동들이 꾸준히 감소하다가 1997년 외환위기에 의해 급속한 가정 해체 및 위기 가정이 증가하면서, 대응책으로 정부는 해체 위기 가정에 대해 생계보호를 제공하면서 부모가 있는 가정의 경우에도 시설보호를 이용할 수 있도록 했다(보건복지부·중앙아동자립지원센터, 2008: 54).

(1) 시설 설치 및 운영 지원

시설의 설치는 복도와 다락 등을 제외한 거실공간은 아동 1명당 6.6m^2 이상, 침실

1개의 정원은 3명 이하이고, 아동양육시설, 일시보호시설은 심리검사·치료실을 16.5m^2 이상 설치하여야 한다. 시설의 주위 50m 반경에 청소년유해업소가 없는 곳에 설치한다.

입·퇴소는 앞서의 보호절차에 따르며, 인원은 300명 이하 보호하고, 18세 미만까지 보호가능하나 연장도 가능하다. 시설 안에는 보호아동 및 종사자만 거주할 수 있다. 아동에 대하여는 시설수급자로 책정되어 수급비가 나가며, 이외에도 시설에 대하여 인건비와 운영비가 지방자치단체에서 전액 지원된다. 시설에서는 정부지원금외 따로 후원 기부금을 받을 수 있도록 하고 있다.

(2) 시설 및 생활아동 수 현황

아동복지시설은 2018년 말 현재 279개소에 12,193명이 수용 보호되고 있다.

표 13-1 아동복지시설 유형별 아동현황 (단위: 개소, 명)

연도	계(현원)		양육시설		보호치료시설		자립지원시설		일시보호시설		종합시설	
	시설	인원	시설	인원	시설	인원	시설	인원	시설	인원	시설	인원
2018	279	12,193	241	11,100	11	447	12	227	12	272	3	147

출처: 보건복지부 내부자료(http://www.mohw.go.kr).

표 13-2 아동복지시설 연령별 아동현황 (단위: 개소, 명)

연도	시설 수	종사자 수	수용 인원			아동 현황					
			계	남	여	미취학	초등재	중재	고재	대재	기타
2018	279	6,321	12,193	6,886	5,307	3,206	3,092	2,309	2,503	636	447

출처: 보건복지부 내부자료(http://www.mohw.go.kr).

(3) 지원 프로그램

아동복지시설은 생활시설로서 모든 생활프로그램을 실시하고 있으며, 여기서는 자립지원 프로그램을 소개한다.

표 13-3 아동복지시설 자립지원 프로그램

단계별		서비스 내용
1단계	입소 상담	원가족 복귀계획 수립
2단계	입소 결정 후	건강, 정신, 심리, 학습 관련 통합 사정 실시
3단계	시설 적응기간	아동복지시설 적응을 위한 프로그램 운영
4단계	적응기간 경과 후	아동복지시설내 사례 관리 회의 • 자립 · 건강 · 심리 · 학습 등 관계자 참석
5단계	사례관리회의 후	아동별 자립지원서비스 계획 수립 • 1, 4단계의 내용을 반영 • 원가족 유대강화 서비스 포함 • 경계선지능 등 자립취약아동에 대한 별도의 서비스 개입계획 수립
6단계	자립지원통합관리 시스템(DB) 입력	5단계의 아동자립지원서비스 계획을 *http://www.w4c.go.kr 사회복지시설정보시스템 [자립지원] 메뉴에 입력
7단계	자립지원 프로그램 운영	연령 · 수요에 맞추어 자립지원을 위한 프로그램 운영
8단계	자립준비계획 수립 및 운영	15세부터 매년 퇴소 후를 대비 개인별 자립준비계획을 수립하여 운영 - 진로, 학습, 취업 계획 등 포함
9단계	퇴소 점검	퇴소예정아동에 대한 자립준비 점검 • 대학진학, 취업(예정) 유무, 등록금 조달, 주거 마련, 원가족 관계 등 • 경계선지능 등 자립취약아동의 자립준비기간이 필요할 시 아동복지법시행령 제22조3호에 근거하여 연장보호 검토
10단계	퇴소	
11단계	사례 관리 및 상담	• 퇴소 후 5년까지 안정적 자립 정착을 위한 사례 관리 및 자립 수준 평가 실시 • 사후관리 및 자립수준평가 실시를 위한 기관내 업무지원체계 구축 필요

출처: 보건복지부(2020). 아동분야사업안내.

3) 아동공동생활가정의 지원 및 운영

아동공동생활가정은 보호가 필요한 아동에게 가정과 같은 주거 여건과 보호, 양육, 자립지원 서비스를 제공하는 것을 목적으로 하며, 대규모 집단시설 위주의 보호에서 소규모 가정 형태 보호로의 전환과 지역사회 중심의 아동보호를 위한 새로운 보호 형태로 논의되었다. 국민복지기획단('95.3.23)에서 마련한 국민복지 기본 구상에서 1996년 12월 그룹홈제도 도입을 결정하여 1997년부터 시범사업을 실시하였고, 2004년 1월 아동복지법상 아동복지시설 종류에 추가되었다(보건복지부, 2017c).

(1) 시설 설치 및 운영 지원

시설의 설치는 전용면적 82.5m^2 이상의 주택형 숙사로 단독주택이나 공동주택에 설치하며, 간판이나 표찰을 부착하지 않아야 한다. 시설의 주위 50m 반경에 청소년 유해업소가 없는 곳에 설치한다.

입·퇴소는 앞서의 보호절차에 따르며, 인원은 5인 기준으로 7명 이내 보호하고, 18세 미만까지 보호 가능하나 연장도 가능하다. 공동생활가정 안에는 보호아동 및 종사자만 거주할 수 있다. 아동에 대하여는 부양의무자가 부양을 거부하거나 기피할 경우 적정 보호가 불가하므로 국민기초생활수급자로 선정하여 보호하게 된다.

시설 운영에 따라 정부에서 아동을 수급자로 책정하여 보호하는 것 외에 시설에는 평가를 거쳐서 인건비와 시설 운영비를 지원한다.

(2) 시설 및 생활아동 수 현황

공동생활가정은 2018년 말 현재 558개소에 2,872명이 수용 보호되고 있으며, 지속적으로 증가 추세에 있다. 2004년 말 104개소에서 2018년 말에는 558개소로 증가되어 운영 중에 있다.

표 13-4 아동공동생활가정 현황 (단위: 개소, 명)

연도	시설 수	종사자 수	수용 인원			아동 현황					
			계	남	여	미취학	초등재	중재	고재	대재	기타
2018말	558	1,745	2,872	1,547	1,325	355	998	678	665	129	47

출처: 보건복지부 내부자료(http://www.mohw.go.kr).

(3) 지원 프로그램

공동생활가정 운영 프로그램의 예시는 다음과 같다.

표 13-5 공동생활가정 운영 프로그램(예시)

영역	프로그램
아동 · 청소년의 자립 능력 향상	• 아동청소년의 발달론적 관점에서의 특성 이해 • 아동의 특성과 능력에 맞는 개별화된 서비스 제공 – 아동의 강점을 이해하고 과제 해결 중심 접근 • 아동의 학령에 맞는 개별적인 연차적 자립 계획 수립 – 매년 아동의 욕구를 점검하여 수정
원가족과의 관계 회복	• 가족 방문 또는 전화, 문자, 편지, 카드 등 지속적인 관계 유지 노력 연1회 이상 • 가족참여 프로그램(ex. 가족캠프 등) 연1회 이상 실시 • 관련 기관 및 단체 등과 연계하여 부모교육 등 연1회 이상 실시
학교와 관계 형성	• 학교 교사와 정기적이고 지속적인 상담, 정보 공유, 학교 행사에 참여 – 분기 1회 이상 아동생활 상황에 대해 교류한 기록 보유
지역 내 자원 활용	• 지역 내 드림스타트를 통한 지역복지자원 적극 활용 • 지역 내 관공서, 민간자원 등 자원 연계 • 자원봉사 및 후원기관과 관계 형성

출처: 보건복지부(2017c). 아동분야 사업안내.

3. 시설보호서비스의 과제

'아동복지시설 발전방안 개발연구'(보건복지부, 한국아동복지연합회. 2005)에서는 크게 4개의 부분에서 17가지를 시설보호서비스의 과제로 제시하고 있다.

1) 시설의 발전 방향

(1) 시설의 기능과 역할의 변화

① 지역사회 아동복지 거점시설로서의 복합기능을 수행할 수 있는 기반을 마련하는 것이 요구된다. ② 시설의 소규모화로 가정과 유사한 형태의 보호를 제공하여야 한다. ③ 아동복지생활시설과 타 복지시설과의 통합이 요구된다. ④ 사후 치료적 역할에서 사전 예방적 역할로의 확대 지원이 되어야 한다.

(2) 지속적인 시설의 평가

① 성과관리 평가체계와 성과중심 총괄예산제를 도입하는 것이 바람직하다. ② 평가 후 시설운영 지원방안 및 사후 관리지원체계 강화가 이루어져야 한다.

2) 입소아동의 발전 및 효율적 보호

(1) 종사자의 역량 강화와 전문성

① 종사자의 자격 기준 강화와 처우개선이 필요하다. ② 채용과정 및 절차에 대한 규정을 강화해야 한다. ③ 전문성 제고를 위한 정기적인 보수 교육과 슈퍼비전 체계를 수립하여야 한다.

(2) 아동의 문제에 대한 전문인력 배치 강화

연령별 특화 프로그램 제공, 전문 상담서비스, 전문적 치료서비스의 제공을 위한 전문인력이 필요하다.

(3) 학습과 성장을 지원하는 프로그램 제공 강화

적기성 · 누적성 · 불가역성의 원리 등 아동의 발달 특성을 고려하여 입소아동을 위한 적응프로그램, 학교생활 적응프로그램, 발달 영역별 건강 · 인지 · 정서 · 사회성 · 정체감 · 자기보호능력 등 학습과 성장을 지원하는 환경적 자극과 프로그램의 제공이 보다 폭넓게 이루어져야 한다.

3) 퇴소아동의 사회적 적응

① 주거생활안정을 위한 지원이 강화되어야 한다. ② 퇴소아동의 자립지원과 관련된 법적체계의 확보가 필요하다. ③ 학업의 지속화를 위한 지원이 필요하다. ④ 직업훈련 및 취업을 위한 지원이 필요하다. ⑤ 퇴소아동의 사후관리가 지속적으로 이루어져야 한다.

4) 가정복귀 활성화 방안

① 부모-아동 관계증진 프로그램과 지원이 필요하다. ② 부모의 아동양육책임의 제도화가 필요하다. 부모의 자립과 주거안정, 생계지원을 위한 방안이 강구되어야 한다.

아동복지시설 사업 추진체계

표 13-6 아동복지시설 종사자 배치 기준

직종별	법정 기준
시설장	• 시설 당 1명
사무국장	• 아동 30명 이상 시설 당 1명(자립지원시설은 10명 이상 1명) – 공동생활가정, 아동전용시설, 지역아동센터 해당 없음
상담지도원	• 양육, 일시보호, 상담소는 필요 인원 • 자립지원시설은 아동 10명 미만 1명, 아동 10명 이상~30명 미만 2명, 아동 30명 이상 3명
임상심리상담원	• 양육, 일시보호, 상담소는 30명 이상 1명 • 보호치료시설은 시설당 1명
보육사	• 0~2세까지 아동 2명당 1명/ • 3~6세까지 아동 5명 당 1명 • 7세 이상 아동 7명당 1명 – 자립지원시설, 아동상담소, 아동전용시설, 지역아동센터 해당 없음
생활복지사	• 양육, 일시보호, 보호치료는 30명 이상 1명 – 양육시설 일시보호시설은 30명 초과 시 1명 추가 • 10명 이상 전용시설은 필요 인원 • 지역아동센터는 30명 이상 2명(50명 초과 시 1명 추가), 10명 이상 1명
간호사 (간호조무사)	• 양육, 일시보호, 보호치료, 상담소 30명 이상 1명
직업훈련교사	• 양육, 보호치료 시설은 필요 인원
조리원	• 양육, 일시보호, 보호치료 시설은 10명 이상 1명(30명 초과 시 1명 추가)
위생원	• 양육, 일시보호시설은 30명 이상 1명
안전관리원	• 보호치료시설은 30명 이상 2명(40명 이상 4명), 전용시설은 30명 이상 1명
영양사	• 양육, 일시보호, 보호치료시설은 30명 이상 1명 • 지역아동센터는 50명 이상 1명
사무원	• 양육, 일시보호, 보호치료는 10명 이상 1명 • 자립, 상담소, 전용시설은 30명 이상 1명
자립지원전담요원	• 양육, 보호치료시설은 10명 이상 1명, 자립지원시설은 30명 이상 1명 – 양육시설은 100명 초과 시 1명 추가 • 공동생활가정은 필요 인원

출처: 보건복지부(2020). 아동분야 사업안내.

표 13-7 아동복지시설 종사자 자격 기준

직종별	자격 기준
아동복지 시설의 장	1. 「사회복지사업법」에 따른 사회복지사 2급 이상의 자격 취득 후 아동과 관련된 사회복지사업에 3년 이상 또는 사회복지사업에 5년 이상 종사한 경력이 있는 사람 2. 학대아동보호사업과 관련된 기관에서 3년 이상 근무한 경력이 있는 사람 3. 7급 이상 공무원으로서 국가나 지방자치단체에서 사회복지사업에 관한 행정 업무에 5년 이상 종사한 경력이 있는 사람 4. 「의료법」에 따른 의사·한의사 또는 치과의사 면허 취득 후 3년 이상 진료 경력이 있는 사람 5. 「정신보건법」에 따른 정신보건전문요원 자격 취득 후 사회복지사업에 5년 이상 종사한 경력이 있는 사람 6. 「영유아보육법」에 따른 보육교사 1급 자격 취득 후 사회복지사업에 5년 이상 종사한 경력이 있는 사람 7. 유치원, 초등학교 또는 중등학교 교사 자격증 취득 후 사회복지사업에 5년 이상 종사한 경력이 있는 사람 8. 직업훈련교사, 간호사, 영양사 자격 취득 후 사회복지사업에 5년 이상 종사한 경력이 있는 사람
사무 국장	1. 「사회복지사업법」에 따른 사회복지사 2급 이상의 자격 취득 후 아동과 관련된 사회복지사업에 1년 이상 또는 사회복지사업에 3년 이상 종사한 경력이 있는 사람 2. 학대아동보호사업과 관련된 기관에서 1년 이상 근무한 경력이 있는 사람 3. 9급 이상 공무원으로서 국가나 지방자치단체에서 사회복지사업에 관한 행정 업무에 3년 이상 종사한 경력이 있는 사람 4. 「정신보건법」에 따른 정신보건전문요원 자격 취득 후 사회복지사업에 3년 이상 종사한 경력이 있는 사람 5. 「영유아보육법」에 따른 보육교사 1급 자격 취득 후 사회복지사업에 3년 이상 종사한 경력이 있는 사람 6. 유치원, 초등학교 또는 중등학교 교사 자격증 취득 후 사회복지사업에 3년 이상 종사한 경력이 있는 사람 7. 직업훈련교사, 간호사, 영양사 자격 취득 후 사회복지사업에 3년 이상 종사한 경력이 있는 사람
보육사	1. 「사회복지사업법」에 따른 사회복지사 3급 이상 자격이 있는 사람 2. 「영유아보육법」에 따른 보육교사 자격이 있는 사람 3. 유치원, 초등학교 또는 중등학교 교사 자격이 있는 사람
생활 복지사 또는 상담 지도원	1. 「사회복지사업법」에 따른 사회복지사 2급 이상 자격이 있는 사람 2. 유치원, 초등학교 또는 중등학교 교사 자격이 있는 사람 3. 「영유아보육법」에 따른 보육교사 1급 자격이 있는 사람

직업훈련 교사	1. 「근로자직업능력 개발법」에 따른 직업능력개발훈련교사 자격이 있는 사람 2. 「학원의 설립 · 운영 및 과외교습에 관한 법률」에 따른 학원강사 자격이 있는 사람
임상심리 상담원	1. 「고등교육법」에 따른 대학 또는 이와 같은 수준 이상의 학력이 있다고 교육부장관이 인정하는 학교의 심리 관련 학과를 졸업한 사람 2. 「국가기술자격법 시행령」 제12조의2제1항 및 별표 1에 따른 임상심리사 2급 이상의 자격이 있는 사람
자립지원 전담요원	1. 「근로자직업능력 개발법」에 따른 직업능력개발훈련교사 자격이 있는 사람 2. 「사회복지사업법」에 따른 사회복지사 2급 이상의 자격이 있는 사람 3. 초등학교 또는 중등학교 교사 자격이 있는 사람 4. 대학 또는 이와 같은 수준 이상의 학력이 있다고 교육부장관이 인정하는 학교 졸업자(다른 법령에서 이와 동등 이상의 학력이 인정된 사람을 포함한다)로서 아동복지 또는 사회복지 관련 학과를 졸업하고 1년 이상 아동복지 업무에 종사한 경력이 있는 사람

출처: 법제처(2017a). 아동복지법.

Chapter

14

한부모가족의 아동 복지지원

한부모가족지원사업은 저소득 한부모가족, 미혼가족, 조손가족 등이 가족기능을 유지하고, 건강하고 문화적인 생활을 영위할 수 있도록 내실 있는 지원사업을 수행함으로써 한부모가족의 생활안정 및 자립기반 조성과 복지증진에 기여하고자 하는 목적이 있다. 복지급여의 내용과 실시는 생계비, 생활보조금, 아동교육지원비, 아동양육비 등이며, 한부모가족복지시설의 유형은 모자가족복지시설, 부자가족복지시설, 미혼모자가족복지시설, 일시지원복지시설, 한부모가족복지상담소로 나누어진다.

1. 한부모가족의 아동복지

1) 한부모가족 아동의 개념과 실태

(1) 한부모가족 아동의 개념

「한부모가족지원법」에서 정의하고 있는 한부모와 아동의 개념을 알아본다. 동 법에서의 "모" 또는 "부"란 다음 각 목의 어느 하나에 해당하는 자로서 아동인 자녀를 양육하는 자를 말한다. 가. 배우자와 사별 또는 이혼하거나 배우자로부터 유기(遺棄)된 자. 나. 정신이나 신체의 장애로 장기간 노동능력을 상실한 배우자를 가진 자. 다. 교정시설·치료감호시설에 입소한 배우자 또는 병역복무 중인 배우자를 가진 사람. 라. 미혼자(사실혼 관계에 있는 자는 제외한다). 마. 가목부터 라목까지 규정된 자에 준하는 자로서 여성가족부령으로 정하는 자. 또한 "청소년 한부모"란 24세 이하의 모 또는 부를 말한다.

"한부모가족"이란 모자가족 또는 부자가족을 말하며, "모자가족"이란 모가 세대주(세대주가 아니더라도 세대원을 사실상 부양하는 자를 포함한다)인 가족을 말하고, "부자가족"이란 부가 세대주(세대주가 아니더라도 세대원을 사실상 부양하는 자를 포함한다)인 가족을 말한다.

"아동"이란 18세 미만(취학 중인 경우에는 22세 미만을 말하되, 「병역법」에 따른 병역의무를 이행하고 취학 중인 경우에는 병역의무를 이행한 기간을 가산한 연령 미만을 말한다)의 자를 말한다.

(2) 한부모가족의 실태

2011년 4월 12일 「한부모가족지원법」의 개정 시행에 따라 한부모가족에 대한 실태조사를 3년마다 하도록 규정되었다. 이에 따라 2012, 2015, 2018년도에 실태조사가 실시되었고, 최근 실시된 여성가족부의 전국 한부모가구 2,500가구를 표본으로한 한부모가족실태조사 결과를 보면, 모자가구는 51.6%, 부자가구 21.1%, 모자+기타 가구 13.9%, 부자+기타 가구 13.5%로 나타났다. 자녀들이 돌봐 주는 어른 없이 보내는 시간은 미취학자녀는 11.7%, 평균 2.4시간, 초등자녀는 45.5%, 평균 2.8시간, 중학생 이상 자녀는 54.3%, 3.1시간이었다. 전 배우자로부터 양육비를 전혀 받지 못하는 경우가 73.1%이었고, 한부모가 된 후 달라진 점은 부와 모의 역할 혼자 감당, 집안일 부담 증가, 미래에 대한 부담 증가, 경제적 어려움 등의 순으로 돌봄과 가사로 인한 역할 과중과 경제적 부담 등 생활에서의 어려움이 큰 것으로 나타났다.

취업률은 84.2%이었으나, 상용근로자는 52.4%이었고, 임시 · 일용근로자 30.8%, 자영업자와 무급가족종사자 16.7% 수준으로 불안정하였다. 또한 41.2%가 10시간 이상 근무하고 있었다. 가구 중 기초보장, 저소득한 부모지원 등 정부지원을 받는 가구는 46.0%, 지원을 받지 않는 일반가구는 54.0%로 절반에 가까운 한부모가 정부지원을 받고 있다.

한부모들이 가장 필요로 하는 것은 현금 지원, 주거 지원, 의료 지원, 돌봄 지원, 직업훈련 · 취업 · 학업 지원의 순으로 나타났다.

전국의 한부모가족은 1,539,000가구이며, 이 중 모자가구는 1,148,000가구, 부자가구는 391,000가구이다.

표 14-1 한부모가족 현황

(단위: 천가구)

연도	전체	한부모가구			비고
	가구 수	소계	모자가구	부자가구	
2018	20,500	1,539	1,148	391	

출처: 통계청(2018). 인구주택총조사.

표 14-2 한부모가족 혼인상태

(단위: %)

연도	이혼	사별	미혼	별거	기타
2018	77.6	15.4	4.0	2.9	0.1

출처: 여성가족부(2018). 한부모가족 실태조사.

(3) 한부모가족 아동의 복지서비스

저소득 한부모 및 조손가족에게는 자녀양육비 등이 주어진다. 아동양육비는 만 12세 미만 자녀에게, 추가 아동양육비는 조손 및 만 25세 이상 미혼한부모가족 5세 이하 자녀에게 지원한다. 중·고등학생 자녀에게는 학용품비가 지원되며, 기타 생활보조금이 지원된다. 저소득 청소년한부모가족은 자립지원으로 아동양육비, 검정고시학습비, 고등학생교육비, 자립촉진수당 등이 지원된다. 미혼모·부자가족은 임신·출산·자녀양육을 위한 초기양육 지원, 상담 및 정보제공 등을 제공하는 미혼모·부자지원기관을 운영 지원한다. 그 외 한부모가족복지시설에 대한 기능보강 지원, 한부모가족복지단체 지원, 입소자 상담·치료 지원, 공동생활가정형 주거지원사업 등이 실시된다.

2) 한부모가족 복지시설

한부모가족 복지시설은 모자가족 복지시설, 부자가족 복지시설, 미혼모자가족 복지시설, 일시지원 복지시설, 한부모가족 복지상담소로 나누어진다.

(1) 한부모가족 복지시설 시설보호 절차

가. 입소절차

입소하려는 사람은 신청서를 관할 시 · 군 · 구에 제출하고 한부모가족 업무 담당자와 상담하면, 14일 이내에 결정하여 통지하고 입소의뢰 하게 된다. 다만, 시설의 장은 긴급 지원이 필요하다고 인정되는 경우 임시로 입소시켜 지원할 수 있다. 입소 시 주소지에 따른 입소 제한은 두지 아니한다. 입소기간의 연장은 퇴소 시 학업에 상당한 지장을 초래하는 경우와 취업준비과정을 지원할 필요가 있는 등의 경우에 가능하다.

나. 퇴소절차

소득 향상 및 가족관계 변동 등으로 입소대상 범위에서 벗어나게 된 경우, 입소기간이 만료된 경우, 본인 또는 시설장의 요청으로 담당 공무원이 상담한 결과 퇴소가 필요하다고 인정되는 경우 등의 사유로 시 · 군 · 구청장은 퇴소를 결정하여 통지하게 된다. 시설장은 입소자가 퇴소한 경우 3일 이내에 시 · 군 · 구청장에게 퇴소 사실을 보고한다.

(2) 시설 설치 및 지원

시설의 설치는 유형별로 입소자 정원 수에 따라 최소면적 기준을 구비해야 한다. 거실은 부엌을 포함하여, 모자 · 부자가족 복지시설 중 기본생활지원형 및 자립생활지원형의 실제면적이 세대 당 42.9m^2 이상이어야 한다. 미혼모자가족 복지시설의 기본생활지원형과 일시지원 복지시설은 이용자 1명당 6.6m^2 이상으로 하되, 1실의 정원은 6명 이하로 한다. 모자 · 부자 · 미혼모자가족 복지시설 중 공동생활지원형의 거실은 세대 당 13.21m^2 이상이어야 한다.

표 14-3 한부모가족 복지시설 유형별 규모

<table>
<tr><th colspan="2">시설 유형</th><th>입소 정원</th><th>시설의 최소 면적</th></tr>
<tr><td rowspan="3">가. 모자가족 복지시설</td><td>기본생활지원형</td><td>10세대 이상 30세대 이하</td><td>56.1제곱미터×정원(세대)</td></tr>
<tr><td>공동생활지원형</td><td>5세대 이상 20세대 이하</td><td>20.79제곱미터×정원(세대)</td></tr>
<tr><td>자립생활지원형</td><td>10세대 이상 30세대 이하</td><td>56.1제곱미터×정원(세대)</td></tr>
<tr><td rowspan="3">나. 부자가족 복지시설</td><td>기본생활지원형</td><td>10세대 이상 30세대 이하</td><td>56.1제곱미터×정원(세대)</td></tr>
<tr><td>공동생활지원형</td><td>5세대 이상 20세대 이하</td><td>20.79제곱미터×정원(세대)</td></tr>
<tr><td>자립생활지원형</td><td>10세대 이상 30세대 이하</td><td>56.1제곱미터×정원(세대)</td></tr>
<tr><td rowspan="3">다. 미혼모자 가족 복지시설</td><td rowspan="2">기본생활지원형</td><td>30명 이상 50명 이하</td><td>20.79제곱미터×정원(명)</td></tr>
<tr><td>10명 이상 30명 미만</td><td>13.21제곱미터×정원(명)</td></tr>
<tr><td>공동생활지원형</td><td>5세대 이상 30세대 이하</td><td>20.79제곱미터×정원(세대)</td></tr>
<tr><td colspan="2">라. 일시지원 복지시설</td><td>10명 이상 70명 이하</td><td>9.9제곱미터×정원(명)</td></tr>
</table>

출처: 여성가족부(2015b). 한부모가족지원사업안내.

① 입소 대상

입소 대상은 모·부자가족 복지시설 기본생활지원형 및 자립생활지원형의 경우, 한부모가족지원법에 따른 모(母로) 또는 부(父)로서 만 18세 미만(취학 시 만 22세 미만)의 아동을 양육하는 무주택 저소득 모(부)자가족이다. 미혼모자가족 복지시설 퇴소자 중 스스로 아동을 양육하는 미혼모는 모자가족으로 모자가족 복지시설 시설 입소 대상자에 포함한다.

모자가족 복지시설의 자립생활지원형은 모자가족 복지시설 기본생활지원형에서 퇴소한 모자세대로서 자립 준비가 미흡한 세대는 우선 입소 가능하다. 미혼모자가족 복지시설 기본생활지원형은 미혼의 임산부 및 출산 후 6월 미만의 일정기간 아동의 양육 지원이 요구되는 여성으로서 분만 혜택과 숙식 지원을 필요로 하는 자이다.

모부자가족 복지시설 공동생활지원형은 입소 대상이 독립적인 가정생활이 어려운 모·부자가족으로 일정기간 공동으로 가정을 이루어 생활하면서 자립을 준비하는 자이다. 미혼모자가족 복지시설의 미혼모자 공동생활지원형은 2세 미만의 영유아를 양육하는 미혼모로서 일정기간 숙식보호와 자립 지원을 필요로 하는 자이다. 미혼모자가족 복지시설의 미혼모 공동생활지원형은 출산 후 아이를 양육하지 아니하는 미혼모로서 일정기간 숙식보호와 자립 지원을 필요로 하는 자이다.

일시지원 복지시설은 입소 대상이 배우자의 물리적·정신적 학대로 아동의 건전 양육과 모의 건강에 지장을 초래할 우려가 있는 모와 아동(자녀 없이 입소 가능)이다.

② 입소기간

입소기간은 모·부자가족 복지시설 기본생활지원형 및 자립생활지원형의 경우, 3년 이내로 하되 연장 기준에 부합될 경우 1년 이하의 기간을 단위로 최장 2년의 범위 안에서 연장이 가능하다.

모부자가족 복지시설 공동생활지원형은 2년 이내로 하되 연장 기준에 부합될 경우 6개월 미만의 기간을 단위로 최장 1년의 범위 안에서 연장이 가능하다.

미혼모자가족 복지시설의 기본생활지원형은 1년 이내로 하되 연장 기준에 부합할 경우 6개월의 범위 안에서 연장이 가능하다. 미혼모자가족 복지시설의 미혼모자 공동생활지원형은 2년 이내로 하되 연장 기준에 부합할 경우 6개월 미만의 기간을 단위로 최장 1년의 범위 안에서 연장이 가능하다. 미혼모자가족 복지시설의 미혼모 공동생활지원형은 2년 이내로 하되 연장 기준에 부합할 경우 6개월 범위 안에서 연장이 가능하다.

일시지원 복지시설은 6월 이내로 하되 연장 기준에 부합할 경우 6월의 범위 안에서 연장이 가능하다.

③ 지원 내용

지원 내용은 모·부자가족 복지시설 기본생활지원형 및 자립생활지원형의 경우, 방과후 아동지도, 아동급식비 지급(자립시설 제외), 심리·정서적 전문상담 및 심리치료 지원, 직업교육 연계 등 자립준비 지원, 기타 정부가 정하는 경비 등을 지원한다. 모부자가족 복지시설 공동생활지원형은 주거를 제공하고 자립프로그램을 실시한다.

컴퓨터, 기계자수, 양재, 미용 등 직업교육과 양육·인성교육, 상담지도 등을 시행하고 기타 정부가 정하는 경비 등을 지원한다. 미혼모자가족 복지시설의 기본생활지원형은 숙식을 무료 제공하고 의료급여 대상자로 관리하며, 산전·분만·산후 검진, 이상분만 등 특수치료비 지원, 미숙아 분만 시 의료지원, 보장시설 수급자로 지정되었을 경우 해산급여, 장제급여 등 지급이 가능한 등 분만의료 혜택이 주어진다. 또한 자립 지원으로 직업교육 인성교육, 상담 지도 등이 지원되며, 정부에서 정하는 경비 등을 지원한다.

미혼모자가족 복지시설의 미혼모자·미혼모 공동생활지원형은 저소득 한부모가족 아동양육비를 지원하고, 숙식을 무료 제공하며, 자립프로그램으로 직업교육, 양육교육, 인성교육, 상담 지도 등과 정부가 정하는 경비 등이 지원된다.

일시지원 복지시설은 숙식을 무료 제공하며, 의료급여 대상자로 관리하며 의료혜택이 주어지고 법률상담, 심리상담과 자녀의 방과 후 지도, 아동급식비가 지급되며, 입소 사실에 대한 비밀보장과 외부인의 위협으로부터 지원조치 등 특별 지원이 주어지고, 퇴소 후의 자립을 위하여 시설 외에서 근로를 희망하는 경우 적극 지원하고 아동의 전입학 문제를 조치하며, 기타 정부가 정하는 경비 등이 지원된다.

(3) 시설 및 생활아동 수 현황

한부모가족 복지시설은 2019년 말 현재 총 131개소로서 생활시설 124개소, 이용시설 7개소가 있다.

표 14-4 한부모가족 복지시설 설치 현황 (단위: 개소)

연도	생활시설				이용시설
	모자가족 복지시설	부자가족 복지시설	미혼모자가족 복지시설	일시지원 복지시설	한부모가족 복지상담소
2019	47	3	64	10	7

출처: 여성가족부(2020). 한부모가족사업안내.

표 14-5 한부모가족 복지시설 정원 현황 (단위: 세대)

연도	모자가족 복지시설			부자가족 복지시설		미혼모자가족 복지시설			일시지원
	기본 생활지원	공동 생활지원	자립 생활지원	기본 생활지원	공동 생활지원	기본 생활지원	공동 생활지원 (미혼모자)	공동 생활지원 (미혼모)	
2019	1,029	45	31	40	5	556	342	15	281

출처: 여성가족부(2020). 한부모가족사업안내.

2. 미혼모가족의 아동복지

「한부모가족지원법」에서 정의하고 있는 한부모와 아동의 개념에서 "모"에 해당하는 자 중 미혼모로서 아동인 자녀를 양육하는 자를 규정하고 있다. 또한 "한부모가족"에서 "모자가족"(세대주가 아니더라도 세대원을 사실상 부양하는 자를 포함한다)으로 규정된다. 이와 같이 미혼모가족은 한부모가족으로서 다루어지고 있어, 앞서의 한부모가족의 아동복지에서 전체적으로 다룬 바 있다. 여기서는 미혼모가족의 실태와 복지서비스 연혁 및 과제에 대하여 알아보고자 한다.

1) 미혼모가족 아동의 개념과 실태

넓은 의미에서 미혼모는 미혼 상태에서 혼전임신 및 출산, 인공임신중절을 하거나, 별거 · 이혼 · 사별 상태에서 배우자와 관계없이 아이를 가진 경우를 모두 포함하는 것으로 정의할 수 있다. 이러한 미혼모를 파악할 수 있는 자료는 거의 없다. 다만 인구센세서 자료의 미혼의 부모 가구 수, 혼외 출생아 수를 통해 간접적으로 확인할 수 있다.

'미혼모의 양육 및 자립실태조사'(여성가족부, 2010b) 연구보고서에 의하여 미혼모가족의 실태를 알아본다. 동 조사는 전국 양육미혼모 관련기관에서의 설문조사와 미혼의 청소년한부모가족 지원사업 대상자들에 대한 우편조사 결과에 의한 것으로 최종 분석 자료는 727부였다. 자녀양육실태를 보면 미혼모들이 자녀양육과정에서 공통적으로 경험하는 어려움으로는 양육비, 교육비 등 비용 부담, 양육시간 부족, 자녀의 훈육 지도 등이었다. 초기 자녀 양육과정에서 적절한 부모역할 수행에 어려움을 겪거나 어린자녀에 대한 돌봄지원서비스의 부족, 자녀 양육비 부담 등이었고, 유아기 자녀를 양육하는 경우에는 자녀의 성장에 따라 공적 돌봄시간이 줄어들면서 발생하는 돌봄의 공백과 적절한 훈육 지도의 어려움, 자녀와 충분한 시간을 갖지 못하는 것에 대한 부담감이 제시되었다.

자립과 관련하여, 직업훈련 수강 경험은 35.6%로 상당히 높았고, 과반 수 이상이 자립에 도움이 된다고 응답했으며, 추가 직업훈련이 필요하다고 응답한 경우도 전체의 66.9%나 되었다. 직업훈련 시 가장 큰 어려움은 훈련시간 중 자녀돌봄 문제를 가장 많이 응답하였다. 양육미혼모의 월 평균소득은 78만 5천 원 선으로 낮은 수준이며, 일자리가 없는 양육미혼모들의 월 평균 소득은(이전 소득) 41만 2천 원이었다. 사회적 지지망을 알아보기 위한 응답으로 정부로부터 아무런 지원을 받지 못한 그룹은 전체 응답자의 22.4%, 생존한 부모와 접촉이 없는 그룹은 9.0%, 주변에 도움을 요청할 사람이 한명도 없는 그룹이 13.2%에 달하였다.

미혼모의 현황을 알아보면, 미혼모의 상당 수는 부모나 형제자매의 자녀로 출생신고를 하는 경우도 적지 않을 것이므로 미혼모의 수와 자녀의 수를 정확히 확인하기는 어렵다. 인구센세스 조사결과는 한부모가구를 재분류한 결과이며, 한부모가구 중 미혼가구는 2000년에는 122,666가구, 2005년에는 142,452가구였다.

표 14-6 미혼모 · 미혼부 현황 (단위: 명)

연도	전체	미혼모	미혼부
2018	29,022	21,254	7,768

출처: 통계청(2018). 인구주택총조사

2) 미혼모가족 아동의 복지서비스 현황

한국전쟁 이후 남편을 잃고 혼자가 된 여성들이 늘어나고 경제적 곤궁이 만연되고 아동의 결식, 가족 해체 등이 빈발하여 정부에서는 모자가정을 부녀보호시설로 수용하고 경제적 자립을 꾀하려는 노력이 있었다.

1989년 「모자복지법」을 제정하고 아동교육비, 아동양육비 등 복지급여를 지급하였으며, 모자보호시설, 미혼모시설 등을 모자복지시설로 규정하였다. 2003년 '양육하는 미혼모를 위한 중간의 집'을 운영하였고, 2005년 미혼모부자 종합대책에 관한 연구를 실시하였다. 2006년 미혼모 · 부가 5세 이하 아동을 양육할 경우 복지급여를 추가 지원하였고, 미혼모시설을 미혼모자시설로 변경하여 아동에 대한 보호 양육을 강화하였으며, 공동생활가정을 설치하여 아동양육 등 독립적인 생활이 어려운 미혼모자가정, 모 · 부자가정 및 미혼모가정을 지원하였다. 2009년 미혼모 · 부자 거점기관 지원 운영을 하였으며, 2010년 미혼모의 양육과 자립 실태조사를 실시하였다. 2011년 입양기관의 미혼모자 보호시설 설치 · 운영을 금지시켰으며(2015.7.1. 시행), 2012년 권역별 미혼모자 지원기관 운영지원사업을 가족역량 강화사업에서 청소년한부모 자립지원사업으로 이동하였다. 이후 청소년한부모 자산형성계좌 지원 근거 신설(2014.7.22. 시행)과 양육수당 인상 등이 이어져 오고 있다.

3. 한부모가족 아동의 과제

① 안정적인 주거환경 조성이 필요하다. 현재 거주 실태가 대부분 전월세에 주거하고 있다. 임대아파트 입주 및 분양 시 우선권 부여와 전세융자금 보조가 요구된다. ② 의료비 지원 확대가 요구된다. 저소득 한부모 특히 조손가정에는 고액 치료비가 필요한 경우 건강과 관련하여 현실적 지출 금액에 근접할 필요가 있다. ③ 일·가정 양립을 위한 가족친화적 문화 조성이 요구된다. 다양한 부모휴가제 실시로 부족한 아동 돌봄시간을 마련하는 것이 필요하다. ④ 경제적 자립을 위한 일자리 연계가 필요하다. 임시직, 일용직이 주를 이루는 저소득 한부모들을 위한 직업훈련과 사회적 일자리 확충 등 안정적 일자리 제공이 필요하다. ⑤ 부모역할 교육 및 상담 프로그램 제공이 요구된다. 저소득 모자·부자·조손·청소년 한부모 등 특성별 교육과 정보 제공, 상담 등이 필요하다. ⑥ 저소득 한부모 지원기관 및 단체실무자간 네트워크 구축이 요구된다. 각 기관·단체들이 분절된 서비스사업을 진행하기에 협의체에 대한 지원 등이 필요하다(부산여성가족개발원, 2015).

한부모가족복지시설 사업 추진체계

표 14-7 시설 유형 및 규모별 종사자 수

시설 유형		시설 규모	종사자의 수							
			시설장	사무국장	생활복지사	생활지도원	간호사	영양사	조리사	관리인
가. 모자가족 복지시설	1) 기본생활 지원형	30세대 이하 20세대 이상	1	1	1	1				1
		20세대 미만 10세대 이상	1	1	1	1				
	2) 공동생활 지원형	20세대 이하 10세대 이상	1		1	1				

		10세대 미만 5세대 이상	1		1					
	3) 자립생활 지원형	30세대 이하 20세대 이상	1	1	1					
		20세대 미만 10세대 이상	1		1					
나. 부자가족 복지시설	1) 기본생활 지원형	30세대 이하 20세대 이상	1	1	1	1			1	1
		20세대 미만 10세대 이상	1	1	1	1			1	
	2) 공동생활 지원형	20세대 이하 10세대 이상	1		1	1				
		10세대 미만 5세대 이상	1		1					
	3) 자립생활 지원형	30세대 이하 20세대 이상	1	1	1					
		20세대 미만 10세대 이상	1		1					
다. 미혼모자 가족 복지 시설	1) 기본생활 지원형	70명 이하 50명 이상	1	1	5	2	1		1	1
		50명 미만 30명 이상	1	1	3	1	1		1	1
		30명 미만 10명 이상	1	1	1	1	1		1	
	2) 공동생활 지원형	30세대 이하 10세대 이상	1		1	1				
		10세대 미만 5세대 이상	1		1					
라. 일시지원복지시설		70명 이하 30명 이상	1	1	1	2			1	1
		30명 미만 10명 이상	1	1	1	1				

※ 영양사의 경우 입소 또는 이용자 수가 상시 50인 이상인 경우

표 14-8 한부모가족 복지시설 종사자의 자격 기준(제10조의2제2항 관련)

직종별	자격 기준
시설장	가. 「사회복지사업법」에 따른 사회복지사 1급 자격을 취득한 후 3년 이상의 사회복지업무에 종사한 경력이 있는 자 나. 「사회복지사업법」에 따른 사회복지사 2급 이상의 자격을 취득한 후 5년 이상의 사회복지업무에 종사한 경력이 있는 자 다. 국가 또는 지방자치단체에서 7급 이상의 공무원으로서 사회복지업무에 5년 이상 종사한 경력이 있는 자 라. 사회복지시설 · 사회복지단체의 임직원으로서 사회복지업무에 7년 이상 종사한 경력이 있는 자 마. 「건강가정기본법」에 따른 건강가정사 자격을 가진 자로서 건강가정지원센터에서 7년 이상 종사한 경력이 있는 자 바. 「의료법」에 따른 간호사의 자격을 가진 자로서 7년 이상의 사회복지업무에 종사한 경력이 있는 자
사무국장	(1) 「사회복지사업법」에 따른 사회복지사 2급 이상의 자격을 취득한 후 2년 이상의 사회복지업무에 종사한 경력이 있는 자 (2) 국가 또는 지방자치단체에서 일반직공무원으로서 사회복지업무에 2년 이상 종사한 경력이 있는 자 (3) 사회복지시설 · 사회복지단체의 임직원으로서 사회복지업무에 3년 이상 종사한 경력이 있는 자 (4) 「건강가정기본법」에 따른 건강가정사 자격을 가진 자로서 건강가정지원센터에서 2년 이상 종사한 경력이 있는 자
생활복지사	(1) 「사회복지사업법」에 따른 사회복지사 2급 이상의 자격을 가진 자 (2) 「건강가정기본법」에 따른 건강가정사 자격을 가진 자로서 건강가정지원센터에서 2년 이상 종사한 경력이 있는 자 (3) 「사회복지사업법」 제2조제1호에 따른 사회복지상담업무에 3년 이상 종사한 경력이 있는 자 (4) 「청소년기본법」 제21조 및 제22조에 따른 청소년지도사 및 청소년상담사 자격을 가진 자 (5) 대학 또는 이와 동등 이상의 학력이 인정되는 학교에서 심리학 · 교육학 · 여성학 · 사회학 · 사회사업학 · 법학 · 신학 · 의학 · 간호학 또는 사회복지학을 전공하고 졸업한 자
생활지도원	「초 · 중등교육법」에 따른 고등학교 이상의 학교를 졸업한 자 또는 이와 동등 이상의 학력이 있다고 인정되는 자

간호사	「의료법」에 따른 간호사(간호조무사를 포함한다) 자격이 있는 자. 다만, 간호조무사의 자격을 가진 자는 사회복지업무에 3년 이상 종사한 경력이 있는 자
영양사	「식품위생법」에 따른 영양사 자격이 있는 자
조리사	「식품위생법」에 따른 조리사 자격이 있는 자
관리인	신체건강한 자로서 채용 결격사유가 없는 자

출처: 법제처(2020). 한부모가족지원법.

Chapter

15

다문화가족 아동과 아동복지

1. 다문화가족 아동의 개념과 실태

1) 다문화가족 아동의 개념

「다문화가족지원법」에 규정된 다문화가족의 정의를 보면, "다문화가족"이란 「재한외국인 처우 기본법」 제2조제3호의 결혼이민자와 「국적법」 제2조부터 제4조까지의 규정에 따라 대한민국 국적을 취득한 자로 이루어진 가족이나, 「국적법」 제3조 및 제4조에 따라 대한민국 국적을 취득한 자와 같은 법 제2조부터 제4조까지의 규정에 따라 대한민국 국적을 취득한 자로 이루어진 가족으로 규정하고 있다. 또한 "결혼이민자등"이란 다문화가족의 구성원으로서 「재한외국인 처우 기본법」 제2조제3호의 결혼이민자와 「국적법」 제4조에 따라 귀화 허가를 받은 자라고 규정하고 있다.

「재한외국인 처우 기본법」의 결혼이민자는 대한민국 국민과 혼인한 적이 있거나 혼인관계에 있는 재한외국인을 말한다. 국적법 제2조는 출생에 의한 국적취득 조항, 제3조는 인지(認知)에 의한 국적 취득이며, 제4조는 귀화에 의한 국적 취득 조항이다. 귀화는 귀화 허가를 받아야 하며, 인지에 의한 국적 취득은 부 또는 모에 의해 인지된 자가 미성년이고, 출생 당시 부 또는 모가 대한민국 국민이었고, 법무부장관에게 신고하여야 할 수 있다. 따라서 현행법상 다문화가족은 결혼이민자·귀화자와 대한민국 국적취득자로 이루어진 가족이며, 다문화가족아동은 다문화가족의 자녀로 정의된다.

2) 다문화가족 아동의 실태

2012년 7월 여성가족부 주관으로 통계청에서 조사한 2012년 전국 다문화가족 실태조사 결과에 따라 다문화가족의 실태를 알아본다. 본 조사는 전국의 다문화가족 15,341가구를 표본으로 방문 면접 조사한 것이다. 2011년 다문화가족지원법 개정으로 결혼이민자 가구뿐 아니라 일반 귀화자 가구도 다문화가족으로 지원 정책에 포함되게 되었다. 2009년의 조사에 비해 결혼 초기 가족해체 비율이 감소하고, 고용률이 증가하였으며, 빈곤이 완화되었으므로 다문화가족 정책이 효과를 본 것으로 보인다. 그러나 단순노무직 등 질 낮은 일자리에 집중되어 있고(여성결혼이민자 일용직 18.9%, 단순노무직 29.9%), 어려운 일이 발생 시 의논상대가 없는 결혼이민자 비율이 증가하였고(21.7%), 지역모임에 참여한 경험이 없는 비율이 증가하였으며(86.7%), 외로움을 호소한 결혼이민자도 증가하였다(14.2%). 취학률은 전체 학생에 비해 낮았다(초등학교는 97.9%, 중학교 92.3%, 고등학교 85.1%). 생활의 어려움은 언어문제(21.1%), 경제적 어려움(19.8%), 외로움(14.2%), 자녀양육 및 교육, 편견과 차별, 문화 차이 등의 순(어려움 없음 15.8%)이었다.

결혼이민자·귀화자 중 취업자는 58.5%(여성 53.0%, 남성 80.3%), 미취업자는 41.5%이었고, 단순노무가 28.6%, 서비스 종사자 19.5%, 기계조작 및 조립 종사자 14.1%, 전문가 및 관련 종사자가 13.2%였다. 일하면서 느끼는 어려움은 한국어 대화(16.0%), 긴 노동시간(12.6%), 낮은 급여(11.6%), 차별(6.9%), 힘들고 위험한 일, 집안일 병행 어려움 등의 순(별 어려움 없음 31.4%)이었다. 이혼 사유로 남성의 주된 사유는 배우자 가출(50%), 성격 차이(30.9%)이고, 여성은 성격 차이(48.1%), 배우자 가족과의 갈등(16.6%), 경제적 무능력(14.1%)으로 나타났다.

학업중단 이유는 친구나 선생님과의 관계문제(23.8%), 가정형편의 어려움(18.6%), 공부가 어려워서(9.7%) 등으로 나타났으며, 어려움이 있다고 응답한 자녀는 공부를 도와 줄 사람이 없다(6.7%)는 점이 많았다. 주위에서 자신이 다문화가족 자녀임을 아는 데 대해서 보통이다(54.3%), 자랑스럽다(33.5%), 자랑스럽지 않다(12.1%)의 순으로 응답하였다.

2. 다문화가족 아동의 복지서비스 현황과 과제

1) 다문화가족 아동의 복지서비스 현황

정부에서는 관계부처 합동으로 2006년도에 여성결혼이민자 가족의 사회통합 지원 대책을 마련하였다. 2007년에는 결혼중개업에 관한 법률을 제정하고, 2008년에는 다문화가족지원법을 제정하였다. 2009년 다문화가족 정책위원회를 국무총리 소속에 설치하고, 2010년 다문화가족 지원정책 기본계획을 수립하였다. 제1차 계획이 2010년부터 2012년까지의 기간으로 수립되고, 제2차 계획이 2013년부터 2017년까지로 수립되었다. 전국 다문화가족 실태조사는 2009년 1차, 2012년 2차에 이어 2015년에 3차 조사가 추진 중이다.

다문화가족의 초기 적응 지원을 강화하기 위하여 다문화가족 지원센터를 설치 운영하여, 결혼이민자 등 다문화가족을 대상으로 한국어 교육, 통번역, 가족 교육·상담 등 한국사회에 적응하기 위한 통합서비스를 제공하였다. 다문화가족 지원센터는 2006년 21개소에서 2015년 217개소로 확대되었다. 다문화가족 종합정보 전화센터(1577-1366)를 운영하여 생활통역 등 13개 언어로 서비스를 실시하고 있다. 다문화가족 자녀의 맞춤형 교육 지원을 위해 초등학교 입학 전 방문 돌봄서비스를 제공하고 있고, 만 12세 이하 자녀를 둔 다문화가족에게 이중언어 가족환경 조성 사업을 추진하고 있다. 이주배경청소년의 입국 초기 한국어, 문화 이해, 진로 지원 등을 위한 레인보우스쿨은 2015년 27개소가 운영 중이다. 이외에도 건전한 국제결혼문화 조성, 다문화가족 사회통합 환경 조성 등 다문화가족 부모와 아동을 위한 다양한 정책이 시행 중이다.

다문화가족 관련 통계를 보면, 다문화가족은 2006년 23만 명에서 2015년 82만 명으로 증가하였다. 결혼이민자와 귀화자는 2006년 10만 명에서 2015년 30만 명으로 3배가 증가하였으며, 자녀 수는 2006년 2.6만 명에서 2015년 20.8만 명으로 10배가 증가하였다. 다문화가족 수는 결혼이민자와 귀화자의 수에 배우자의 수를 합하고, 자녀를 합하여 산정한다.

표 15-1 연도별 결혼이민자 및 국적취득자 현황(외국인주민현황조사, 행정안전부, '18.11월 기준)

(단위: 명)

연도 ('16~)	계			결혼이민자			국적취득자		
	계	남	여	계	남	여	계	남	여
2018	343,797	69,515	274,282	166,882	32,858	134,024	176,915	36,657	140,258
2017	330,188	65,507	264,681	160,653	30,745	129,908	169,535	34,762	134,773
2016	318,948	61,544	257,404	159,501	28,728	130,773	159,447	32,816	126,631

출처: 여성가족부. 다문화가족 통계.

표 15-2 다문화가족 자녀 연령별 현황(외국인주민현황조사, 행정안전부, '18.11월 기준)

(단위: 명)

연도	연령별 현황				
	계	만 6세이하	만 7~12세	만 13~15세	만 16~18세
2018	237,506	114,125	92,368	19,164	11,849
2017	222,455	115,085	81,826	15,753	9,791
2016	201,333	113,506	56,768	17,453	13,606

출처: 여성가족부. 다문화가족 통계.

2) 다문화가족 아동의 복지서비스 과제

① 국제결혼 남편 대상 교육·상담의 실효성 제고가 요구된다. 한국인 배우자들이 언어나 문화적 차이를 이해하기 위해 편안하게 교육이나 상담에 참여할 수 있도록 제반 여건을 조성하고 교육, 상담, 자조모임 등 다양한 방식으로 프로그램을 개발하며 참여자에게 인센티브를 제공하는 등의 방안이 필요하다. ② 이혼·사별 여성결혼

이민자와 자녀를 위한 브릿지 센터가 요구된다. 주거나 생계, 자녀양육 등의 문제로 어려움을 겪는 여성결혼이민자들이 자립 기반을 확보할 수 있도록 지원하는 중간의 집 또는 브릿지 센터의 설치 운영을 고려해 볼 수 있다. ③ 교육비의 지원 확대가 요구된다. 현행 교육비 지원 외에 특기활동비나 교재구입비, 과외비, 학원비 등의 추가적인 교육비와 대학 이상의 학교에 대한 경제적 지원이 포함되지 않아 지속적 학업 지원에 한계가 존재한다. ④ 양육서비스의 다양화가 요구된다. 휴일이나 방학 등 돌봄의 공백을 최소화할 수 있도록 일시보육·야간보육·휴일보육 서비스 등의 확충과 아이돌보미 서비스를 강화할 필요가 있다. ⑤ 결혼이민자자녀의 발달지원 서비스 마련이 요구된다. 현재 제공되고 있는 언어 및 인지발달 지원뿐만 아니라 심리치료나 놀이치료 등 보다 특화된 서비스가 추가적으로 제공될 필요가 있다. ⑥ 다문화가족지원센터의 서비스 확충이 요구된다. 혼자서 자녀를 양육해야 하는 여성결혼이민자나 남성배우자, 가족들에게 절실한 양육 정보나 서비스가 확충되어야 하며, 정보 제공 기능도 강화되어야 한다(여성가족부, 2010a).

다문화가족지원센터

〈다문화가족지원센터의 업무〉

- 다문화가족을 위한 교육·상담 등 지원사업의 실시
- 결혼이민자 등에 대한 한국어 교육
- 다문화가족 지원 서비스 정보 제공 및 홍보
- 다문화가족 지원 관련 기관·단체와의 서비스 연계
- 일자리에 관한 정보 제공 및 일자리의 알선
- 다문화가족을 위한 통역·번역 지원사업
- 그 밖에 다문화가족 지원을 위하여 필요한 사업

표 15-3 시 · 도 건강가정지원센터 및 다문화가족지원센터 직원 채용 자격요건

직급	자격요건
센터장	• 관련사업 2년 이상 근무경력자(관련학과 박사학위 취득자) • 관련사업 4년 이상 근무경력자(관련학과 석사학위 취득자) • 관련사업 6년 이상 근무경력자(관련학과 학사학위 취득자) • 관련사업 8년 이상 근무경력자 • 시 · 도가 직영하는 경우 4급 이상 공무원 가능 • 기타 위 각 호에 상당하다고 인정되는 경력을 가진 자
팀장	• 관련사업 1년 이상 근무경력자(관련학과 석사학위 취득자) • 관련사업 3년 이상 근무경력자(관련학과 학사학위 취득자) • 관련사업 5년 이상 근무경력자 • 시 · 도가 직영하는 경우 5급 이하 공무원 가능
팀원	• 관련학과 학사학위 이상 소지자 • 관련사업 2년 이상 근무경력자 • 시 · 도가 직영하는 경우 6급 이하 공무원 가능

표 15-4 시 · 군 · 구 건강가정지원센터 및 다문화가족지원센터 직원 채용 자격요건

직급	자격요건
센터장	• 관련사업 2년 이상 근무경력자(관련학과 석사학위 취득자) • 관련사업 4년 이상 근무경력자(관련학과 학사학위 취득자) • 관련사업 6년 이상 근무경력자 • 시 · 군 · 구가 직영하는 경우 5급 이상 공무원 가능 • 기타 위 각 호에 상당하다고 인정되는 경력을 가진 자
팀장	• 관련사업 1년 이상 근무경력자(관련학과 석사학위 취득자) • 관련사업 3년 이상 근무경력자(관련학과 학사학위 취득자) • 관련사업 5년 이상 근무경력자 • 시 · 군 · 구가 직영하는 경우 6급 이하 공무원 가능
팀원	• 관련학과 학사학위 이상 소지자(졸업예정자 포함) • 건강가정사 또는 사회복지사 자격요건을 갖춘 자 • 관련사업 2년 이상 근무경력자 • 시 · 군 · 구가 직영하는 경우 7급 이하 공무원 가능

비고

- 관련사업 근무경력이란 일정기간 기관에 소속되어 상근으로 근무한 경력을 의미함
- 2018년 12월 31일 이전 기준에 채용된 경우 종전 자격 유지

상담직원 채용 자격요건

- 가족상담직원 및 가족상담 전문인력(위촉직) 자격요건
  - 가족상담 실무자는 팀원 기준에 준하되, 상담 실무자가 상담을 수행할 때에는 가족상담 전문인력에 요하는 자격을 갖춘 자이어야 함
- 가족상담 전문인력은 다음 기준 중 어느 하나의 자격을 갖춘 자이어야 함
  - 가족상담 관련 전공학과의 석사과정 이상 수료한 자
    ※ 가족상담관련 전공(대학원): 가족(부부)상담, 가족치료, 교육심리(아동 · 청소년 · 노인) 상담, 가족 관계, 정신의학 등
  - 관련 전문 학회에서 발급하는 2급 이상 자격증 소지자
  - 관련 전문 학회에 소속되어 100시간 이상의 상담 실무경력자 또는 이에 상당하다고 인정되는 경력을 가진 자

〈관련 전문학회 기준〉

- 한국연구재단에 등록
- 한국연구재단 등재(후보)이상의 학술지 발간
- 가족상담 관련 자격증 발행 후 10년 경과(자격증 명칭에 가족명시)
- 사단법인

- 임신갈등상담을 제공하는 가족상담전문인력의 경우 위 기준 외에 아래의 기준을 추가적으로 적용하여 채용할 수 있음
  - 관련분야 석사학위를 취득한 후 1년 이상 관련기관 상담원으로 근무한 경력이 있는 사람
  - 관련분야 학사학위를 취득한 후 2년 이상 관련기관 상담원으로 근무한 경력이 있는 사람

- 기타 위와 동등한 자격이 있다고 인정되는 자
  - ※ 관련학과 전공분야: 상담심리학, 심리학, 사회복지학, 가정학, 여성학, 아동학, 청소년학, 교육학, 사회학 등
  - ※ 관련기관: 사회복지시설, 건강가정지원센터, 다문화가족지원센터, 청소년상담복지센터, 상담 관련 비영리법인 및 비영리민간단체 등

• 다문화상담 전문인력

※ 기존 다문화가족지원센터의 상담인력을 말하며, 단독 건가센터는 적용 제외

- 가족상담관련 석사학위 소지자
- 가족상담관련 학사학위 소지자로서, 상담경력 2년 이상 실무 경력자
  - ※ 가족상담관련 학과: 가족상담(치료)학, 가족(복지)학, (임상)심리학, 교육학, 사회복지학

다문화가족 특성화사업 직원 채용 자격요건

※ 단독 건가센터는 적용 제외

가) 방문교육지도사

• 한국어교육지도사

- 국어기본법 시행령에 따른 한국어 교원 3급 이상 자격 소지자
- 국어기본법 시행령 별표 1의 한국어교원양성과정(필수이수시간 120시간) 이수자 로써 정부기관 및 시민단체 등*에서 이민자 대상 한국어교육 경력 120시간 이상 확인 가능자
  - ※ "시민 · 사회단체 등"이란 수익사업을 하지 않는 비영리법인 및 국가기관 등에 부여하는 고유번호증을 소지한 기관이거나 법인을 말함

• 생활지도사

- 아동복지학, 아동가족학, 유아교육학, 보육학, 가족복지학, 사회복지학 전공자
- 보육교사 · 교원(유치원교사자격 포함) 자격 소지자, 건강가정사
  - ※ 채용이후 양성교육 이수해야 활동 가능

나) 다문화가족 사례관리사

- 관련학과 석사학위 소지자
- 관련학과(사회복지학, 상담학, 가족복지학 등 사례관리 관련 학과) 학사학위 이상 소지자 또는 사회복지사 1급 자격증 소지자

※ 사회복지분야 관련 경력자 우대

※ 2017년 이전 채용된 사례관리사는 자격기준을 갖춘 것으로 인정

다) 다문화가족 자녀언어발달지도사

- 언어치료학과, 언어병리학과 등 언어발달·촉진학과 학사학위 이상 소지자(졸업예정자, 대학원 수료자 포함)

※ 위 자격기준을 명시하여 채용공고한 후 응시자가 없거나 자격기준 미달로 최종합격자가 없는 경우, 위와 동일한 학과의 전문학사학위 이상 소지자로 언어재활사 자격증 취득 후 언어치료 경력 1년 이상인 자도 채용 가능

※ 2017년 이전 채용된 언어발달지도사는 자격기준을 갖춘 것으로 인정

라) 통번역 전담인력

- (전문)통번역지원사: 결혼이민자, 한국어능력시험(TOPIK) 4급 이상
- 통번역지원사(보): 결혼이민자, 한국어능력시험(TOPIK) 3급 이상

마) 이중언어코치

- 결혼이민자, 한국거주기간 2년 이상, 한국어능력시험(TOPIK) 4급 이상, 대졸 이상의 학력(4개 요건 모두 충족해야 함)

※ 대졸 학력 소지자 찾기 어려운 경우 등 특별한 사정이 있는 경우 지자체장과 협의 후 채용가능

바) 운영지원 사무원

- 컴퓨터활용능력, 경리, 회계 등 전문자격증 소지자 또는 해당 분야 실무경력이 1년 이상인 자

3. 건강가정 · 다문화가족지원센터 통합서비스

1) 사업목적

- 가족의 유형별로 이원화 되어 있는 가족지원서비스를 가족의 유형에 상관없이 한 곳에서 다양한 가족에 대한 보편적이고 포괄적 서비스 제공
  - 수혜자 중심의 서비스 확대 및 접근성 제고
  - 지역여건 및 정책 수요자 특성에 맞는 맞춤형 서비스 강화
  - 모든 가족에 대한 가족의 안정성 강화 및 가족관계 증진에 기여
- 다문화가족의 안정적인 정착과 가족생활을 지원하기 위해 가족 및 자녀 교육·상담, 통·번역 및 정보제공, 역량강화지원 등 종합적인 서비스를 제공하여 다문화가족의 한국사회 조기적응 및 사회·경제적 자립지원 도모
  - 다문화가족의 정착단계 및 생애주기에 따른 맞춤형 서비스 제공
  - 다문화가족 대상 통합교육 및 부모교육, 사회참여 지원 확대
  - 다문화가족 자녀의 건강한 성장지원 및 글로벌 인재 육성
  - 결혼이민자 맞춤형 일자리 참여 확대 등 사회경제적 자립 지원

2) 법적근거

- 건강가정기본법
  - 법 제21조(가정에 대한 지원)
  - 법 제35조(건강가정지원센터의 설치)
  - 국가 및 지방자치단체는 가정문제의 예방·상담 및 치료, 건강가정의 유지를 위한 프로그램의 개발, 가족문화운동의 전개, 가정관련 정보 및 자료제공 등을 위하여 건강가정지원센터(이하 “센터”라 한다)를 설치·운영하여야 한다.

- 다문화가족지원법
  - 법 제6조(생활정보 제공 및 교육 지원)
  - 법 제12조(다문화가족지원센터의 설치 · 운영 등)
    국가와 지방자치단체는 다문화가족지원센터(이하 "지원센터"라 한다)를 설치 · 운영할 수 있다.

3) 통합서비스 추진경과

- '14년도 ~ '15년도 통합서비스 시범사업(22개소)
- 연도별 통합서비스 운영기관 확대
  - '16년(78개소) → '17년(101개소) → '18년(152개소) → '19년(183개소)

4) 센터별 설치현황

표 15-5 통합서비스 운영기관 현황

구분	계	서울	부산	대구	인천	광주	대전	울산	세종	경기	강원	충북	충남	전북	전남	경북	경남	제주
'14년	9	1	1	1	-	1	-	-	-	1	-	-	1	-	1	1	1	-
'15년	22	3	3	3	1	1	1	-	-	2	1	1	2	-	1	2	1	-
'16년	78	7	3	5	7	4	2	1	1	6	5	2	7	3	9	9	7	-
'17년	101	10	3	6	7	4	2	3	1	14	9	4	8	3	10	9	8	-
'18년	152	23	6	8	7	4	2	5	1	22	18	6	8	4	16	11	11	-
'19년	183	25	7	8	8	5	2	5	1	24	18	7	12	11	21	15	14	-

- '14년도 시범 운영기관 : 서울 관악, 부산 사상, 대구 달성, 광주 남구, 경기 광주, 충남 아산, 전남 광양, 경북 경산, 경남 하동
- '15년도 시범 운영기관 : 서울 관악 · 영등포 · 서초, 부산 사상 · 동래 · 연제, 대구 달성 · 남구 · 수성구, 인천 계양, 광주 남구, 대전 서구, 경기 광주 · 여주, 강원 삼척, 충북 제천, 충남 아산 · 태안, 전남 광양, 경북 경산 · 김천, 경남 하동

표 15-6 건강가정지원센터 현황 (단위: 개소)

구분		'04년	'05년	'06년	'07년	'08년	'09년	'10년	'11년	'12년	'13년	'14년	'15년~
지방 센터	계	3	15	47	65	81	97	136	138	148	151	151	151
	국비 지원	3	6	17	33	37	54	98	100	110	111	111	111
	전액 지방비		9	30	32	44	43	38	38	38	40	40	40

표 15-7 다문화가족지원센터 현황 (단위: 개소)

구분		'06년	'07년	'08년	'09년	'10년	'11년	'12년	'13년	'14년	'15~17년	'18년
지역 센터	계	21	38	80	119	171	201	207	214	217	217	218
	국비지원	21	38	80	100	159	200	200	211	211	211	211
	전액지방비	0	0	0	19	12	1	7	3	6	6	7

5) 센터별 예산지원

표 15-8 센터 유형별 예산지원액(서울 30%, 지방 50%) (단위: 개, 천원)

유형	국비지원 센터 수	개소당 지원액	비고
가형	27	428,800	• 건가센터 독립형 + 다가센터 가형
나형	68	391,300	• 건가센터 독립형 + 다가센터 나형 • 기존 다, 라형 중 인구 25만명 이상 지역
다형	3	329,300	• 건가센터 다기능화 + 다가센터 가형 • 기존 마형(건가 독립형) 중 인구 25만명 이상 지역
라형	39	291,800	• 건가센터 다기능화 + 다가센터 나형 • 기존 마형 중 건가 독립형, 다문화 가형 • 기존 마형(다문화 나형) 중 인구 25만명 이상 지역
마형	46	247,500	• 기존 마형 중 다문화 나형

※ 개소당 지원액은 국비, 지방비를 포함한 총액

6) 사업 주체별 역할

(1) 여성가족부

- 통합서비스 운영기관 사업모델 제시 및 운영계획 수립
- 통합서비스 운영기관 사업비의 교부 및 평가
- 통합서비스 운영기관 관리 감독 및 지도

(2) 시·도와 시 · 군 · 구

- 중앙정부, 시 · 군 · 구간 및 시 · 군 · 구내 연계(시 · 도, 시 · 군 · 구)
- 시 · 도 및 시 · 군 · 구 통합서비스 운영기관 사업비의 교부 및 정산
- 통합서비스 운영기관의 사업 운영현황 및 사업결과 보고
- 통합서비스 운영기관의 관리 감독 및 지도
- 지역별 특성에 맞는 사업 개발 · 지원

(3) 한국건강가정진흥원

- 통합서비스 프로그램 및 업무매뉴얼 개발 · 보급
- 통합서비스 운영기관 실적관리
- 통합서비스 운영기관 직원 역량강화 교육
- 통합실적관리시스템 관리 · 운영
- 통합서비스 운영기관 현장점검 및 평가지원

(4) 통합서비스 운영기관

- 지역사회 내 가족구성원을 위한 1차적 가족지원서비스 제공
- 지역단위 건강가정지원 및 다문화가족지원 업무 실시
- 지원시간 및 지원대상 확대 등을 통한 가족지원서비스 접근성 향상

- 다문화 · 한부모 · 조손가족 등에 대한 맞춤형 가족역량강화서비스 지원
- 지역사회 유관기관과의 연계를 통한 통합적 가족지원서비스 제공
- 지역사회에 맞는 가족특성화서비스 및 정보제공

4. 2019년 달라지는 주요 내용

<table>
<tr><th colspan="2">구분</th><th>2018년도</th><th>2019년도</th></tr>
<tr><td>센터 개요</td><td>개소수</td><td>통합센터 '18년 152개소</td><td>통합센터 '19년 183개소</td></tr>
<tr><td>예산 지원</td><td>센터의 예산</td><td>• 유형별 단가
– 가형 363,350천원
– 나형 328,280천원
– 다형 270,410천원
– 라형 235,340천원
– 마형 190,450~137,830천원
• 추가사업비 단가
– 42,100~30,000천원</td><td>• 유형별 단가
– 가형 428,800천원
– 나형 391,300천원
– 다형 329,300천원
– 라형 291,800천원
– 마형 247,500천원</td></tr>
<tr><td>센터 운영</td><td>운영 위원회</td><td>• 위원 위촉
– (신 설)
• 위원회 구성
– 5명 이상 7인 이내</td><td>• 위원 위촉
– 센터 이용자의 보호자 대표
• 위원회 구성
– 5인 이상 15인 이내</td></tr>
<tr><td>통합 서비스 사업</td><td>영역별 사업 내용</td><td>• 사업방향
– (지원대상 확대) 일반·다문화 가족 중심에서 일반, 다문화, 한부모·조손가족, 맞벌이가정 등으로 지원대상 확대</td><td>• 사업방향
– (지원대상 확대) 일반·다문화 가족 중심 에서 일반, 다문화, 한부모·조손가족, 맞벌이가정, 1인가구, 북한이탈가족 등으로 지원대상 확대</td></tr>
<tr><td rowspan="2">통합 서비스 사업</td><td rowspan="2">영역별 사업 내용</td><td>• 필수사업 9개</td><td>• 밑줄친 사업(3개)는 다문화가족지원 프로그램 중 우선적으로 시행</td></tr>
<tr><td>• 가족관계
– 아버지역할지원
– 노년기 부부지원, 부부갈등해결지원
– 이혼위기가족지원</td><td>• 가족관계
– 부모역할지원(아버지역할지원)
– 부부역할지원(노년기부부지원, 부부갈등예방·해결지원)</td></tr>
</table>

		– 다문화가족 관계향상지원 ※ 배우자 · 부부교육 10시간 이상 ※ 다문화이해교육 및 인권감수성 교육 10시간 이상 – 가족상담 ※ 다문화가족 상담 연간 80회기 이상 • 가족돌봄 - 자녀돌봄지원 • 지역공동체 – 가족품앗이, 공동육아나눔터 – 가족단위 프로그램 – (신 설)	– 이혼전 · 후가족지원 – 다문화가족 관계향상지원 ※ (삭 제) ※ (삭 제) – 가족상담 ※ (삭 제) • 가족돌봄 – (삭제, 아버지역할지원 내용으로 이동) • 지역공동체 – 공동육아나눔터 – 가족친화문화 프로그램 – 다문화가족 교류 · 소통공간

출처: 2019년 가족사업안내.

Chapter

16

실종아동 보호서비스

실종아동의 보호는 미아찾기사업에서 연혁을 찾아볼 수 있다. 현재는 장애인과 치매환자를 포함하여 실종신고와 보호서비스를 실시하고 있다.

1. 실종아동의 정의 및 현황

1) 실종아동등의 정의

실종아동등의 발생을 예방하고 조속한 발견과 복귀를 도모하며 복귀 후의 사회 적응을 지원함으로써 실종아동등과 가정의 복지증진에 이바지함을 목적으로, 실종아동등의 보호 및 지원에 관한 법률이 2005년 5월 31일 제정되었다. 이 법에 의한 "실종아동등"이란 약취(略取)·유인(誘引) 또는 유기(遺棄)되거나 사고를 당하거나 가출하거나 길을 잃는 등의 사유로 인하여 보호자로부터 이탈(離脫)된 아동등을 말한다. 여기서 "아동등"이란 제정 당시에는 제2조 1호에서 아동등의 정의를 가. 실종 당시 14세 미만 아동, 나. 장애인복지법에 의한 장애인 중 정신지체인, 발달장애인, 정신장애인으로 규정하였다. 2011년 8월 11일 법 개정을 통하여 1호의 나목을 장애인 중 지적장애인, 자폐성장애인 또는 정신장애인으로 변경하였고, 2013년 6월 4일 개정에서 1호의 가목을 실종 당시의 18세 미만 아동으로 변경하였으며, 2014년 1월 28일 개정에서 1호의 다목을 신설하여 다. 치매관리법에 의한 치매환자를 삽입하였다.

2) 실종아동의 현황

실종아동전문기관은 보건복지부로부터 위탁받아 중앙입양원에서 운영하고 있다. 어린이재단은 1986년 5월 어린이찾아주기종합센터를 개소하였고, 시설아동들에 대한 데이터베이스를 구축하였다. 2001년에는 유전자정보(DNA)를 활용한 미아찾기를 실시하였고, 2004년에는 모바일로 미아찾기서비스를 실시하였다. 2005년에 「실종아동 등의 보호 및 지원에 관한 법률」이 국회를 통과함에 따라 실종아동전문기관으로 보건복지부의 위탁을 받아 현재까지 운영하고 있다. 2015년부터 2018년까지의 실종아동등의 발생 및 복귀 현황을 보면 미발견 건 수가 해마다 증가하고 있다.

표 16-1 실종아동 현황 (단위: 명)

연도	발생건수	발견건수(보호자 인계)	미발견 건수
2018.12	21,980	21,872	108
2017	19,956	19,949	7
2016	19,870	19,864	6
2015	19,428	19,427	1

출처: 실종아동전문기관(www.missingchild.or.kr).

2. 실종아동 보호 · 예방과 과제

1) 실종아동의 보호 · 예방

실종아동에 대하여 발견 시 법에 의해 신고의무가 규정되어 있으며, 시설의 장은 아동카드를 작성하도록 하고 있다. 신고의무자는 보호시설의 장 또는 종사자, 사회복지전담공무원, 청소년보호센터 및 청소년재활센터의 장 또는 그 종사자, 의료기관의 장 또는 의료인, 업무 · 고용 등의 관계로 사실상 아동등을 보호 · 감독하는 사람이다. 신고의무자는 직무를 수행함에 있어 보호자로부터 이탈된 아동 · 장애인임을 알게 된 때에는 경찰관서(국번 없이 182번)에 신고하여야 한다. 또한 보호시설의 장(정신의료기관의 장 포함)은 아동 · 장애인을 보호시설 등에 보호 조치하거나 보호한 때에는 신상카드를 작성하여 각각 지자체와 실종아동전문기관에 제출하여야 한다.

신고를 하지 않거나 신상카드를 제출하지 않으면 경찰관서의 장 또는 지방자치단체의 장이 200만 원의 과태료를 부과한다. 경찰관서의 장은 실종아동등의 신고를 접수한 때에는 지체 없이 수색 또는 수사의 실시 여부를 결정하여야 하며, 유전자검사대상물 채취와 관계 장소 출입·조사를 실시하고 실종아동등 조기 발견을 위한 교육·훈련 실시사항을 지도·감독한다.

불특정 다수인이 이용하는 시설에서 실종아동등을 빨리 발견하기 위하여 보건복지부장관은 실종아동등 조기발견 지침을 고시했다(보건복지부 고시 제2014-118호, 2014.7.29.). 주요 내용을 보면, 실종아동등 발생 시 신고에 관한 사항, 실종아동등 발생 상황 전파와 경보 발령, 출입구 감시 및 수색, 미 발견 시 경찰관서 신고, 경보의 해제 등과 경찰 도착 후 발령 해제에 관한 사항, 그 밖에 실종아동등 발생 예방과 찾기에 관한 사항이다.

다중이용시설의 소유자·점유자 또는 관리자는 실종아동등이 신고되는 경우 실종아동등 조기발견 지침에 따라 즉시 경보 발령, 수색, 출입구 감시 등 조치를 해야 한다. 다중이용시설은 대규모 시설로서 대규모 점포, 도시철도의 역사, 자동차·항공·항만여객터미널, 전문 체육시설, 공연장, 박물관 및 미술관, 경마·경륜·경정장 등이다. 이들 관리주체는 종사자에게 지침에 의한 교육·훈련을 년 1회 이상 실시하여야 하고 관할 경찰관서의 장은 교육·훈련의 실시에 관한 사항을 지도·감독하여야 한다.

2) 실종아동의 보호·예방 과제

① 아동 실종 시 신속한 신고가 요구된다. 부모 등 보호자를 대상으로 한 예방교육과 홍보가 필요하다. ② 실종아동에 대한 사회적 인식의 제고가 필요하다. 아동이 실종되면 이웃과 지역주민, 국민 모두가 아동 찾기에 적극 나설 수 있는 분위기 조성이 필요하다. ③ 단순 가출과 실종사건 간의 처리의 분리 체계화가 요구된다. 더하여 보

호시설 관계자, 경찰관, 지방자치단체 공무원 등 공조체계의 강화가 필요하다. ④ 장기실종아동에 대한 대책이 필요하다. 아동실종에 따른 부모의 고통과 아이 찾기에 따른 재정적인 부담으로 가족해체에 이를 수 있다. ⑤ 실종아동 사진 배포 및 엠보 경보의 적극적인 활용이 요구된다. 성장추정 얼굴 사진 활용, 엠보 경보 등 안전망을 적극 활용할 필요가 있다.

실종아동보호 사업 추진체계

〈실종아동전문기관의 업무〉

- 무연고 아동 등 신상카드 DB 구축
- 실태조사 및 연구사업
- 실종 예방·교육사업
- 실종아동 등 사진 홍보 및 홍보사업
- 실종아동 등의 가족지원사업
- 실종아동 등 복귀 후 적응을 위한 상담 및 치료 서비스 제공
- 실종아동 등 찾기 및 예방 캠페인

표 16-2 실종아동보호 사업 전달체계

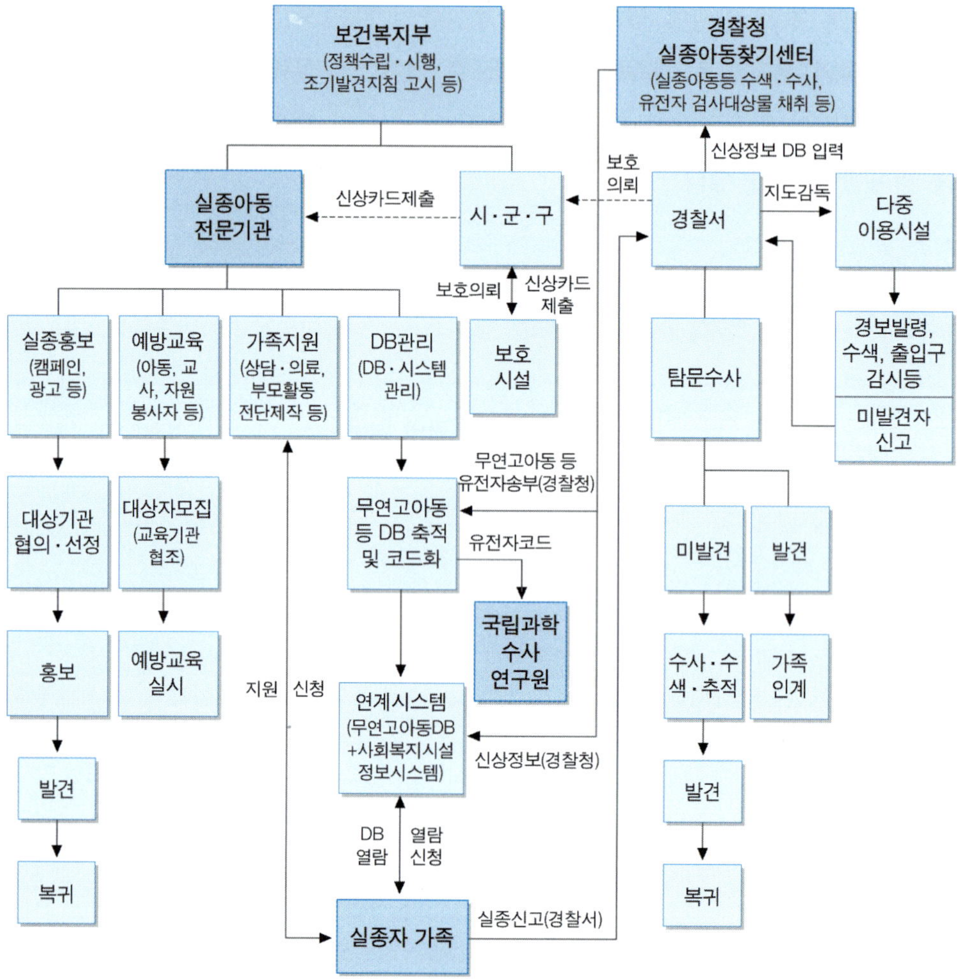

출처: 보건복지부(2017c). 아동분야 사업안내.

부 록

아동권리선언

전 문

유엔의 모든 국민들은 유엔 헌장을 통하여 인간의 기본적 권리와 개인의 존엄성 및 가치에 대한 그들의 신념을 재확인하고 더욱 큰 자유 속에서 사회적 진보와 생활수준의 향상을 자져올 것을 결심하였으며, 유엔은 또한 그 세계인권선언을 통하여 인간은 누구나 그 선언에서 규정된 바와 같이 인종, 피부색, 성별, 언어, 종교, 정치적 또는 기타의 견해, 그가 속하는 국가나 사회, 재산, 가문 그 밖의 신분상 차이 등에 의하여 차별받음이 없이 모두 동등한 권리와 자유를 누릴 권리가 있을 선언하였으며, 아동은 아직도 심신이 미성숙하기 때문에 그의 출생 전과 후에 걸쳐서 적당한 법률상의 보호를 포함하는 특별한 보호와 양호를 필요로 하는 것이며, 이런 특별한 보호의 필요성은 1924년도의 아동의 권리에 관한 제네바 선언에서도 언급되었고, 세계인권선언에서도 언급되었고, 그밖에 아동복지에 관계있는 특수기관 또는 국제관계들의 규약에서도 인정된 바 있으며, 인류는 그가 가진 최선의 것을 아동에게 베풀 의무를 가졌으므로, 유엔총회는 아동이 행복한 아동으로 자라나며, 그 자신의 선과 사회의 선을 위하여 여기에 규정된 권리와 자유를 즐길 수 있게 할 것을 목적으로 하고, 또한 양친 · 개인으로서의 남녀 · 민간단체 · 지방행정기관 또는 중앙행정에 대하여 다음에 규정한 제 원칙에 따라서 정식법률로서 또는 기타의 적극적인 수단으로서 이 모든 권리를 인정하고 또한 준수할 것을 요구하기 위하여 이에 이 아동의 권리선언을 선포한다.

10대 원칙

① 인종, 종교, 태생 또는 성별로 인한 차별을 받지 않을 권리
② 신체적 · 정신적 · 도덕적 · 영적 및 사회적으로 발달하기 위한 기회를 가질 권리
③ 이름과 국적을 가질 권리
④ 적절한 영양, 주거, 의료 등의 혜택을 누릴 권리
⑤ 심신장애 어린이는 특별한 치료와 교육 및 보살핌을 받을 권리
⑥ 애정과 도덕적 물질적 보장이 있는 환경 아래서 양육될 권리
⑦ 의무교육을 받을 권리, 놀이와 여가 시간을 가질 권리
⑧ 전쟁이나 재난으로부터 제일 먼저 보호받고 구조될 권리
⑨ 학대, 방임, 착취로부터 보호받을 권리
⑩ 인간 상호간 우정, 평화 및 형제애 정신으로 양육될 권리

1959년 11월 20일

대한민국 어린이헌장

대한민국 어린이 헌장은 어린이날의 참뜻을 바탕으로 하여, 모든 어린이가 차별 없이 인간으로서의 존엄성을 지니고, 나라의 앞날을 이어 나갈 새 사람으로 존중되며, 바르고 아름답고 씩씩하게 자라도록 함을 길잡이로 삼는다.

1. 어린이는 건전하게 태어나 따뜻한 가정에서 사랑 속에 자라야 한다.
2. 어린이는 고른 영양을 취하고 질병의 예방과 치료를 받으며 맑고 깨끗한 환경에서 살아야 한다.
3. 어린이는 좋은 교육시설에서 개인의 능력과 소질에 따라 교육을 받아야 한다.
4. 어린이는 빛나는 우리 문화를 이어받아, 새롭게 창조하고 널리 펴 나가는 힘을 길러야 한다.
5. 어린이는 즐겁고 유익한 놀이와 오락을 위한 시설과 공간을 제공받아야 한다.
6. 어린이는 예절과 질서를 지키며, 한겨레로서 서로 돕고, 스스로를 이기며, 책임을 다하는 민주시민으로 자라야 한다.
7. 어린이는 자연과 예술을 사랑하고 과학을 탐구하는 마음과 태도를 길러야 한다.
8. 어린이는 해로운 사회환경과 위험으로부터 먼저 보호되어야 한다.
9. 어린이는 학대를 받거나 버림을 당해서는 안 되고, 나쁜 일과 힘겨운 노동에 이용되지 말아야 한다.
10. 몸이나 마음에 장애를 가진 어린이는 필요한 교육과 치료를 받아야 하고, 빗나간 어린이는 선도되어야 한다.
11. 어린이는 우리의 내일이며 소망이다. 나라의 앞날을 짊어질 한국인으로, 인류의 평화에 이바지할 수 있는 세계인으로 자라야 한다.

UN 아동권리에 관한 국제협약상의 주요 원칙 및 아동권리

(1) 일반 원칙

① 아동 차별 금지의 원칙(제2조)
② 아동 최우선 이익의 원칙(제3조)
③ 아동의 생존 · 보호 · 발달의 원칙(제6조)
④ 아동의 의사 존중의 원칙(제12조)

(2) 시민적 권리와 자유

① 이름과 국적(제7조)
② 신분의 유지(제8조)
③ 표현의 자유(제13조)
④ 사상, 양심 및 종교의 자유(제14조)
⑤ 결사 및 집회의 자유(제15조)
⑥ 사생활의 보호(제16조)
⑦ 정보접근권(제17조)
⑧ 고문 및 기타 비인도적 취급을 받지 않을 권리(제37조 제1항)

(3) 가정환경 및 대리보호

① 부모의 지도와 책임(제5조, 18조 1항 및 2항)
② 부모로부터의 분리(제9조)
③ 가족의 재결합(제10조)
④ 아동을 위한 양육비 회수(제27조 제4항)
⑤ 가정의 보호를 받지 못하는 아동(제20조)
⑥ 입양(제21조)
⑦ 불법 해외 이송 및 미귀환(제11조)
⑧ 아동학대, 유기 및 신체적 · 심리적 회복과 사회복귀(제19조 및 제39조)
⑨ 양육 및 보호기관에 대한 심사(제25조)

(4) 기초 보건 및 복지

① 보건서비스(제24조)
② 장애아동(제23조)
③ 사회보장 및 아동보호시설(제26조 및 제18조 3항)
④ 생활수준(제27조 1, 2, 3항)

(5) 교육, 여가 및 문화적 활동

① 교육(제28조)
② 교육의 목표(제29조)
③ 여가, 오락 활동 및 문화적 활동(제31조)

(6) 특별보호 조치

① 법적 분쟁상의 아동 : 소년형사행정(제40조), 자유 박탈된 아동(제37조 2, 3, 4항), 아동에 대한 사형 및 종신형 금지(제37조 제1항), 사회복귀 지원(제39조)
② 착취 상황하의 아동 : 경제적 착취(제32조), 마약(제33조), 성적 착취와 학대(제34조)

참고문헌

강은영, 박지선. 2009. 아동실종 및 유괴범죄의 실태와 대책. 형사정책연구원 연구총서, 17-337.

교육부, 보건복지부, 여성가족부, 행정자치부, 한국교육개발원. 2015. 2015 방과후돌봄서비스 연계체계 구축·운영 매뉴얼.

교육인적자원부. 2003. "교육복지투자우선지역사업의 의미와 추진방향." 지역교육협의회 자료집.

김기태 외. 1999. 『사회복지의 이해』. 박영사.

김성경 외. 2013. 『아동복지론』.

김영호 외. 2005. 『인간행동과 사회환경』. 양서원.

김오남 외. 2000. 『아동복지의 이해』. 형설출판사.

김익균 외. 2000. 『아동복지론』. 대학출판사.

김인숙. 1999. 빈곤가족해체의 현황과 대안.

김지연. 2001. "지역사회자원연계를 중심으로 한 학교사회복지 모형 개발." 부산대학교 대학원 석사학위논문.

김태련 외 3인 역. Boxill, E. H. 저. 1984. 『발달장애인을 위한 음악치료』. 이화여자대학교 출판부.

김태완·김성아. 2015. "장애아동청소년 지원제도의 현황 및 한계." 보건복지포럼, 64-74.

김현희 외 11인. 2001. 『독서치료』. 학지사.

노동부. 1997. 『노동통계연감』.

문선화 외. 2006. 『한국사회와 아동복지』. 양서원.

박경일·김경호·김옥희 외 6인 공저. 2001. 『사회복지학강의』. 양서원.

박미정. 2014. "국내입양 현황과 개선방안." 월간복지동향, (192), 22-27.

박석근·정의영. 1998. "원예치료의 현황과 전망." 『원예활동의 심신치료적 효과』. 한국원예치료연구회. pp. 3-16.

박옥희. 2000. 『장애인 복지의 이론과 실제』. 학문사.

박정란·서홍란. 2001. 『아동복지론』. 양서원.

박정문. 2000. 『아동복지와 보육사업의 이해』. 보육사.

박태영. 2000. 『사회복지시설론』. 양서원.

배태순. 1998.『현대사회에서의 입양의 이해와 입양의 성공』. 경남대학교 출판부.
법제처. 2012.『빈곤아동지원법』. 보건복지.
법제처. 2015.『다문화가족지원법』. 여성가족.
법제처. 2017a.『아동복지법』. 보건복지
______. 2017b.『장애아동복지지원법』. 보건복지.
______. 2017c.『영유아보육법』. 보건복지.
______. 2017d.『한부모가족지원법』. 보건복지
______. 2017e.『국민기초생활보장법』. 보건복지.
______. 2017f.『입양특례법』. 여성가족.
______. 2017g.『건강가정기본법』. 여성가족.
보건복지부. 2000.『보건복지백서』.
보건복지부. 2001.『보육사업안내』.
보건복지부. 2005.『보건복지백서』.
보건복지부. 2009.『보육통계』.
보건복지부. 2012.『보육사업안내』.
보건복지부. 2013.『보호대상아동의 가정보호 강화방안 세미나 자료집』.
보건복지부. 2015g. “제1차 아동정책기본계획.” 관계부처 합동.
보건복지부. 2017a.『가정위탁국내입양소년소녀가정현황』.
_________. 2017b.『국민기초생활보장사업안내』.
_________. 2017c.『아동분야사업안내』.
_________. 2017d.『2016 지역아동센터 통계조사 보고서』.
_________. 2017e.『보육사업안내』.
_________. 2017f.『보육통계』.
_________. 2017g.『아동복지시설공동생활가정(그룹홈)현황』.
_________. 2020.『보육사업안내』.
_________. 2020.『2020년 아동복지 사업안내』.
보건복지부 · 중앙아동보호전문기관. 2017.『2016 전국아동학대 현황 보고서』.
보건복지부 · 재)중앙입양원.『2015 입양실무매뉴얼』.
부산여성가족개발원. 2012.『결식우려아동에 대한 효율적인 급식지원 방안 연구』.
부산여성가족개발원. 2013a.『부산지역 맞벌이가정의 조부모 손자녀양육 실태 및 욕구 조사』.
_________________. 2013b.『부산지역 지역아동센터 운영 표준프로그램 개발』.
부산여성가족개발원. 2014.『취약계층아동 통합서비스 지원사업 활성화 방안 연구』.
부산여성가족개발원. 2015.『부산지역 저소득 한부모가족 실태조사 및 지원방안 연구』.

서영숙 역. 1992. 『놀이를 통한 아동심리치료』. 학문사.
서정근 외. 2000. 『원예치료학』. 단국대학교 출판부.
서홍란. 2000. "미국 저소득 모자가정의 현황과 자립을 위한 사회복지적인 개입." 저소득모자가정의 자립지원방안을 위한 심포지엄. 경기도.
성영혜 · 김연진. 1994. 『아동복지』. 동문사.
손기철 외. 2000a. 『원예치료』. 도서출판 서원.
손창옥. 1997. "음악치료의 역사와 방법에 관한 이론적 연구." 조선대학교 대학원 석사학위논문.
송정애. 2013. 『아동복지론』.
아동복지편람. 1997. 아산사회복지사업재단.
여성가족부. 2005. 『미혼모부자 종합대책에 관한 연구』.
여성가족부. 2007. 『조손가족 실태조사 및 지원방안 연구』.
여성가족부. 2010a. 『다문화가족의 해체문제와 정책과제』.
__________. 2010b. 『미혼모의 양육 및 자립 실태조사』.
__________. 2010c. 「2009년 전국 다문화가족 실태조사 연구」.
여성가족부. 2013a. 『2012년 전국 다문화가족 실태조사 연구』.
__________. 2013b. 『한부모가족실태조사』.
여성가족부. 2015. 『다문화가족지원사업안내』.
여성가족부. 2016. 『한부모가족실태조사』.
여성가족부. 2018. 『한부모가족사업안내』.
오영재 · 백경숙 · 조선화. 2001. 『청소년복지론』. 도서출판 양지.
육아정책연구소. 2012. 『2012 보육정책의 성과와 과제』.
육아정책연구소. 2013. 『2013~2017 보육 중장기 발전방향』.
윤은영. 2013. "국내입양제도의 실태 및 개선방안." 사회과학연구, 30(2), 191-222.
이기숙. 2001. "상담자원봉사자 연수교재 – 독서요법과 토론." 서부교육구청.
이대근. 2001. 『아동복지론』. 형설출판사.
이은정. 2014. "국내아동입양 현황과 정책과제." 경남발전, (132), 2014, 11-22.
이인정 · 최혜경. 2000. 『인간행동과 사회환경』. 나남출판.
이종복 · 이소희 · 오영재 외 3인. 1998. 『현대청소년복지론』. 양서원.
장인협 · 오정수. 2000. 『아동청소년복지론』. 서울대학교 출판부.
주수길. 2000. "빈곤가족의 부부갈등 해결전략." 부산대학교 대학원 박사학위논문.
주수길 · 주명국. 2012. 『아동복지강론』.
주영지. 2001. "음악치료의 적용을 통한 주의력 결핍 과잉행동아동의 행동변화." 부산대학교 행정대학원 석사학위논문.

주정일 · 이소희. 1998. 『아동복지학』. 교문사.
청소년 대화의 광장. 1998. 『비행청소년 상담프로그램개발 Ⅳ』.
최병철. 1996. 『음악치료학』. 음악춘추사.
최순남. 2000. 『인간행동과 사회환경』. 한신대학교 출판부.
최영애. 2000. "아동을 위한 원예치료 프로그램 개발과 효과에 관한 연구." 건국대학교 농경대학원 석사학위논문.
통계청. 2005. "인구주택총조사보고서."
통계청. 2009. "사회조사결과."
통계청. 2017a. "지역별 고용조사."
______. 2017b. "장래가구추계."
______. 2017c. "북한이탈주민 입국 동향."
표갑수. 2000. 『아동청소년복지론』. 나남출판.
한국개발연구원. 2010. "연차보고서."
한국교육개발원. 2009. 『교육통계』.
한국보건사회연구원. 2013. 『아동종합실태조사』.
한국복지재단. 1999. "한국에서의 가정위탁사업 활성화를 위한 사회복지 실무자 워크숍."
한국여성개발원. 1998. 『저소득모자가정의 자립방안연구』.
한국원예치료연구회. 1999. 『원예치료의 적용과 실제』.
한국입양홍보회. 2002. 10. 26. 『국내입양활성화를 위한 제3차 전국 입양부모대회 자료집』.
황인옥. 2002. "원예치료 프로그램 적용을 통한 치매노인의 사회적응력 강화전략에 관한 연구." 부산대학교 대학원 박사학위논문.

Allen-Meares, P., Washington R. O., & Welsh, B. L. 1986. *Social Work Services in School*. Englewood Cliffs, NJ: Prentice-Hall.
Allen-Mearesm P. 2004. *Social Work Services in School*(4th ed.). Englewood Cliffs, NJ: Prentice-Hall.
Catlin, P. 1998. "Developmental Disabilities and Horticultural Therapy Practice." S. P. Simson & M. C. Straus(Ed.), *Horticulture as Therapy-Principles and Practice*. New York: The Food Products Press.
Freeman, E. M. 1995. "School Social Work Overview." *Encyclopedia of Social Work*(19th ed.). NASW.
Franklin & Streeter. 1995. "School Reform: Linking Public Schools with Human Service." *Social Work, 40*(6), 773-782.

Kadushin, A. 1974. *Child Welfare Service*. New York: Macmillan Publishing Co. Inc.

http://kosis.kr 국가통계포털
www.liveinkorea.kr 다문화가족지원포털 다누리
www.adongcda.or.kr 디딤씨앗통장
www.moleg.go.kr 법제처
www.mohw.go.kr 보건복지부
www.bwf.re.kr 부산여성가족개발원
www.missingchild.or.kr 실종아동전문기관
www.mogef.go.kr 여성부
www.korea1391.org 중앙아동보호전문기관
www.broso.or.kr 중앙장애아동·발달장애인지원센터
http://kostat.go.kr 통계청
http://kosis.nso.go.kr 통계청. KOSIS자료.
http://moi.go.kr 행정자치부
http://www.kadoption.or.kr 중앙입양원

찾아보기

저자 소개

주 수 길 서울대학교 사회복지학과 졸업
부산대학교 대학원 사회복지학과 졸업(행정학 박사)
영국 왕립 행정연구소 교육과정 수료
미국 아동복지회 부산 실장
부산광역시 아동·사회담당, 근로청소년회관 관장, 공무원교육원 교수
동원과학기술대학교 교수
현, 동아대학교 사회복지대학원 초빙교수
사회복지법인 동성원 대표
사단법인 부산사회복지법인협의회 대표

〈저서 및 논문〉
인간행동과 사회환경(공저)
빈곤가족의 부부갈등해결전략 외 다수

홍 연 숙 중앙대학교 대학원 사회복지학 석사
성신여자대학교 대학원 이학 박사
한국노인복지학회 이사
사회복지법인 농애원 사회이사
현, 제주한라대학교 사회복지과 교수
한국지역사회복지학회 이사

〈저서 및 논문〉
사회복지학개론(공저)
사회복지조사방법론(공저) 외 다수

황윤경 대구대학교 특수교육대학원 특수교육학 석사
수성대학교 유아교육과 전임강사
대구광역시 보육정책위원
대구광역시 육아종합지원센타 운영위원
현, 수성대학교 보육교사교육원 전임교수
수성대학교 보건복지경영과 외래교수

〈저서 및 논문〉
유아통합교육에서의 협력학습
마리아몬테소리 교육사상 연구 외 다수

주명국 연세대학교 사회학과 졸업
사우스캐롤라이나 주립대학원 사회복지학 석사(*Master of Social Work*, The College of Social Work, University of South Carolina, Columbia, South Carolina)
워싱턴대학원 사회복지학 박사(*Ph. D. in Social Work*, George Warren Brown School of Social Work, Washington University in Saint Louis, Missouri)
워싱턴대학원 사회복지학과 강사
현, 뉴저지 주립대학교 사회복지학과 종신교수(Rutgers University School of Social Work)

〈저서 및 논문〉
유아교육이 빈곤아동의 학습, 문제행동, 학교적응에 미치는 영향(장기적 분석) 외
미국사회복지학회 수록 논문 다수

[개정판]
아동복지론

1판 1쇄 발행 — 2018년 10월 20일
2판 1쇄 발행 — 2020년 9월 10일

저　　자 - 주수길 · 홍연숙 · 황윤경 · 주명국
발 행 인 - 강철원
발 행 처 - 양성원
주　　소 - 경기도 파주시 검산로 173번길 29-20
전　　화 - 031-946-3861(代)
팩　　스 - 031-946-3864
이 메 일 - tnwpub@naver.com
홈페이지 - tnwpub.co.kr
출판등록 - 2015년 8월 31일 제 2015-000211 호

ISBN 979-11-6126-317-5

정가 20,000원